UE

Ultima Edu，专注教育创新

The Game Believes in You:
How Digital Play Can Make
Our Kids Smarter

GREG TOPPO

游戏改变教育

数字游戏如何让我们的孩子变聪明

（美）格雷格·托波 著
何威 褚萌萌 译

华东师范大学出版社

图书在版编目（CIP）数据

游戏改变教育 /（美）格雷格·托波著；何威、褚萌萌译．
—上海：华东师范大学出版社，2017
 ISBN 978-7-5675-6468-8

 Ⅰ.①游… Ⅱ.①格…②何…③褚… Ⅲ.①网络游戏—应用—青少年教育—研究 Ⅳ.①G775-39

中国版本图书馆 CIP 数据核字（2017）第 084200 号

THE GAME BELIEVES IN YOU: How Digital Play Can Make Our Kids Smarter
by Greg Toppo
Copyright © Greg Toppo, 2015
Simplified Chinese translation copyright © 2017 by East China Normal University Press Ltd.

上海市版权局著作权合同登记　图字：09-2016-061 号

游戏改变教育
——数字游戏如何让我们的孩子变聪明

著　　者	（美）格雷格·托波
译　　者	何　威　褚萌萌
责任编辑	顾晓清
封面绘画	顾　湘
装帧设计	卢晓红
出版发行	华东师范大学出版社
社　　址	上海市中山北路 3663 号　邮编　200062
网　　址	www.ecnupress.com.cn
电　　话	021-60821666
邮购电话	021-62869887
网　　店	http://hdsdcbs.tmall.com/
印 刷 者	上海盛通时代印刷有限公司
开　　本	787×1092　16 开
印　　张	21
字　　数	244 千字
版　　次	2017 年 7 月第 1 版
印　　次	2024 年 1 月第 6 次
书　　号	ISBN 978-7-5675-6468-8/G.10356
定　　价	69.00 元

出版人　王　焰

（如发现本版图书有印订质量问题，请寄回本社市场部调换或电话 021-62865537 联系）

推荐人语

十年以来关于游戏与教育最重要的一本书！

——简·麦戈尼格尔（Jane McGonigal），《游戏改变世界》作者，世界顶级未来趋势智库"未来学会"游戏研发总监，TED大会新锐演讲者

多年以来关于游戏与教育的最佳书籍！非常值得一读！

——拉夫·科斯特（Raph Koster），《游戏设计快乐之道》作者，世界传奇的游戏设计者和思想家，曾任索尼在线娱乐公司首席创意官

电子游戏不仅仅是"寓教于乐"的手段，这本书向我们展示了电子游戏的教育成果，有些是书本知识生动地加强，而另一些则是课堂上学不到的。

——钟以山，环球互娱总裁，资深游戏媒体出版人，曾任日本史克威尔艾尼克斯市场总监

一本教你如何从游戏改变教育，从教育改变人生的读本。

——冯应谦，香港中文大学新闻与传播学院院长，北京师范大学数字创意媒体中心主任，千人计划学者

我认为，自从詹姆斯·保罗·吉出版于 2003 年的经典著作《视频游戏教我们学习和读写》以来，本书将成为关于视频游戏与学习的最具影响力的著作。在教育技术主题作者之中，格雷格·托波是极为少数的那种，他能真正理解基于游戏的学习所具备的潜力，并能从当前市面上一大批垃圾游戏中鉴别出少数真正优秀的教育游戏。"

> ——基思·德福林（Keith Devlin），斯坦福大学数学系教授，美国全国公共广播电台的"数学男"（NPR's Math Guy），BrainQuake 公司首席科学家

是啊，自拙著之后的最佳著作——而且写得比我的书好多了。格雷格干得漂亮。本书既有丰富的信息量，同时读起来也让人愉悦。

> ——詹姆斯·保罗·吉（James Paul Gee），《视频游戏教我们学习和读写》一书作者

对于太多孩子来说，"学校"都并没有被设计成鼓励批判性思考和对学习的热爱。格雷格·托波的《游戏改变教育》揭示了，有大量游戏激励并促进儿童去学习，但我们所持有的偏见却阻止了游戏被当做教育转型的关键工具。他还展现了游戏可以怎样帮助我们成为更好的学习者；而尤为重要的是，他直接向我们所有人发起了挑战：要如何为孩子们创造出应有的学习环境。

> ——罗莎琳德·怀斯曼（Rosalind Wiseman），作家，著有《智囊与幕僚》等

本书提供了极有说服力的案例，证明游戏能做很多事情，很多我们期待学校和教师去做的事情，例如差异化教学、搜集数据、学习表现评估等，而且还做的非常好……《游戏改变教育》一书让我重新审视自己的一些成见。我希望自己并非唯一这样想的人。

——《美国新闻与世界报道》

如果你想领略那些最为领先的教育游戏，本书就是最值得你购买的，没有之一……格雷格·托波并非我们中的一员，但在此书出版后，我真心希望他加入我们的行列。

——游戏设计师及作家 Erin Hoffman，写在 Quora 网站

作为一位资深教育记者及曾经的教师，格雷格·托波那些微妙的发现既不是夸大其词的宣传，也不是充满憎恶的谎言……他的一些发现真的会让你大吃一惊。

——Eric Westervelt，美国全国公共广播电台

《游戏改变教育》是一本由卓越记者撰写的、让你转变思维方式的书籍。

——John Merrow，美国公共电视网"教育时间"栏目教育记者，Learning Matters 公司总裁

托波说，现代视频游戏鼓励探索与失败，而这些概念在教室环境下是缺失的……托波还写道，设计精良的游戏，不会奖励漫不经心的尝试、不假思索的重复、或是笼中老鼠般的条件反射。游戏要奖励的是持续的练习、不懈的努力和敢于冒险。

——T. Rees Shapiro，《华盛顿邮报》

在他这本被广为报道的书中，托波解释了我们全都误解了的东西……"那些看起来非常 21 世纪、酷炫又高科技地娱乐着孩子们的方式，其实却沿袭着古老的方法，帮他们经历、探索和理解这个世界"。作为一个有年幼孩子的家长，我开始读这本书时还将视频游戏看成是一种威胁；而读完此书后，我相信游戏是最有前景的机遇，能够把孩子们从缺乏乐趣的学校教育所造成的破坏效果中解救出来。

——Kevin Carey，《纽约时报书评周刊》

（托波这本）精彩著作讲述了许多游戏制作者和研究者的故事，这些人发现了游戏可以促进学习的种种清晰迹象……托波发现，这种打破美国学校教育常规的做法，是值得冒险尝试的。

——Jay Mathews，《华盛顿邮报》

一次激动人心的概述，关于那些善于创新的教师如何善用游戏的力量来激励学生。

——《图书馆杂志》

目录

001 序　　言　亲身体验是一种学习方式（文／基思·德福林）
009 导　　读　作为媒介的数字游戏（文／何威）

019 前　　言　艰难的乐趣

001 第 一 章　一种终极的放纵
　　　　　　　我怎么会对视频游戏感到好奇

017 第 二 章　五分钟往返月球
　　　　　　　无所不在的超级计算机

033 第 三 章　"别亲发动机，爸爸，否则车厢就不会认为它是真的发动机了"
　　　　　　　游戏是怎样通过让我们嗨起来而生效的

059 第 四 章　游戏层
　　　　　　　三位充满创意的老师如何用竞赛原则吸引学生参与

079 第 五 章　无字数学
　　　　　　　如果欧几里得有台 iPad，他会怎样教数学？

099　第 六 章　鲁布·戈德堡机器让我们团结
　　　　　　　纽约市的一群教师和游戏设计师如何重新定义学校

123　第 七 章　"我不擅长数学，但我的化身很擅长"
　　　　　　　一位颠覆性的郊区老师如何用《魔兽世界》来教人文学科

147　第 八 章　独角兽项目
　　　　　　　冷酷的传媒集团如何为教育游戏开启了黄金新时代

169　第 九 章　林中漫步
　　　　　　　由梭罗《瓦尔登湖》改编的第一人称视角游戏如何让超验主义和阅读再次变酷

193　第 十 章　用你的意念投掷卡车
　　　　　　　如何用游戏帮助治疗心理疾病并让孩子们放松

215　第十一章　打斗的对立面
　　　　　　　暴力视频游戏究竟在如何影响孩子？

231　第十二章　玩乐回路
　　　　　　　如何跟你的孩子谈论玩游戏的习惯

241　后　　记　无处不在的游戏
249　注　　释
285　附　　录
289　致　　谢

序言　亲身体验是一种学习方式

文 / 基思·德福林

足球、橄榄球、篮球、棒球、板球、网球、乒乓球、羽毛球、武术、田径运动、国际象棋、围棋、纸牌游戏、桌面游戏、学生们的操场游戏、视频游戏……我努力列出你们曾享受过的每一种游戏。人们喜爱玩游戏。原因何在？为了回答我的问题，你可能会说："因为我们就是喜欢游戏。"但这可不算是真正的答案，这不过是把问题又重复了一遍："为什么我们喜欢游戏呢？"可以肯定的是，对于同样的游戏，我们并不是人人都乐在其中；但只有极少数的人什么类型的游戏都不喜欢——甚至是那些宣称自己长大成人后根本不玩游戏的人，在其童年时代也曾投身游戏之中。

如果要问我们为什么工作，我们会给出许许多多的答案，最基本的就像是："为了挣钱谋生"或"支撑我的家庭"，或是"为社会的福祉做出贡献"。但为什么玩耍呢？面对这个问题，好像并没有什么高于个人愉悦的理由，事实上玩游戏还会花费时间、金钱和精力，而这些东西本来可以奉献给工作的。玩游戏又有什么用途呢？

如果我们用自然选择的进化论概念来表述，这其实是个科学问题。人类行为的种种特质，之所以会进入基因库中得到传承，是因为它们都被证明是对我们种族的生存繁衍有益的。这也正是自然选择发生作用之处。那么玩游戏到底如何让我们这个种族更容易生存的呢？

而且还不仅是我们人类。通过观察，我们发现其他很多物种同样热衷于玩游戏，尤其是其中年幼的成员。

答案是，玩游戏是一种自然而然的进化机制，用来获取生存所需的各种生活技能。如果你观察两只小猫在一起玩耍，你看到的其实是一种没有伤害的搏斗，一种有意为之的模拟；它们所练习的，或许未来的某一天将用于两只成年猫之间的生死相斗。小猫咪参与玩耍式的搏斗，并非出于被迫，而是因为它们喜爱这样，天性如此。而它们喜爱这样的原因，则是自然选择所导致的生物学和生化机制，在强烈地催促它们去玩耍，并产生了玩耍的内在激励。

换言之，玩游戏就是大自然的生活技能教育项目。想想我在上面列出的（或遗漏了的）各种形式的游戏吧，你会发现每一项都是对某些重要生存技能的训练：身体格斗、肉体力量、速度、耐力、战略性思考、思维敏捷、团队协作行为、认知模式等等。让这些训练行为变成游戏而非实战的原因，是由于通常来讲，游戏中的失败并不会带来持续性的后果。当我们玩游戏，实际上是在以某种相对安全、可持续的方式，来演练那些对我们的生存至关重要的行为。

从另一个角度来说，玩游戏是对一些意义深远的现实生活行为的模拟，这是自然进化而来的，令我们有机会去掌握那些重要的生活技能。我们钟爱玩游戏，这也是一种进化而来的特质，用以确保种群中的年幼成员会自发地投入到社会化过程中去。

对那些像我一样的人们，那些已经将整个职业生涯（我差不多是五十年）投入了教育领域（我是数学教育）的人来说，游戏与玩耍一直以来似乎都只是在最初级最入门的层面上能发挥一点作用。那时候家长和老师们用各种游戏来帮助非常年幼的孩子们学习阅读、数数，以及做最基本的算术。

近来，许多这类型的游戏已经被改编成或是催生出了视频游戏。研究表明，这些视频游戏可以极为有效地帮助学习。游戏对于入门阶段的数学教育有帮助，是因为需要学习的技巧处在最基础的水平上，在那以后所需的则是大量练习。因为今天的孩子们每天都会花费许多时间去玩视频游戏——像我这样的成年人，如果我们小时候能玩到这些游戏的话，毫无疑问也会如此的——视频游戏对于提供大量练习来说是极佳的载体。

然而，超越了最初的阶段以后，视频游戏或是更宽泛意义上的游戏，在教学上的优势就不那么显而易见了。围棋和国际象棋当然可以开发某些智力上的技能，从而影响数学技能的发展，但我并未发现有什么研究能证明这种影响有多强大。有些复杂的解谜视频游戏是基于系统性逻辑思考的，它们看起来跟数学也有所关联，但这种关联也并不显著。

那么初看起来，视频游戏大概跟教育没有多少关系，除了非常早期的那些阶段之外。然而在 2011 年，我出版了一本书，名为《数学教育新纪元：作为学习媒介的视频游戏》(*Mathematics Education for a New Era: Video Games as a Medium for Learning*)。该书聚焦于初中阶段的数学教学。我为什么要写这么一本书？这来自于一项为期八年的研究。该研究是在我所任教的斯坦福大学开展的，其开端是我参与组织的、2003 年在斯坦福召开的一次为期三天的会议，名为"游戏为学习"(Gaming2Learn)。在这八年中的大部分时候，我都在为硅谷的一家商业性视频游戏工作室做咨询。这家工作室一直在研发面向十多岁青少年的数学教育类视频游戏。作为上述研究的结果，再加上我从长年的咨询中学到的有关视频游戏开发的东西，催生了这本书。就在该书出版后不久，我参与创办了一家教育视频游戏公司"脑力激荡"(BrainQuake)。

在这八年中，关于如何使用视频游戏来帮助（幼童和）十几岁青少年学习数学，我有很多收获。到底是哪些收获，让我不仅写出一本学术著作——我的书主要是写给数学教师们看的，而且还将自己工作时间中的很大一部分，投入到数学学习类视频游戏的设计和制作中去？

在告诉你答案之前，请允许我先说说格雷格·托波的著作，也就是你手中翻开的这本。它跟我那本书大相径庭。首先，他瞄准了更为广泛的读者群，其中也包括所有的父母。同时，他描绘了视频游戏产业的方方面面，包括一些首屈一指的倡导者，这让此书变得引人入胜。以及，他富于洞见地阐释了视频游戏为什么能提供强力的教育体验，不仅针对那些低龄的儿童，而且对全年龄段的人来说都是如此。

现在再来揭晓：为什么我，一位非常成功的职业数学家和数学教育家，受雇于世界一流大学，会变成一名教育类视频游戏的积极鼓吹者和制作人？

这绝对不是因为我想"让数学变得有趣"或"让学习变得有趣"。的确，我始终都喜欢学习——毕竟我是大学里的一位学者——我也真的非常喜欢钻研数学。但许多人，包括我的很多朋友，并不能分享我对数学的热爱，也完全找不到其中乐趣。事实上，当我扑在某个数学问题上的时候，通常我也不会把我当时的那种体验描述为"找乐子"。通常会是那种勤勉工作的感觉，当事情进展并不如我的预期时，也会伴随着巨大的挫败感。然而我仍然自愿选择这么做并且真心享受它。可以描述这种感觉的最佳短语，就是托波在他的书中用到的词："艰难的乐趣"（hard fun）。

如果投身于"艰难的乐趣"类的活动之中，我们能获取的首要享受，就是克服困难、赢得挑战之后的满足感。学习经常是艰难的任务。但是，通过正确的思维方式去开展学习，伴随着某种积极正面的反馈，它可以变成艰难的乐趣。千真万确，如果没有困难和挑战，就不会有那样令人满足的愉悦。如果你看到某些人花费好多个小时去玩某个视频游戏，你可以确定一件事：他们发现这个游戏有难度，但同时又是刚好能够上手玩起来的。否则，他们早就停下来不玩了。

这就是视频游戏如何切入教育的地方。当然，并非所有视频游戏都能如此。许多游戏被分类到为纯粹的娱乐，那种在等公交车时或课间用来打发时间的方式。还有一些被设计成需要更长时间内更为投入地去玩，但仍然只是种休闲行为，就像阅读小说那样。

说到教育游戏，其中许多其实并非真正的游戏，哪怕对于随意的观察者来说，它们看上去挺像游戏。而那些真正的游戏通常被设计成不仅仅能传授，而且还要提供反复的练习。视频游戏真的很适合这么干。例如，若能随时回忆起基本的个位数乘法答案（也就是"九九乘法表"），这是非常有用的（就算不再必要，至少曾经非常有用），而许多视频游戏就提供了有效的方法来促成玩家精通此道。

本质上，教育游戏既不是互动教科书，也不是行为模拟器。这两者都是行之有效的学习工具，因为它们都利用了人类最轻松容易的学习方式：亲身体验。

想想你曾经有过的体验吧，你曾经全身心投入的那种，不论是那种你非常享受的，诸如你密友亲朋的婚礼；还是那种你很难过的，比方说挚友的葬礼。你会记得许多细节；事实上，你能在脑海中重建当时的整个场景。要回忆起当时的诸多细节，你并不用大费周章。你的昨日重现，记忆重拾，是你体验过它们之后一个自发产生的结果。作为对比，你或许很难回忆起你在教室里学过的那些事实，即便你曾经经年累月地试图去学习它们。这并不是你有什么毛病。而恰恰是因为大脑的结构让我们通过体验去学习，尤其是强烈的体验。在其中我们会被高度吸引，自动投入并持续不断；然而从阅读、被动观看或者教室讲授之中去学习，则总是倾向于脆弱而转瞬即逝。

让我们倾向于牢牢记住或者从中学习的，并不仅仅是我们曾体验的事件。如果我们阅读了一本引人入胜的小说，或者观看了一部扣人心弦的电影，相同的事情也会发生。我们将会记住大量细节，哪怕并不像我们亲身体验一手事件时那么多。

视频游戏，至少是精心设计的视频游戏，能提供这样的体验，尽管未必能有真实生活中的事件那么逼真或生动，但比小说或电影要来得更有吸引力，更加沉浸式。这是因为，在视频游戏之中，玩家会成为事件的一部分。他们能够响应游戏中所发生的事情，他们的反应又会影响到游戏中接下来将发生什么。因为玩一款好的视频游戏是一种体验，所以在学习上能产生的结果要强于读小说或看电影，即便通常还比不上真实生活体验的结果那样强大或持久。

实际上，最最困难的学习方式就是学校的教室了。我们之所以有学校，说到底还是为了满足社会的需要，我们需要一个体系来确保基本层面的知识与技能在社会中普及和传播，而这些知识和技能是无法通过个人体验去获得的。而且，我们需要确保每个人在成年之前都获得基本的知识与技能。这个体系之所以有效，是因为虽然人类的大脑并不觉得通过指示和教导来学习是件容易的事儿，但我们发现这是有可能的。大脑也只好全力以赴了。

这种学习方式的社会化成本不菲，并不是人人都能通过它开展有效的学习。所有的人类都能通过经验去学习，但并非所有人都带着充分的知识或足够的技能离开学校，能在生活中游刃有余。许多孩子并不能充分发掘他们的潜能，原因不是他们缺乏天赋，而是由于他们并不能适应从指示和教导中学习的方式，不论是老师讲解还是阅读教科书，不论是在教室里还是家中。

像这类无法在学校表现优异的孩子，可以从其他的学习形式中受益。优质的视频游戏，其设计遵循成熟的教学原则，能够给孩子提供这种额外的学习形式。它们并不是要取代教师，也不是要取代乐于施以援手的父母、兄弟姐妹或朋友。它们只是提供了一种额外的学习途径。其实，并非仅仅是那些教室里的差生能从基于视频游戏的学习中获益。由于视频游戏能提供沉浸式的体验，从而可以让教室里讲授的东西和课本里描述的东西变得像真实体验那样鲜活，来强化学习的效果，在那些最为优秀的学生身上也同样如此。

这种效果将是非常激动人心的。关于我所创造的视频游戏《拯救小怪兽》(Wuzzit Trouble)，有大学里的多项研究表明，每周三次、每次十分钟来玩这个游戏，只要坚持一个月，可以非常显著地增强数学解题能力。对其他的游戏以及互动程序的研究，也得出了类似结论。并不是由于这些游戏提供了更多的知识或更大量的重复练习——我那款游戏根本不提供知识，并且把两小时游戏时间分散到一个月内，这根本就算不上是大量的练习时间。原因是这些游戏在发生于教室里的学习之上增加了"体验"。这就会带来巨大的变化。

跟已经延续千年的教室里的学习和课本相比，基于视频游戏的学习相对来说还是新鲜事儿。市面上大量的教育游戏确实还算不上精品（从学习的角度来看）。视频游戏产业早已非常擅长创造看起来酷炫、玩起来开心的游戏，但我们仍在探索如何去研发在教育上成效卓著的视频游戏。不论如何，当越来越多的此类游戏涌现，我们可以期待它们在有助于孩子们的各种学习形式中占有一席之地，让它们有机会造就极为强力的学习方式：从全身心投入的体验中学习。

  的确，关于基于视频游戏的学习还有更多需要了解的东西，远非我这篇简短介绍所能覆盖。通过阅读你手中这本优秀的著作，你可以获得许多额外的知识。我希望你喜欢它，并从中受益。我自己正是如此！

基思·德福林博士

斯坦福大学，美国加州帕洛阿尔托

导读　作为媒介的数字游戏

文 / 何威

什么是游戏

从牙牙学语的婴儿，到白发苍苍的老人，玩游戏的经历贯穿我们的一生。过家家、捉迷藏、跳房子、荡秋千、扔沙包、骑马打仗、捞鱼捕虫，儿时的游戏与我们的童年记忆相互交织；蹴鞠、骑射、投壶、踏青，古人的游戏延续至今；从象棋、扑克、麻将、桥牌、围棋，到"密室逃脱"或"狼人杀"，这都是成人钟爱的智力博弈游戏；至于从田径到篮球、足球、高尔夫的各种体育竞技项目，请别忘记，它们大多源自于游戏，并在现代共同汇集形成了一个叫做"Olympic Games"（奥林匹克）的超大型全球游戏。

人类如此离不开游戏，难怪历史学家赫伊津哈要把"游戏人"作为跟"工具人"、"理性人"并列的概念提出，来强调"游戏"其实是人之所以为人的本质特征之一。①

什么是游戏？

---

① 约翰·赫伊津哈：《游戏的人：文化的游戏要素研究》。傅存良译。北京：北京大学出版社，2014年。

游戏就像是在黑夜之中闪烁跃动、哔啵燃烧的一堆营火。天地辽阔，万籁俱寂，旷野中央，人们聚拢在这堆营火周围。火光照亮了人们的面孔，也照耀出一个奇异的"魔圈"。在这魔圈之中，我们可以暂时放下对周遭黑暗且未知的庞大世界的恐惧，因辛苦劳作或艰难旅途而疲惫的身心也得到了慰藉与温暖。我们相互竞争，比试谁的歌声更动听、舞步更优美、格斗更强力，赢得荣誉和赞美；我们聊天交谈，扮演不同角色，分享彼此的故事和经验，传承智慧与文明；我们结交新朋，再会老友，谈情说爱，孩子们则在与队友和对手的交流中，体会友谊的魔力，团队之重要，人情之冷暖。

东方既白，天将破晓，营火渐渐熄灭。人们走出魔圈，去往四面八方，回归俗世生活，走向茫茫旅途。然而游戏带给我们的体验、情感、认知和社会关系，仍然能存乎一心，常伴左右。

这就是游戏，从古至今、从小到大陪伴我们，让我们感到快乐的游戏。

数字游戏：一种体验、一种媒介

近几十年来，游戏大家族中又添新丁，名为"电子游戏"或"数字游戏"。数字游戏就像人类历史上出现过的林林总总的游戏那样，具备上文描述的奇妙效果；同时它又是一种全新的体验。这种体验有时是替代性的，例如通过数字化方式进行滑雪、赛车、射击等活动，想在现实生活中体验这些事，所付出的金钱和时间成本要高昂太多；有时是超越性的，例如在数字游戏中驾驶星际战舰探索太空，孤身在核战后的废土世界冒险，又或进入剑与魔法的天地攻城拔寨，这些体验是现实生活中根本无法达成的。全新的体验内容与方式，带来了强大的魅力。

数字游戏也是一种传播媒介，就像书籍、广播、电影、电视那样，承载和携带着特定形式和内容的信息，有生产制作的环节，由于受众的消费、阅听、互动，而产生复杂多元的意义，对个人与社会形成影响。基于半个多世纪以来传播学科的丰富研究成果，我们可以得知，这些影响无法一概而论，需要细致探讨、具体分析。

普通的成年人都足够了解书籍和影视，所以没人会害怕孩子因为读书或观看影视作品，就会"变坏"或"沉迷"。我们会先分辨这些传统媒介中内容的优劣、善恶、品位、价值，再来讨论它们可能产生的影响，引导孩子的选择。同样的道理，我们也不应该害怕孩子由于玩数字游戏而"沉迷"或"变坏"——这只是在接触一种新的媒介形式；除非我们自己既不了解、也不打算了解数字游戏，从而完全不具备辨别其高下的能力，完全无法给孩子建议与帮助。而这种能力，或许就像读书识字的能力、区别影视中实拍与特效、纪实与虚构的能力一样，将成为当代人必备的重要媒介素养。

让我们面对现实吧：数字游戏究竟有多么普及，多么受欢迎？来自中国音数协游戏工委的报告称：2016年中国数字游戏用户规模达到了5.66亿人；有接近四分之三的玩家在游戏内进行了付费，消费1500元及以上者达到付费玩家的26.1%——粗略计算可知，有超过1亿人在游戏中一年的花费超过了1500元。[②]

这些看似惊人的数据也有一些旁证。例如最近被媒体广泛报道的：国内最流行的一款竞技类手机游戏，在2017年初注册玩家超过

---

② 中国音数协游戏工委（GPC）、CNG中新游戏研究（伽马数据）、国际数据公司（IDC）：《2016年中国游戏产业报告：摘要版》。北京：中国书籍出版社，2016年。

了 2 亿，每日在线人数达 5000 万；③ 其中一个高人气角色的皮肤，发售第一天的销售额就高达 1.5 亿元。④ 另一款流行的卡牌类手游，发布 45 天后其每日在线人数就超过了 1000 万。⑤

如果上述数据可信的话，数字游戏的玩家之众多，玩家们消费意愿之强，或许超出了很多人的想象——每三个中国人里就有一个是数字游戏玩家，每四个人里就有一个曾在游戏中付费，甚至任何一天里，每三十个人中就有一人上线玩过同一款竞技手游。

如何面对数字游戏和玩游戏的孩子

所以，如今的少年儿童在成长过程中，几乎是无可避免地会接触数字游戏这种新媒介，投身于这种新体验。作为父母师长，关于孩子玩数字游戏这件事，我们到底应该做些什么？完全禁止？放任自流？还是予以关注、加以引导？

如果孩子总有一天要开始玩数字游戏，在数以万计的游戏产品中（仅 2016 年，经国家新闻出版广电总局批准出版的国产游戏就有 3800 款之多），你希望他／她玩的是哪些？最好别玩的是哪些？除了带来快乐之外，玩游戏还能不能带来更多的好处？

在极端情况下，假设孩子因为玩游戏影响了学习和生活，甚至造

---

③《21 世纪经济报道》：《A 股"王者荣耀"产业链》，2017 年 6 月 16 日头版。http://epaper.21jingji.com/html/2017-06/16/content_64456.htm

④《南方周末》：《全球最赚钱的游戏〈王者荣耀〉火爆之谜》，2017 年 6 月 1 日。http://www.infzm.com/content/125014

⑤ 网易游戏：《霸榜不止刷屏不息〈阴阳师〉DAU 强势突破 1000 万》，2016 年 10 月 24 日。https://yys.163.com/news/official/2016/10/24/22592_649780.html

成了身心困扰（这在 5 亿 6 千万玩家中的占比应该不足万一），你是否会反思：你知道孩子在玩哪些游戏吗？他/她为什么喜欢这些游戏？玩游戏到底是"病因"还是"症状"？自己有没有应尽而未尽的责任？

想要回答这一系列令人关切的问题，我们的立足点应该是不断去了解数字游戏，了解其信息内容、商业机制、玩家社群、线上文化，了解这个让数以亿计青少年畅游其中的新世界。对它过于无知，通常会带来两种态度。一种是不以为意，认为这不过是轻浮随意的娱乐，不值得加以关注，不必费心管理或引导；一种是盲目恐慌，视之为"电子海洛因"，诱人堕落，最好别让孩子接触。

关于前一种态度，有数据表明，美国年轻人到 21 岁时，平均阅读时长约为 2000—3000 小时，而玩数字游戏的时间大约是 10000 小时——这相当于他们从五年级读到高中毕业在课堂上花费时间的总量。⑥ 中国年轻人的状况呢？从游戏产业之繁荣，玩家人群之广大，到我们日常的见闻感受，种种证据表明，中国青少年的游戏时间也不会跟美国的情况有本质上的差异。由此，玩游戏当然不能归类于无足轻重、不需关注的行为。

关于后一种态度，要知道，书籍作为媒介在过去一千多年内，曾传播过各种极端的思想理念，直接或间接地导致过无数仇恨、冲突、战争乃至数以亿计的人口伤亡。但任何一个理性的现代人，都不会莫名地害怕"书籍"这种媒介形态或者"读书"这种行为。相比之下，至少数字游戏还没有直接导致过战争和死亡，为何要认定这种媒介形态以及"打游戏"的行为必然带来危害，视之为洪水猛兽呢？而且，

---

⑥ 简·麦戈尼格尔：《游戏改变世界：游戏化如何让现实变得更美好》，第 255 页。闾佳译。杭州：浙江人民出版社，2012 年。

盲目恐慌也并不能解决现实存在的问题。

无论是现实经验，还是研究结论，都在反复确认一个事实：数字游戏会给玩家带来快乐、安全、依赖与成就感。但至关重要的是，我们能否帮助孩子在游戏之外也获得这些东西，而且更多更强烈？这决定了游戏会成为生活的有益补充，还是逃避现实之所。

根据美国"娱乐软件协会"（Entertainment Software Association，ESA）2017年初发布的年度报告，全美有67%的家庭拥有一台用来玩游戏的硬件设备，全美国游戏玩家的平均年龄是35岁；18岁以下的男玩家占比仅有18%，远低于18岁以上女性玩家的比例（31%）。这些数据表明，玩数字游戏在美国不仅是孩子们（尤其是男孩们）的娱乐，而是普通大众日常生活中非常普遍的一种行为。

我们尤其应该关注的是：在美国家长中，有90%的人要求自己的孩子必须征得自己的同意后才能购买某款数字游戏，94%的人会留意孩子在玩什么游戏，67%的人每周至少会跟孩子一起玩一次游戏，孩子常玩游戏的美国父母中有85%的人表示非常熟悉美国的游戏分级体系（ESRB ratings），71%的人表示数字游戏对自己孩子的生活有积极正面的影响。[7] 这样的要求、关注、陪伴、熟悉、理解，是不是也值得我们中国家长借鉴呢？

数字游戏如何改变教育

您手中这本《游戏改变教育：数字游戏如何让我们的孩子变聪

---

[7] ESA: 2017 Essential Facts About the Computer and Video Game Industry. http://www.theesa.com/article/2017-essential-facts-computer-video-game-industry/

明》，则提供了另一种值得借鉴、极有价值的视角。它让我们超越了空泛地探讨"玩数字游戏有益还是有害"的层面，转而去思考：

如果孩子们都爱玩数字游戏，那是为什么？

什么样的数字游戏，以及从成功的数字游戏中学到的什么手段，可以用来重新设计学习、学校乃至教育体系，使之对孩子产生巨大的吸引和切实的好处？

如何用数字游戏帮助治疗孩子的心理疾病？

父母应该如何跟孩子谈论其玩游戏的习惯？

本书作者格雷格·托波（Greg Toppo）是一位资深的教育记者，供职于美国读者人数最多的报纸之一《今日美国》（USA Today）。他写作本书的出发点，是美国教育系统涌现出的诸多问题，例如三分之一的高中毕业生在余下的一生中都不会再阅读任何书籍；又如学校教育不够有挑战性，也越来越倾向应试教育，让大部分学生每天都感到厌倦。因此，这首先是一本关于教育的书，只不过它尝试着去观察数字游戏作为一种新体验和新机制，是如何被引入教育改革的领域，有哪些成功的案例。

出于记者的职业背景，托波并不急着发表自己对这些问题的观点，而是努力搜集材料，编织框架，呈现来自各学科的研究成果，介绍形形色色的代表人物和实例。于是我们可以读到许多白描式的文字，勾勒出人物的形象，生动的瞬间，耐人寻味的故事；同时又能了解心理学、传播学、神经科学、脑科学等领域的前沿研究，是如何剖析数字游戏给人带来的心理、生理、短期、长期影响，及其背后的深层机制。

通过扎实的采访调研和丰富的资料引证，本书向我们揭示了美国教育中令人兴奋的一股潮流。中小学教师、校长、科学家、游戏设计师们共同参与和推动了这一潮流，从设计精巧的"教育类游戏"，到"游戏进校园"；从借鉴游戏机制来设计课程和学科竞赛，到把整所学校都游戏化地重新定义；美国教育考试服务中心（Educational Testing Service，负责举办美国高考和外国考生熟悉的 GRE 等语言测试）与数字游戏巨头电子艺界（EA）合作创办"游戏、学习与评估实验室"，美国教育部和国家科学基金会以及一些慈善基金会，业已投入上亿美元来资助教育游戏的实验……并不是所有的尝试和创新都能立竿见影、成效显著，但振奋人心的成功案例总是在不断出现：

以招收穷孩子为主的雷蒙德小学，因为推广了一款简单的数学游戏，在短期内其学生的数学水平跃居华盛顿特区所有小学之首。

一位年轻物理老师通过拟定一些规则，建立了一个覆盖在课堂教学之上的"增强现实"。被命名为《课堂争霸》的这款游戏，几个月后迅速拥有了来自 50 个国家的 7.5 万名用户。几乎所有教师用户都认为，这个游戏增强了学生的参与度，促进了建设性的、合作性的课堂行为。

"火箭学院"的"学习实验室"让学生通过玩游戏来学习和实践各学科基本技能，允许学生根据个人情况选择不同进度，其阅读、数学、科学的州内考试分数超越了加州的所有其他小学。

2013 年 6 月，华盛顿州的 4000 名学生参加了一个数学游戏的测试，他们被要求用连续 5 个工作日来解答代数题。但在测试结束后，学生们仍然自发地想继续做题，在 7 个多月的时间里他们解出了近 39.1 万道题目。几个月之后，威斯康星州的学生解出了 64.5 万道题目。到 2014 年 1 月，全挪威的学生解出了近 800 万个方程式。研究团队发现，近 40% 的解题工作是在家完成的。这是一种超越传统学校教育的新型参与方式。

创办于 2009 年的求知中学，从一开始就有着重新定义"学校"的野心，想让学校成为一个超大型的好玩的游戏，并且因为在日常教学与管理中广泛引入游戏化，登上过《纽约时报杂志》封面。2011 年到 2013 年，求知中学的学生拿下了纽约市奥数竞赛的三连冠。而在该校创建满三年时，纽约大学研究者开展的一项评估发现，90% 的家长相信该校"对他们的孩子有很高的期望"，87% 的家长认为孩子正在"学习高中及高中毕业后应具备的知识"。

在北湖学院的课堂上，学生们痴迷于一款由老师设计的现实题材游戏，由此自发地探索国际新闻与政治时事。而另一所郊区中学的老师，正在通过《魔兽世界》来给学生教授人文课程。

……

层出不穷的成功实例，未必能简单复制到中国社会之中，复制到自己孩子的身上。但它们确实拓展了我们对数字游戏的认知，让我们更加严肃认真地思考"玩游戏"这件事。数字游戏这堆新近燃起的营火，闪耀的光芒，除了带来欢乐、带来温暖，同样也能带来智慧与动力。作为一种媒介，它具备史无前例的互动性和沉浸性；作为一种体验，它如果被精心设计，则可能具备极佳的反馈机制和激励机制，允许体验者不断地犯错并不断地改进，鼓励体验者去理解规则、挑战规则，让他们在高度匹配自己能力的状态下进入"心流"状态并继续提升。当我们努力把游戏用于辅助学习，把学习化作游戏，又将会带来多么惊人的推动力呢？

不论你是一位家长，一位老师，还是一位学习者，这都将会是充满希望、值得探索的新领域。

激励所有的游戏玩家，让玩家成为学习者。

前言　艰难的乐趣

四月初的一个下午，在华盛顿特区中心附近的查尔斯·W·雷蒙德小学，有一个消息不胫而走："吉吉"（JiJi）就在这栋楼里！

午餐已经吃完，450名学生几乎都已回到班里。但有几个去厕所或去办公室取笔记的家伙，却幸运地瞥见了一只皮肤如丝绒的巨大企鹅。他（或者她？）长着一双斗鸡眼，正缓缓通过瓷砖地面的走廊，脚步声在回荡，身后还紧紧跟着一大群成年人。

"吉吉就在楼里？这怎么可能？"对大多数学生来说，她（为简便起见我们用了"她"，但吉吉的性别仍然是个谜）只是个抽象概念，是个动画形象，是他们笔记本电脑屏幕上一个迷迷糊糊的两英寸高的图画。她一言不发、面无表情，干过的事儿无非就是傻乎乎地瞪着他们，以及在关键时刻从屏幕上走过。学生们也许每天要看到她好几百次，但从未和她交流过片言只语。吉吉从不晃动，也从不挥手、眨眼，从不曾拿出一条鱼，不会喝彩，也从不举起她的鳍。偶尔她会插下一面小旗，那已是她热情的极限。她就是个扁平的、小小的卡通角色，在屏幕上大概只占据了几千个像素。但是对这些孩子来说，她就像米老鼠那样一眼就能认出，而且比米老鼠还要受喜爱。

吉吉是个倒霉的小吉祥物，出现在学生们已经玩了很久的一个数学游戏中。这个游戏通过简单的动画，告诉学生们答题是否正确。每次他们答对时，该软件立刻显现出一条平坦的小路，吉吉出现了，步履蹒跚、从左到右穿过屏幕，并消失在边缘。给玩家的奖赏，则是另一道更难的题。而每当解题错误，游戏中的吉吉会被堵住去路，她将一头撞上障碍，并仓皇撤退。她小小的散步既是给成千上万次漂亮完成任务的奖赏，也是让你再试一次、直到正确的激励。她就是一条计算机代码，传递一个简单信息：**绝不放弃**。

就在 2014 年春天，几天之前，她已经帮助雷蒙德小学的同学们在数学上取得了巨大进步，超过了这座城市里其他任何小学。和华盛顿特区的许多小学一样，雷蒙德小学招收的绝大多数是穷孩子——按照联邦政府的扶贫指导方针，2014 年这所学校 99% 的学生都符合贫穷标准，因而有资格享受免费午餐。他们跟市郊的孩子*相比还有太多东西要学习——该校 41% 的学生还在学习讲英语，很多人还在和基本技能作斗争。在历史悠久、各校已比拼超过十年的"考试大战"（Testing Wars）中，该校的孩子们就是忠诚的步兵，换个说法叫做"炮灰"。不管怎么说，他们每天都背负着无比巨大的压力来上学，渴望取得进步。

然而到了 2014 年 4 月，本市数据表明，雷蒙德小学的学生们达到数学能力的"熟练"和"进阶"类别的百分比，比华盛顿特区其他任何一所小学的都要高，不论其学生是富是穷还是家境中等。[1] 只有两英寸高的吉吉，静静地激励着雷蒙德的孩子们更多地练习数学，记得他们学到了什么，并不断推进。

这天下午，当这个巨大的、活生生的吉吉现身雷蒙德小学教室的时候，大家放下了手里的所有事儿。学生们喊着她的名字，放下铅

---

*译注：在美国很多城市里，较富裕家庭往往居住在郊区，而城市中心更多住着相对贫穷的人。

笔，又是愉快又是敬畏地坐在那儿。站在她身旁的，是她的创造者马修·彼得森，一位41岁的神经科学家和电脑工程师。他身着牛仔裤和西装上衣，看起来一副没有睡够的样子。他向大家说明，这次来访是因为吉吉听说了同学们学习得有多么努力。他还请那些在此游戏中已经攻克全部关卡的学生起立。尽管还有两个月这个学年才结束，但在大多数班级，还是有大约三分之一的学生站起来了。在少数班级甚至有一半同学站起来了。在大人们的掌声中，他们自豪地起立，吉吉在挥手，随后还跳了段小舞蹈。尽管这些孩子每天都有一大堆事儿要做，但显然都清晰地记得，要完成这个漫长得似乎没有尽头的游戏。在访问过程中，当吉吉和她的随从们从一个教室走向另一个教室时，有个学生跑过来大喊："我已经完成83%的进度了！"

彼得森一个班接着一个班地走访，并回答学生们的问题——吉吉就快17岁了，他说，是的，她是乘坐汽车来的。一个二年级生问他："为什么问题会变得越来越难？"面对这个棘手的问题，彼得森并没用外交辞令来回答，而是不假思索地说："因为困难的事情才是最有趣的事情。"他还邀请所有人围到吉吉身边来合影。大人们掏出手机，孩子们挤在一起，激动兴奋地合影，就算那些四年级学生也是如此（按理来说，这个岁数的孩子应该不再会为了跟一个穿着企鹅装的人合影而激动了吧）。当大人们按下照相机快门时，他们各就各位，一动不动，站的笔直，面带微笑，其中最高的孩子也还是比吉吉矮了整整一英尺。在几个班级里，学生们（尤其是那些最年幼的）用手臂环抱着吉吉，偎依在她棉绒的软毛里，闭上双眼，享受此刻，照片简直太棒了。一位一年级老师在同学们边上讲："你们大家都应当对吉吉说声'谢谢你！'好不好？"大家异口同声地喊道："谢谢你，吉吉！"

如果你很久没去过学校了，那么看到孩子们不断练习数学来帮助一个数字卡通企鹅，或许会让你大吃一惊。其实没什么可吃惊的。对许多孩子来说，吉吉或类似的生物已经成为了他们学校生活的一个部分，既平常又自然，就像自动铅笔和低脂巧克力奶那样。在数十年的矛盾纠结、疑心重重甚至完全抵制之后，教育工作者们开始发现数字游戏与模拟的魅力，并开始修正关于学习、动机和成功的几个世纪以来的陈腐法则。

科技总是推动着焦点从教师转向学生身上——到底什么是黑板？这块墙上的涂色，难道不是用来邀请学生们走上前去写下字母、线条和数字，并以此掌控自己的学习吗？[2] 然而数字技术走得更远，游戏尤其如此。因为游戏看起来和学校一点儿也不像，它们迫使我们重新思考关于孩子如何学习的最基本的假设：上学的目的是为了什么？学生们在那里应该做什么？孩子们应当从哪里、如何得到内容？让他们喜爱自己正在做的事情到底有多重要？我们怎样容忍失败？又怎样去定义成功？在这里到底谁说了算？

这个故事就是一出正徐徐拉开大幕的戏剧，是关于一群为数甚少、彼此孤立的远见卓识者的传说。这些人在过去四十年间一直在努力，推动控制器和控制权向学生手中转移。从20世纪70年代那些原始的、借用的设备开始，他们就在想办法让学习变得更严格缜密、更吸引人也更加有趣。对许多经年累月探索游戏和学习的研究者而言，"是否"的问题已经变为"如何"的问题。如威斯康星大学的学者科特·斯夸尔所说，去质问学校是否应该接受游戏，就好比五百年前去质问大学是否应该接受书籍[3]。英国神经科学家保罗·霍华德-琼斯（Paul Howard-Jones）领导着布里斯托大学的"神经教育研究网络"，他告诉我们，根据我们对认知科学以及游戏设计进展的理解，游戏将变成学校的中心。"我认为在三十年之内我们就会惊叹，我们居然还

曾经开设过不包含游戏的课程。"⁴

　　这看起来像个全新的主意，但其实不是。教师们很久以来就在使用铅笔纸张游戏、卡牌、骰子、棋盘游戏，来教授和强化关键概念。甚至连电子版本的游戏也已经应用了两代人。早在1971年，那些八年级学生们就已经在明尼阿波利斯的一间教室里的电传打字机上，在"俄勒冈之旅"（The Oregon Trail）游戏的最早原始版本中射击野牛了，如今他们都已经是当爷爷奶奶的岁数了。将游戏用于教育，这一运动的实际宣言在二十五年前已经出现，当时一个年仅八岁的男孩在麻省理工学院媒体实验室的一项课外活动中，展示了用乐高玩具和一个原始的电脑程序创作的手工作品。一位多疑的电视记者问他这个创作项目的用途是什么，他回答道："对啊，这很有趣，但它是艰难的乐趣。"⁵

　　这一小群能工巧匠们的发现是，游戏以学校通常无法做到的方法来关注、激励、安抚年轻人。今天他们还相信，如果你是个年轻人，游戏将给你机会，让你按自己的节奏学习，承担风险，并培养深度的理解。尽管老师、父母和朋友们也会激励和支持你，但这些常规的资源是有限的。电脑则是按全然不同的尺度和时间表运作。如游戏设计师迈克尔·约翰所言，电脑"极其愚蠢又极其耐心"。⁶你的老师可能疲于奔命，你的朋友希望你已经写完家庭作业，你的妈妈只想上床睡觉了。但就像吉吉所展示的那样，一个设计精良的游戏会在那儿始终等着你。它不在乎那道令人厌倦的数学题到底花了你15秒钟还是4个小时。再来一次。做一整天。游戏对你有信心。⁷

　　由于它的设计，游戏也了解你，至少比其他任何人都更了解你的能力。学校已经实施了更多的高风险的标准化测试，这被认为是了解学生能力的关键，但这针对的却是假想中按正态曲线分布的学生，此方法未必可靠合理；与此同时，游戏选择了截然相反的道路：把精巧的评估嵌入到玩游戏之中，游戏过程也成为了复杂的学习工具，这种工具有望去抢占那套令人疲惫的"应试教育"（teach to the test）叙事的市场——这种叙事已经压垮了那么多了不起的老师和学校。

事实上，从最简单的 iPhone 游戏"连点成线"（connect-the-dots），到最精细复杂的多玩家角色扮演游戏，在所有的商业游戏中，学习**就是**评估。这些游戏带给我们的愉悦之一，是非常单纯而难得的享受：游戏允许我们学习，并且能即时地看到我们学得有多棒，还让我们在没有牢骚和打扰的情况下一再尝试，直到成功。"想想看，"语言学家兼游戏研究者詹姆斯·保罗·吉最近说过，"如果我已打通了《光环》（Halo）的每一关，难道你还需要让我参加考试，才能知道我是否掌握了《光环》应该如何通关吗？"[8]

在某种意义上，这对学校的影响是令人震惊的。想象一下，如果在每一所学校，每个孩子从每天早晨来上学开始，就竭尽所能地学习。学生们明明知道挑战已超出其能力，还是会急切地接受挑战，在一次次失败面前反复尝试；他们是如此投入，以至于放学铃声响起之时，他们茫然四顾，充满疑惑：这一天过得怎么那么快！从最富有的郊区的托儿所，到最坚韧不拔的城区高中，如果所有学校里都充斥着这样的深度沉浸氛围将会怎样？这可能听上去有点理想化了，但这就是相应领域里的教育者们对他们工作的日常讨论。他们甚至还给这种状态——当学生们沉浸在完美适配其能力的学习任务之中时的状态——起了个名字："心流"（flow）。"我们并不是那么期待他们从头到尾都感到好玩，"阿拉纳·夏皮罗（Arana Shapiro）说，"但更重要的是，'我们能否让学习变得如此引人入胜，如此趣味盎然，如此亲身实践，以至于你会沉溺其中，浑然忘我？'这是另一种不同的乐趣。"[9] 他是求知中学（Quest to Learn）的联合校长之一，该校是一所围绕着玩耍而建立的纽约市公共初级兼高级中学。

"我们玩游戏来解锁未来的自我。"[10] 游戏理论家及设计师妮可·拉扎罗认为。发展心理学家长期以来都在赞美玩耍的重要，认为它对儿童的身体与心理健康都必不可少，也是学习的关键要素。脑科学则确认，从出生开始人就通过双手来学习，体验三维空间中的生存，摆弄世上的物体以求理解它。发明幼儿园制度的教育家弗里德里希·福禄贝尔曾说过，"玩耍就是儿童的工作"。[11] 20世纪30年代在芝加哥长大的资深幼儿园教师及作家薇薇安·格西·佩利还记得，上学曾是"严肃的正事"，但它也从不妨碍玩耍，"奇怪的是，没人认为我们玩得太多了。大家认为孩子们本该如此。当我们玩得不起劲，我们的妈妈倒是要摸摸我们的额头，看看我们是不是生病了"。[12]

孩子们制作泥巴馅饼和纸飞机，爬上树，也弹钢琴。所有时候，他们都在探索和学习这个世界。就像神经学家弗兰克·威尔逊说的那样："手总是在探索大脑，而大脑也总是在探索手。"[13] 孩子们刚开始上学的时候，我们赞美玩耍，甚至为了儿童有更多玩耍的权利而抗争。然而，当我们觉得玩耍并不能胜任将巨量资料塞进儿童脑海的严肃使命时，尤其是他们长大了一些以后，我们却迅速地摒弃了玩耍。本书建议我们应当反思这样的观念。让我们考虑更广泛地将玩耍应用于儿童的生活之中，类似的应用带来一种可能，即更多的玩耍和玩闹顽皮式的思考，反而可以让我们的学校变得更加认真、高效。天体物理学家约迪·艾斯贝尔-克拉克正率领团队开发科学和数学游戏，他曾告诉我：我们并不是试图把你的学生们变成游戏玩家。我们正在把你的游戏玩家变成学生。"[14]

在艾斯贝尔-克拉克那大胆的计划背后，隐藏的挑战归根到底是：我们不知道当孩子们玩游戏的时候，他们脑子里发生了什么。实际上，我们**自认为**了解发生了什么，并且感到不快。本书通过管中窥豹，揭示出正在发生的事情常常与表面看上去截然相反。那些看似逃避现实的玩乐，实际上却是深度的聚精会神。那些看起来是即刻满足的东西，实际上却是巧妙伪装下的延迟满足。那些看似的奇观，实际上却是一个系统，用来训练玩家们忽略奇观去关注手头真正的工作。那些看起来什么都可能发生的随心所欲，实则遵循严格的规则。<u>那些看起来非常 21 世纪、酷炫又高科技地娱乐着孩子们的方式，其实却沿袭着古老的方法，帮他们经历、探索和理解这个世界。</u>

与此前许多次教育运动不同，这一次似乎难以简单地给它贴上标签。它既非保守主义的，也不是自由主义的；既不是完全传统的，也不是完全实验性的。游戏终将给每个人都带来点什么。对那些宽容自由、以学生为中心的教育方式，游戏正好挠中痒处，将孩子们吸纳到参与的浪潮中，教会他们思考、协商、想象、解决问题。游戏让儿童自主自治，又给他们帮助，帮他们设计自己的解决方案、与朋友合作，创造出天然的"亲合团体"（affinity groups）来让教室以外的学习变得鲜活。对于那些技巧与评估类的学习，游戏同样抓住了痛点：游戏可以预先置入海量内容，提供专注而有效的训练与实践，掌握重要知识，强化勇气，在一天行将结束之际，送上一份个性化的表现数据流，其精准程度足以让最严苛的心理测量学家微笑。如果把这看成一场足球联赛，没有人会拿到奖杯。人人都会得到一张表格，上面详细标出他或她在这场游戏中的角色——每次传球、每次踢球、每次错过的机会。

这主要是因为，一个好游戏会给你奖赏，并不只是因为你出现在那，或在场外旁观——它需要玩家去行动，要玩家评估哪里做错了，下次再来个更好的计划。毕竟，商业的视频游戏源自那些能吞掉你口袋里所有硬币的街机。它们的设计目的，就是要以愉快的方式让用户犯下某些错误并且还要一次次回来玩。它们必须有难度，但又不能太难；游戏时间较短，但又不能太短。比方说，投币式的国际象棋或许激动人心，但它不会让游戏创作者发财，因为一个两毛五分钱硬币就能买到一个小时，甚至更久的游戏时间。

当然，从投币时代以来，游戏已经变得更加宏大、更像史诗、更加繁复。自20世纪80年代早期第一个复杂的家庭视频游戏系统出现以来，游戏变得更长也更有挑战性，因为有经济因素的刺激。科普作家史蒂芬·约翰逊写道，这种激励的存在，皆因我们的大脑喜欢被挑战。如果我们的大脑真的喜欢愚蠢无脑的娱乐，"那么过去三十年来视频游戏的故事——从'乓'（Pong）到'模拟人生'（The Sims）——将是一个游戏变得越来越简单的过程"。很显然，实际情况恰好相反，他认为："游戏以令人震惊的速度变得越来越有挑战性。"[15]

1967年，媒介批评家马歇尔·麦克卢汉预言在二十年内，科技将让学校变得面目全非。他写道："现如今，教师有一群预先准备过的听众。他很确定要面对满满一屋子人，而且是一场持久战。那些不喜欢这种表演的学生得到的是不及格的成绩。"但是，如果学生们有机会从别处获取信息的话，他预测道："被称之为教育的这种体验，其品质将发生剧变。自然而然地，教育者将要花费血本，才能吸引其学生产生兴趣、投入参与。"[16]

麦克卢汉有一点说对了：学生们如今从别处获取更多的信息。就像商业兼教育顾问马克·普伦斯基说的，许多年轻人"如今已深入且永久地被科技强化了"[17]。普伦斯基的话应该会深得你心，只要你曾观察过那些坐在星巴克里、在沃尔格林药店排队结账或参加家庭聚会的十来岁的青少年。但是在学校里，那些不喜欢这种表演的学生，仍然还是拿着不及格成绩。然而，这些学生却有了一些不同的视野。在校外，如今他们体验到了另外的世界，在这里学到的东西，远比在课堂上学到的更加丰富，更加切身相关。专门有个术语来描述这一现象——人们发现就在不远的前方存在各种可能性，却不得不在一些不那么重要的事情上浪费时间。这叫做"倦怠"，或者像神学家保罗·田立克描述的那样，"激情消磨殆尽"（rage spread thin）。

尽管教师们竭尽全力，我们的学校在与倦怠的战争中还是节节败退。印第安纳大学的"高中学生参与情况调查"发现，有65%的学生报告称"在课堂上至少每天"都会感到厌倦。有16%的学生，即接近六分之一的人，每堂课都感到厌倦。[18]

尽管学校已经费尽心思，但或许就是缺乏足够的挑战性。2006年有项关于退学高中生的研究，退学者中五分之四的人都说，假如当初对他们的要求更严格，他们就会更加努力地学习了。[19]美国记者阿曼达·雷普利在2013年调查了来自全球的上百位交换学生，她发现在美国学习生活过的国际学生中，十分之九的人都表示在美国上课更加简单容易；而去其他国家学习的美国青少年中，十分之七的人也同意这一点。"美国的学校有很多优点，但宽泛来讲，就是不够有挑战性"。雷普利写道："有证据表明，一直以来我们制度化地低估了我们的孩子能掌控的东西，尤其在数学与科学方面。"[20]

这就是正在发生的一切，我们国家的命运或许正面临最糟糕的时刻。近期广受关注的国际比较研究显示，我们的孩子在技能与知识方面均落后于其他地区（如芬兰和新加坡）的孩子。但长远来看，我们的孩子并不那么在乎跟芬兰的竞争，倒是更在意上学是否能更吸引他们的兴趣。尽管游戏还未曾以某种体系化的方式去改进课堂，但或许很快会有变化。新一代的老师们自己就曾从《数学冲击波》(Math Blaster)里学到除法，从《俄勒冈之旅》中学习历史，或从《模拟城市》(SimCity)中学习城市规划的原则。这些老师如今把游戏看作另一种工具，就像计算器。每年春季都有好几千名"婴儿潮"*一代的教师们退休。他们年轻的接班人则生于20世纪80年代末期或90年代初期，恰好赶上家庭视频游戏机开始普及。这些年轻教师从未经历过没有视频游戏的世界。在学生中间，则仅有3%的人不玩游戏。

转变可谓是"润物细无声"，悄然完成。记者梅根·麦克阿德勒记得1990年秋天，自己刚上大学的时候还相信，如果有哪个新生带着自己的游戏机来上学，"那就等于在宣告他根本不指望在接下来四年里跟别人有风流韵事了。而如今，游戏机则堂而皇之地摆放在三十多岁户主们的起居室里"。[21]

今天的情况到底有多么不同呢？2012年，美国教育考试服务中心，也就是负责组织美国高考SAT的机构，与视频游戏巨头电子艺界公司（Electronic Arts）达成了合作关系。电子艺界给大家带来过《疯狂橄榄球》(Madden NFL)、《质量效应》(Mass Effect)、《战地3》(Battlefield 3)等游戏大作。二者合作建立了一个实验性的非营利机构，名叫"游戏、学习与评估实验室"（Games, Learning and Assessment Lab），也可以按英文缩写称之为"玻璃实验室"（GlassLab）。该实验室正在创作商业视频游戏的教育版本，并在游戏的背后开展关于深度学习的分析。"玻璃实验室"位于电子艺界在硅谷的总部，由比尔与梅琳达·盖茨基金会、麦克阿瑟基金会资助，网

---

* 译注："婴儿潮"（Baby Boomer）一代指的是那些在第二次世界大战之后几年间出生的人，那段时间内美国的出生率出现了非常显著的增长。

罗了一批具有博士学位的研究学习的科学家和评估方面的专家。这些专家学者正在探索各种方法，来把游戏机制和学业内容结合起来。其终极目标就是不再使用我们所知的标准化测试。这群人已经创造出一套软件工具，可以从游戏过程中搜集数据，并将之转换为实时的报告。老师、父母和管理者们都可以通过报告来了解学生的学习情况，而不再需要现有的学习考核标准。"玻璃实验室"也已经分析挖掘了教科书，并发展出一套工具，让教师们可以用涵盖了同样教学内容的游戏来替代过去的分章节作业。

美国教育部和国家科学基金会正在投入数百万美元来进行关于游戏的实验。像盖茨基金会、麦克阿瑟基金会这样财大气粗的慈善机构，已经承诺上限为一亿美元的资助来推动教育游戏。出版业巨头培生集团在2011年也携手盖茨基金会来推动更多教育相关的游戏的出现。奥巴马总统也在几位专家的呼吁下，邀请了一位视频游戏的学者出任白宫科学和技术政策办公室（OSTP）的高级政策分析师。

奥巴马总统还启动了一项名为"数字承诺"（Digital Promise）的计划，其宗旨之一就是推动更多对教育游戏的研究。在白宫这年秋天举行的一次活动中，出人意料地和白宫的政策副主任汤姆·卡利尔一起站在台上的，是一家名叫维尔福（Valve）的公司的联合创始人加布·纽维尔（Gabe Newell）。如果你不是个游戏玩家，你可能从来没听说这个人或这家公司；但如果你是游戏玩家，你当然会知道纽维尔是何许人。他就是广受欢迎的游戏《半条命》（*Half-Life*）系列和《传送门》（*Portal*）系列的开发者。前者是一个开创性的、科技主题的第一人称视角射击游戏（FPS）。后者则是一款冷幽默且高难度的逻辑解谜系列游戏，需要玩家有策略地打开一个个次元洞，从一个层层封锁、迷宫也似的实验室中逃离。纽维尔几个月前在谈及《传送门》时说：" 这真的是跟科学相关的，它跟空间物理学有关，也和学习如何推理有关。"[22] 而此刻，纽维尔看起来被白宫的这套流程搞得有点厌烦了，他坐在那儿，约翰·列侬式的小圆眼镜后面目光炯炯；他穿一件高尔夫 T 恤衫，双臂环抱在胸前，身边都是着正装的人。假如这会儿他有一把传送枪，一定已经打开通路离开白宫了。但他终究还是耐心地坐在那里，并向科学课程的教师们承诺分享《传送门》游戏的代码，以便老师们用于物理课的教学。

美国的教育者们已经花了十年时间来研究芬兰的教育到底有什么秘密，但在此期间芬兰人或许提供了一些令人吃惊的洞察：例如他们发现，芬兰男孩在英语课的测试中得分一向高于芬兰女孩。这是因为男孩玩视频游戏更为频繁，而这些游戏又绝大多数是英语的。其结论就是游戏正在向孩子们教授英语。同时，《愤怒的小鸟》（*Angry Birds*）游戏的开发商，芬兰的 Rovio 公司也正在围绕着自由的玩耍开发一套学前教育课程。该公司声称，已经与赫尔辛基大学联合创造出了《愤怒的小鸟游乐场》（*Angry Birds Playground*），学习内容覆盖所有的基础科目，包括数学、科学、语言、音乐、体育、艺术和手工，并且提供"在休息、玩耍和学习之间的健康的平衡"。[23]

斯坦福大学的著名数学研究者基思·德福林每年都会观察到一次不同寻常的小小仪式。他每年都被邀请去向美国数学教师协会发表演说，也每年都会询问在座的老师们是不是游戏玩家，如果是的话请举手。到 2010 年，他已经重复提出这个问题五年了，每年的结果都是一样的：只有寥寥无几的人举手。然而到了 2011 年，在印第安纳波利斯举行的年会上，他看到了不同的情况：房间里的每个人几乎都举起手来。

德福林把主要原因归结为代际的转换（以及第一代 iPad 在 2010

年春天面世）。但他也说，老师们几乎都已经意识到游戏已成现实。"没人认为不会阅读的人可以当老师，"他说，"那么，视频游戏和其他数字媒体现在就是新的读写素养了。"

按照德福林的说法，老师们有责任学习孩子们感兴趣的东西。"学生们并没有责任跟我们换位思考。而作为老师，我们有责任设身处地，把自己放到学生的位置上去。如果他们已经身处一个数字化世界，在那里他们将花费无数小时去解决视频游戏中困难且富于挑战的问题，假如我们不能置身其中、并好好利用他们想做的事情，那可就太不应该了。这就是他们栖身的世界，他们将拥有和开拓的世界。身为老师，我们的工作就是在此旅程中助他们一臂之力。我们必须从他们所在之处启程，如果他们在视频游戏之中，那我们就从游戏开始吧"。[24]

第一章 一种终极的放纵

我怎么会对视频游戏感到好奇

罗伯特·弗罗斯特曾说过，诗诞生于喉咙中的梗塞。而本书则始于双眼间的刺痛。大概十二年前，我问 11 岁的女儿最喜欢的书是什么。她盯着我看，就像发现我长出了鳍和鳃一样。这个问题对她来说是如此不寻常。我不禁开始思考：孩子们真的还会有喜欢的书吗？书籍还在他们的关注之中吗？

我的女儿是一个在各方面都几乎完美无缺的孩子，考试成绩全优，痴迷大提琴，还是个数学天才，念高几个年级的课程也不在话下。她自信满满，打算直升大学，简直就是美国人心目中的五年级生的模范样板。如果连这样的孩子都不喜欢阅读，那阅读真的还有机会吗？

我的女儿成长在这样一个家庭：每个房间都摆放着书籍，厨房、厕所也不例外。在她童年时代头几年，我曾是她的启蒙老师，因此我搜罗了一箱又一箱的儿童读物，并把它们整齐地摆放在她和她妹妹的房间里。每个月至少有一个周日，我们都会去巴诺书店，在那用餐、看书、买更多的书带回家。在我们家里，如果不事先把厨房餐桌上的报纸杂志清理开，就没法开饭。我们逾期未还的图书馆借书，比大多数人的家庭藏书都要多。公平地讲，我们或许做的有点过头了。但是，在六年的学校生涯之后，但凡有所选择，我的女儿就不愿再拿起一本书来了。她并非个例。一项调查显示，有三分之一的高中毕业生在**他们余下的一生中**都不会再阅读任何书籍。[1] 作为一个记者，我开始寻找究竟谁该为此负责。

看起来，她生活中几乎所有影响因素都有责任：父母、老师、朋友、电视、音乐。也许还因为她作为躁动不安的狩猎者 - 采集者种族的成员那与生俱来的进化习性。又或者，仅仅是或者，阅读——持续不断、聚精会神、平心静气、深思熟虑的阅读——本身已经变得太困难了。我开始持续研究，并且发现孩子们还是一如既往地能接触到书籍——1954 年时，公立学校图书馆的人均藏书量是 3 本；到 2000 年，人均藏书量则是 17 本。[2] 虽然藏书量增长了，但阅读这件事看起来却丧失了吸引力。四十多年来，尽管生活质量的各项指标几乎都在增长，但 17 岁年龄段的阅读能力却并没有本质上的变化。不仅如此，在 1984 年和 2012 年的两次调查中，17 岁年龄段中认为自己"从未"或"几乎从未"为乐趣而阅读的比例翻了三倍。[3] **从未？几乎没有？** 吉尔伯特和苏利文严肃地认为，阅读的前景是凄惨暗淡的。

事实上，我不是唯一一个关心阅读将何去何从的人。科技作家尼古拉斯·卡尔注意到，浏览万维网并通过超链接搜寻信息，这一新近养成的习惯几乎已经让他丧失了完整读完一本书的能力。他在担忧人类已经从"个人知识的培育者演化成了电子数据森林中蛮荒的狩猎者和采集者"。[4] 艺术家及作家大卫·特伦德在追寻为什么他 8 岁女儿会有"关于书面词语的神秘问题"，他说："在她人生中的大多数时候，都并不需要阅读。"她的世界被图像、媒体和交互技术驱动，这一切都是如此诱人，可以轻松接触，以至于学习如何阅读"感觉就像是个由成人和学校发明的阴谋"。[5]

迄今为止大部分关于阅读习惯的研究显示，美国人里收入较高、受过良好教育的人更加热爱阅读，但即便这部分人的统计数字也在危险地减少。2005年，美国西北大学的社会学家温蒂·格瑞斯伍德开始提出，就像"有闲阶级"（leisure class）或"喋喋不休阶级"（chattering class）⁶一样，有一个小规模的、精英化的"阅读阶级"（reading class）正在涌现；即使每年都有数以百万的美国人在日常生活中放弃了阅读，但这个阶级仍旧非常重视读书。温蒂写道，目前尚不明了，读书是否将会成为一种令人景仰、阳春白雪的技能，或者像刺绣和弹奏竖琴一样的"与日俱增的神秘爱好"。⁷她发现，尽管受过教育的群体还是读书最多，但是其中相对年轻者的阅读时间在急剧减少，减少趋势跟那些受教育程度较低的年轻人是一样的。她预见到将有整整一代人拥有阅读能力但就是不去阅读。这跟数以百万计的人不具备阅读能力的后果其实是相同的。

　　是教育出了问题吗？资深教育工作者凯里·加拉赫认为确实如此。他在2009年提出了一个可怕的术语"阅读的自杀"（readicide），来描述他看到的在全美国学校中正发生的事情*。和他的许多同事一样，他也对学校把应试教育摆在真正的学习之前感到苦恼不堪。但他也发现，在行政管理层要求之外，老师们对那些重要的书本展开了"过度教学"（overteaching）和"不足教学"（underteaching）。老师们讲授教学内容过于迅速，把学生们丢进了"记事贴、页边注释和学术期刊的汪洋大海"。⁸加拉赫总结说，在一个本应培育孩子们对阅读的热爱的地方，实际却扼杀了这种热爱之情。"动机并没有问题，"他写道，"是我们的实践出了问题。"⁹

　　古怪的是，这场危机发生之际，却是儿童读物空前蓬勃发展的时

---

*译注：这是凯里·加拉赫提出的一个概念，用来形容当时青少年阅读量减少这一现象。

期。此刻只要你环顾四周，就可以看到孩子们正在津津有味地阅读大部头的书籍，那些我们这辈人可能认为无趣的精装本小说。先是《哈利·波特》系列，以及稍晚几年的《暮光之城》系列都抓住了孩子们的心。在 2008 年，七部《哈利·波特》占据了我所供职的《今日美国》图书排行榜前九名中的七个席位。而到 2010 年，四部《暮光之城》已经在图书榜单中盘踞了两年。当我与知名儿童小说家 M.T. 安德森见面时，他告诉我，他从 20 世纪 90 年代开始就在纽约从事童书出版工作，那会儿如果他推荐每本厚达 700 页的儿童小说系列的话，一定早就成为曼哈顿市中心的笑柄了。他说："当时普遍的常识是：'绝不会有孩子去读那样的书，那太**荒唐可笑**了。'"然而如今，那些七八百页的书籍已经成为了全球范围内的畅销书。"**每个孩子**都在阅读这类总计超过数千页的巨著系列"。[10]

因此，只要有合适的书籍，以及社交影响，孩子们还是会阅读大量的印刷读物。那么儿童的阅读量真的在减少吗？这个问题很难回答。取决你如何发问，你将得到不同答案。事实上，"阅读量的减少"到底意味着什么？你如何去测量这个数量？是以阅读的分钟数计算？还是按阅读的页数计算？或是看看印刷那些吸血鬼小说消耗了多少磅纸浆？

最终，一个更加有趣的问题出现了：**如今孩子们到底在关注些什么？**

我发现，他们几乎关注每一件事：书籍、音乐、电影、电视、时尚、舞蹈、科学、历史、经济、政治、摄影。他们也关注彼此。他们什么都关注，但就是不关注学校，以及那种让他们条条块块地切分学术科目的方式。生活中那些神奇的设备帮助他们通往一个崭新的世界，也带给他们思考世界的新方式。我们生活的时代，被教育家威尔·理查德森称为"丰裕时刻"[11]，这让我们的孩子总能以自己的方式，随时接触到几乎所有事物。学校看起来有点跟不上节奏了。

视频游戏比其他任何东西都更典型地展现了这种"丰裕"。在我目光所及之处，游戏正在成为一种不容忽视的文化力量。游戏让年轻人一起欢度时光，相互发起挑战，释放压力，学习新东西，并最终找到他们的社会定位。很多时候，孩子们就是喜爱游戏本身；另一些时候，他们欣然接纳的是围绕左右的亲合团体，这些团体的成员总是在谈论和写作游戏相关内容，一起分享游戏修改方法和新闻，还通过设计一些困难得让人惊掉下巴的新关卡来彼此挑战。游戏设计师罗宾·胡尼克就曾说过，脸书（Facebook）其实就是一个复杂的大型多人在线游戏。正如其他游戏一样，脸书里也充满了挑战、奖励和关卡。想想看，你就会发现这里的规则十分简单：做你自己，但要成为最风趣、最机智、最幽默、最热心肠的那个版本的自己。这个游戏的收益也是显而易见的，胡尼克观察到，脸书"使人们觉得自己是至关重要的，就好像他们拥有了跨越各种距离的朋友和家人一样。又有多少游戏能让你有这种被关爱的感觉呢？"[12]

许多孩子通过玩游戏来面对麻烦事或挫折感，还有很多孩子通过游戏来宣泄冲动、排解悲伤。我遇到过无数男孩，其中很多来自离婚家庭，都会跟父亲一起玩游戏，有的共处一室，有的远隔千里。我还遇见过一个名叫艾瑞克·马丁的大学生，他曾在高中一年级时患上了严重的神经性厌食症，住院治疗一个半月。在康复过程中，他发现了一个大型多人在线角色扮演游戏（massively multiplayer online role-playing game，简称MMORPG或MMO）——《魔兽世界》（World of Warcraft，简称WOW）。他说这个游戏拯救了他的生命。并不是只有他这么想，在轻博客tumblr上有一个名为"游戏怎样救了我的命"的页面，详细叙述了"视频游戏那改变人生的力量"。

《魔兽世界》堪称 MMO 的最佳典范，游戏剧情发生在一个有巨魔、精灵以及喷火巨龙的广袤奇幻世界里。但当时年仅 14 岁的马丁却从中得到了庇护、力量，以及他在其中建立的人际友谊所带来的无条件支持。他告诉我："我发现这里让人兴奋不已，在这儿，除了你游戏玩得好不好之外，没人会对你妄作评判。某种意义上这是种精英体制，没人在乎你从哪里来（他实际是来自马里兰州南部的农村），或你长什么样儿，人们只关心**你在游戏里的表现如何**。"[13] 马丁第一次玩《魔兽世界》是在一个朋友家里——他知道他的父母不会同意他玩，事实上最初他自己也认为玩这个游戏是浪费时间。但是，这个游戏迅速吸引了他，他最终攒钱买了自己的笔记本电脑，这样夜里他就能在床上蒙着被子偷偷玩游戏了。17 岁时，他成为了一个公会的联合首领，负责给公会里的 40 名玩家制定战略、战术和行动，同时还得记住在现实世界里为公会成员的生日或婴儿诞生赠送礼物。他说："这个游戏给我一个世界，身处其中我真的被赋予了力量。"

视频游戏已经变得令人惊异地栩栩如生、精妙复杂，以至于催生了一个奇怪的现象：玩家们正在通过许多方式用视频游戏学习并影响现实世界，而这些方式是游戏开发者原本未曾想到的。游戏正在重新校订玩家对生活的期望，从需要手眼配合的《吃豆人》（*Pac-Man*）到任何人所能想象的东西。视频游戏批评家汤姆·比赛尔写道，当他访问伦敦时，仅仅凭借自己玩《大逃亡》（*The Getaway*）这款开放世界式驾驶游戏的记忆，他就知道了从特拉法加广场到达大英博物馆的路线。[14] 畅销游戏《刺客信条》（*Assassin's Creed*）的创意总监亚历克斯·哈钦森告诉我，他收到过一些玩家来信说因为玩了《刺客信条 2》而专程探访了"水城"威尼斯。还有些学生来信说凭借着在游戏里学到的有关波吉亚家族的知识而高分通过了考试。亚历克斯·哈钦森说，没有人会把这个被划分为成人级别的游戏系列和教育类游戏搞混淆，但这些玩家反馈却证明，历史可以是"生动鲜活、紧张激烈、引人入胜的，是让人牢记不忘而不是用过就丢掉的东西"。[15]

威斯康辛大学的研究人员科特·斯夸尔在2001年出版的《视频游戏与学习》（*Video Games and Learning*）一书中，回忆了高中历史课上老师有关西班牙殖民史的提问。在一次"神游天外"*之时，老师问是否有人知道，欧洲不同国家有哪些不同类型的船舶。斯夸尔举起了手，就像对着教科书念那样说：西班牙有可装载黄金的大型加利恩帆船*，"法国人大多开着三桅帆船（barque）。荷兰船是福禄特帆船（fluyts）*，英国人开着商船（merchantman）。如果你看到船上有舰载舢板（pinnace），那就是法国船、荷兰船，还可能是条海盗船"。斯夸尔进一步解释，荷兰人"是精明的贸易者，他们在海上的领土并不算太宽广，尽管库拉索岛是一个极佳的贸易基地"。斯夸尔这番即兴发表的学位论文般的演说，甚至让一个必须进行的课堂测验推迟了。他的小伙伴们都惊呆了，他们都很想知道斯夸尔哪儿来这么些知识。"这其实是我在我的Commodore 64电脑上花了很多时间玩《席德梅尔的海盗》（*Sid Meier's Pirates!*）的结果"。[16]

---

* 译注："神游天外"（Ferris Bueller）是1986年美国喜剧电影《春天不是读书天》（*Ferris Bueller's day off*）及同年的电视情景喜剧剧集《*Ferris Bueller*》中的主角。Ferris Bueller moment 指的是当你凝视一幅画或其他艺术品并被深深吸引，陶醉其中，浮想联翩。
* 译注："加利恩帆船"（galleon），至少有两层甲板所构成的大型帆船，早在十六至十八世纪期间被欧洲多国所采用，多配备有加农炮，适于远洋航行，又译作"盖伦帆船"。
* 译注："福禄特帆船"（fluyt）或fluit、flute，都是指一种十六世纪时设计制造的、专用于越洋运货的帆船，造价相对低廉，运货空间大，所需船员少，是十七世纪荷兰海运帝国崛起的重要因素。

类似的故事一直都在发生。橄榄球队"坦帕湾海盗"的教练拉希姆·莫里斯曾经告诉《疯狂橄榄球》的制作人,玩这款游戏直接影响了他指导球队的风格。2009 年,"丹佛野马"队的接球手布兰登·斯托克利通过平行跑位抵达球门线,争取到关键的五秒钟,并获得了比赛致胜的达阵得分。美国娱乐与体育节目电视网(ESPN)的帕特里克·赫鲁比评价,"那不同寻常的移动仅仅只有那些曾经拿着游戏手柄的玩家才会感到熟悉。"[17] 几个星期后,在美国第四十四届橄榄球超级碗杯赛中,"新奥尔良圣徒"队的教练肖恩·佩顿让他的队员们在上半场结束时通过第四次进攻中的达阵来得分,而放弃了一次容易的射门得分机会。在下半场开球时,他们又选择了赌博式的短开球。美国国家足球联盟(NFL)的前教练约翰·麦登(John Madden)——碰巧跟这个知名的橄榄球游戏系列重名——在他位于加利福利亚的工作室里观看了这场比赛。他被这番景象惊呆了,"这真是难以置信又奇怪!我当时就想,这家伙简直就像在玩视频游戏!"[18]

在筹备电子游戏《2010 年足球世界杯》期间,电子艺界公司加拿大分公司音效总监戈登·杜瑞缇(Gordon Durity)在真实的世界杯比赛开始前几个月,派遣工作人员前往南非搜集有特色的游戏音效。他和一个工程师一起听了搜集到的音频。"我总是不断听到一种蜂鸣声,"他说,"这到底是什么玩意儿?它让我快发疯了!"工程师告诉他,这种嗡嗡声来自球迷们吹响的成千上万个"呜呜祖拉"*,"你必

---

* 译注:呜呜祖拉(vuvuzelas)是南非足球迷用于助威的大喇叭,最早起源于用非洲羚羊的角制成的一种用来驱赶狒狒的发声工具,在球场上表示加油、呐喊、庆祝。"呜呜祖拉"可以发出超过一百分贝的噪音,有可能导致永久性听觉丧失,球迷们需戴耳塞看球。

须保留这种声音，否则就不够真实了。"最终，杜瑞缇决定在游戏中保留"呜呜祖拉"的声音，但也提供给玩家关掉"呜呜祖拉"音效的选项。他回忆，在真实的足球世界杯开幕后，"人们都在说：'为什么电视转播就不能像视频游戏一样，提供一个静音按钮呢？'"[19]

英国记者吉姆·罗西尼奥尔对游戏的魅力提出了最佳解释。游戏是一种"贪婪的"媒介，它从音乐、漫画、小说、电视、雕塑、动画、建筑、历史等诸多领域吸取养分。罗西尼奥尔写道，游戏是"一种终极的放纵（ultimate decadence）。它像地球上其他事物一样，制造成本高昂，完全根植于人们对愉悦的渴求。它精妙而复杂，激发种种体验，却不像毒品和纵情放荡那样留下太多副作用。它是对兽性冲动的放纵，却并不产生真实的暴力或不知羞耻的堕落。"[20]

换句话说，游戏也是最适合引入学校教育之中的。

当我刚开始迈入游戏领域的时候，我发现老师们也正尝试着把游戏偷偷地带进课堂教学中，因为他们相信这样能够提高教学质量。令人欣慰的是，我发现首倡这种风潮的老师们不但还在教学岗位上，而且成效不错，更渴望与人交流。最初我打算跟踪每位教师的进展，掌握他们的行动，对每个人进行访谈。但我发现，这样的老师太多，我根本访谈不过来——事实上这样的老师比我曾交谈过的所有人的数量还要多。即使现在，我几乎每天都还能碰到一些我本该了解、但却没机会认识的游戏设计师和教育者。我发现他们当中大多数人投身此领域的原因，并非因为他们有多热爱游戏，而是由于他们热爱孩子，并且希望给他们更美好的东西。于是后来，我已经习惯了某人凑过来对我说："不，我并不是个出色的游戏玩家。"

与游戏的世界接触多了，我很快发现一切都并非表象那样简单。在努力了好几个月之后，我终于被获准进入纽约的求知中学，大家都叫它"视频游戏学校"。我有些震惊地发现，在这儿被开发和测试的大多数游戏都是基于纸面的。当我访问各个教室，也就是各种游戏正在进行的场所时，我不得不对自己关于游戏的偏见有所反思。有一次，我来到"玩耍制造者学校"（Play Maker School，这所学校开展六年制教学，最近刚并入洛杉矶的私立学校"新路学校"）的一间嘈杂的教室，看到两个女孩并肩坐在角落，漫无目的地张望。全班正在紧张激烈地开展一个模拟亚述人商品交易所的游戏，而她们看起来正在休息一小会儿。我走过去问她们在做什么，其中一个女孩问我是否能保密。我答应她们并凑近倾听她的回答。原来她们正在观察所有同学的表情，试图找出究竟哪一位同学持有她们想要的那张商品卡牌。她们认为确实有这么一张卡牌，而且也已经知道在谁手里，但她们还不确定是否能说服这位持有者放弃它。看起来很放松，这只是一种策略。

　　这些经历令人兴奋，它们跟那些关于学校改革的新闻报道完全不是一个路数。那些报道关注的几乎全是学习的代理物，而非真正的学习本身。我们当前关于教育的辩论中，那些激烈的分歧常常是强调某个方面而反对另一方面，这让它们显得十分重要，但其实这些分歧归根到底常常只是一枚硬币的不同两面。对于低收入家庭的孩子哪种学校更好，是特许学校（charter school）* 还是地区公立学校（district school）呢？特许学校更好，除了它还没成为特许学校的时候；研究还显示尽管许多特许学校挺不错，但大多数特许学校并没那么好。教

---

* 译注：特许学校（charter school）是这样一种教育机构，它接受公共资金的资助，但其运营独立于所在地的公立学校系统。在美国、英国、澳大利亚、德国、加拿大、瑞典、挪威、智利等国均有这类学校。

师工会对于孩子们来说是件坏事吗？其反对者会说"也许吧"；但美国最糟糕的学校之中，有很多根本没有一个教职工加入工会，许多教育最差的州甚至不允许教师们建立工会组织。高风险测试（High-stakes tests）又如何呢？绝非好事，除非其结果很好——但事实上并没有那么好，因为这很容易导致作弊。

即便那些看似特别关注学习的种种努力，也并没有真正关注学习本身，而是在关注那些有关学习的标记物：用自然拼读教学法（phonics）还是整体语言教学法（whole language）？用计算器还是不用计算器？留家庭作业还是不留？类似讨论来了一轮又一轮，却像破灭的肥皂泡一样没留下什么有价值的东西，而且还劳民伤财，令人沮丧。脸书首席执行官马克·扎克伯格在2010年曾许诺要投入1亿美元，在纽瓦克、纽泽西重建公立学校。但是两年过去了，他的捐赠和匹配的捐款中有超过两千万美元进了咨询公司的口袋。而这些咨询公司里的"个人咨询顾问"收费高达每人每天1000美元。埃塞克斯郡城市联盟的主席薇薇安·考克斯·弗雷泽曾告诉记者，"人人都赚到了钱，但那个叫拉希姆的孩子还是不会阅读"。[21]

在纽瓦克，很多改革都是自上而下的和技术化的，给那些想单靠自己闯出名堂、尝试些新鲜事物的聪明老师们留下的空间极为有限。看起来游戏提供了新的机遇。这是一种自下而上的改革，那些厌倦了收效甚微的课堂教学的老师们，对此推崇备至。教师并不仅仅是藏身于游戏之后，而且还可轻易地鼓励其他人尝试游戏，跟同一房间或者遍布世界的同仁们分享游戏。最令人鼓舞的是，一些老师正在发掘自创游戏的力量，而不仅局限于借用他人创作的游戏。

其实在历史上，教师也曾出于一些善意动机，将一些近在咫尺的新技术拒之门外。一百多年来，很多追求进步的教育改革者努力推动着课堂教学从教师的讲授，转变为更具互动性的信息传递方式。改革者们的观念转化成一系列大多有些倒霉的技术创新，每个创新都曾被吹嘘为"下一件大事"（Next Big Thing）。一百年前，托马斯·爱迪生本人就曾尝试劝说教师，默片将带来学校教育的革命。作为电影用于课堂教学的早期投资者，他预测电影很快就会让书本过时淘汰。"我们的学校教育体系将在十年内发生彻底的变革。"爱迪生在 1913 年时对一家纽约的报纸如是宣称[22]。爱迪生想象，学校大门将需要配备武装卫兵，用"一支真刀真枪的大军"来将急切渴望的孩子们拒之门外。"你不得不鞭打他们，才能把他们驱赶开去。"老师们可没这么急切渴望——不管默片拥有多么宝贵的价值，放映一部默片总是需要关灯。而就像哈佛学者大卫·多克特曼对教育类影片的评价那样，"已被证明的是，黑暗就是它最大的缺点。"[23]

在 20 世纪 30 年代和 40 年代，成千上万的教室都拿出时间来播放教学广播节目，这些节目由国家资助的"空中学校"（schools of the air）提供，不论如何这也算是 20 世纪上半叶最富有成效的教育创新了。历史学家兰德尔·戴维森曾讲过一个威斯康辛州的老师的故事。有天早上这位老师准备打开她教室里的收音机，播放即将开始的一个歌唱节目"音乐世界之旅"，却发现收音机坏了。于是她让学生们穿戴整齐，跟她一起来到户外，拦下一个开车路过的人。这人心甘情愿靠边停车，并推开车门，这样学生们就可以跟着车内广播的节目一起唱歌了。戴维森回忆："那个司机也加入了合唱。"[24]

在 20 世纪 50 年代和 60 年代，联邦政府和一些私人基金会投入了数百万美元来设立教育电视台，大部分节目基于当地的闭路电视系统制作播放。"演播室老师"（studio teachers）要对百人甚至更多人的大班级来授课。早在"芝麻街"（*Sesame Street*）节目开播的十年前，位于马里兰州西部乡村地区的小小华盛顿郡，其学区已经雇佣了一支超过 70 人的电视制作团队，其中有 25 名都是"演播室老师"。[25]

到了 20 世纪 80 年代，学校开始购买所谓的"微机"，就像如今大家狂热购买笔记本电脑和一对一的平板电脑程序那样。早在 1980 年，个人电脑的众多支持者就将之视为一种具备颠覆性的设备，将会削弱学校在孩子们的生活的中心地位。麻省理工学院的计算机科学家西摩·帕佩特把微机誉为"儿童的机器"，并预测它能够"让我们极大地改变课堂以外的学习环境，从而让孩子们就像学习说话那样轻松、有效、无需系统化的教导地掌握绝大多数知识；而如今学校试图教授这些知识的时候，则总是伴随着如此大的痛苦与代价，取得的成果却极其有限"。[26]

早期的许多电脑狂热者曾希望老师们能够自行创造软件，但是历史学家保罗·赛特勒发现大多数老师"缺少投入这种任务所需的时间、精力或专业知识"。[27] 斯坦福大学的学者拉里·库班（Larry Cuban），也许是我们之中最早真正知道教师工作本质的人，他曾说过教师们对科技总抱有怀疑态度，因为他们从心底就是脚踏实地的人，他们想要的工具必须要能解决真正重要的问题。他们需要工具来支撑自己的权威，而不是去破坏这种权威。就像库班和其他人都曾指出的，即使是黑板，一开始也受到了乡村的单室学校（one-room school）*教师们的冷遇，因为在那儿很少强调对大群学生集体指导的教学方式。库班说，改革者们希望利用科技使教学变得更加"按部就班、有

---

* 译注："单室学校"（one-room school）曾是 19 世纪末、20 世纪初美国、加拿大、澳大利亚、英国、爱尔兰、西班牙等多国的乡村和小镇里常见的学校。多个年级的所有学生都聚集在唯一的教室里上课学习。一个老师教授所有学生基本科目如阅读、书写和算术。

系统、有规划",但他们总会大失所望。

但如果科技能把教育引向另一个方向,伴随着内在的冒险与颠覆举动,又将会怎样呢?

在纽约熨斗区(Flatiron District)的一座两层楼的工作室里,大卫·兰根多恩正在查看电脑显示屏,并在其底端找到了一个小小的计数器。他指着那个数字说:看这儿。每次它发生变动,就说明有个奴隶已经逃离苦海、获得自由。兰根多恩坐在电子趣玩公司(Electric Funstuff)的小会议桌前。这家小型视频游戏公司是由他及其合伙人斯宾塞·格雷在 1998 年创建的。从那时起,他们制作了一系列获奖的教育游戏,画面简单,却有着丰富的历史细节。当我在 2012 年见到他们时,他们正投身于一款名为《美国任务》(Mission US)的免费系列游戏的细枝末节中。该游戏邀请孩子们通过角色扮演,化身为生活在那些历史关键时刻的青少年,从而学习美国的历史。他们每月定期与一群历史学家会面,来审核游戏是否精确符合史实。一大堆历史书和人物传记就在旁边的工作台上,堆得摇摇欲坠。

这款游戏的第一部《为了王冠还是殖民地?》(For Crown or Colony?),塑造了一个身处美国革命战争时期的波士顿年轻男孩,他必须在冲突双方中选择一个阵营。游戏的第二部,也是这个系列中最流行的,叫《飞向自由》(Flight to Freedom),主角是一个年轻女奴露西,她身处 1848 年肯塔基州的一家种植园。游戏进程中她必须逃亡到俄亥俄州去。一块电脑屏幕上实时显示着玩家数据,就在我与兰根多恩和格雷座谈的这个下午,计数器显示的读数是 22850,也就是学生们扮演露西并成功逃亡的人次总数。因为《美国任务》是个基于万维网的游戏,因此游戏开发者可以追踪到每次逃亡的尝试,并查看那些成功的情况。兰根多恩说,大约有四分之一的机会能够成功逃亡，但成功几率会随着每次尝试而增大。在四分之三的情况下，露西在逃亡中被抓回，玩家如果不想接受被奴役的命运，就只能再次尝试逃亡。大概有 80% 的学生在尝试三次以内获得了逃亡的成功。游戏会记录玩家尝试逃亡的次数；尝试次数越多，露西最终成功的机会就越大。格雷说："我们希望玩家体验失败，但要以一种可控的方式。"此时他正和兰根多恩在尽力研发游戏的下一部，学生们将身处 1866 年的一个北夏延族*村落。

游戏设计师坚持所有的美国原住民角色都要由真正的夏延族人来配音。兰根多恩说，这看起来是个好主意，但地球上总共就只剩几千个夏延族人了，他们中几乎不可能有人是训练有素的配音演员，而且还碰巧就住在纽约市。

就在我们交谈的这几分钟里，计数器上的数字一直缓慢增长：22851，22852……每次跳动都意味着有一个或许是在校生的玩家，正坐在教室里扮演着露西。在他们开始逃亡之前，游戏让玩家选择：要用更加顺从还是更加叛逆的方式来跟你的模拟奴隶主互动？出乎游戏开发者意料的是，那些在学校玩这个游戏的孩子之中，有大量的人选择做一个"乖奴隶"。兰根多恩说："当他们在家玩这个游戏时，他们几乎要闹个天翻地覆；但大多数身处学校这个环境的孩子，会觉得自己需要安分些，要做正确的事。"坐在学校里的时候，大多数孩子都明白对他们的期待就是服从，而不是反抗。"事实上，这让老师们得去怂恿着学生抵抗，比如说，'来啊，试试看啊？'这一点真的让我们大吃一惊。"[28]

---

* 译注：北夏延族（Northern Cheyenne）是美国大平原的原住民，其语言属于阿尔冈昆语族。北夏延人分布在蒙大拿州的北夏延族印第安人保护区。南夏延族人和阿拉帕霍族组成夏延和阿拉帕霍部落，居住在俄克拉何马州南部。

第二章　五分钟往返月球

无所不在的超级计算机

设想一下，一个来自 20 世纪 50 年代的麻省理工学院或斯坦福大学的研究人员，身着实验袍，来拜访今天的一个典型家庭，坐到你家的个人电脑前，戳戳你女儿那贴满水钻的 iPhone 手机，或是玩玩你儿子的 PlayStation 游戏机，他（当时的研究人员大多为男性）一定大为惊奇。如今超级计算机无所不在，分享也可以随心所欲。没人料到这一切会发生。电脑在人们最初的想象中，绝非为你我这种普通人服务的，当然也绝不是为我们的孩子们服务的。在诸多因素联合影响下，现实发生了改变。但其中首要的影响有二：一种反主流文化的蔑视，针对的是自上而下的中央集权；以及一种关于**玩耍**的难以抗拒的冲动。

个人电脑的概念实际上诞生于 20 世纪 60 年代，但此后十年间都没人能见到真正的个人电脑。记者约翰·马可夫写道，直到后来，成本下降和技术进步以后，"那个盒子就自己降临了"。[1] 毕业于斯坦福大学的斯图尔特·布兰德，曾在后来成为加州硅谷核心的地方创办了极具影响力的《全球概览》(*Whole Earth Catalog*)。他说过，当时的反主流文化对中央集权始终持轻蔑的态度，这为"没有领导的互联网"(leaderless Internet) 和个人电脑提供了哲学基础。[2] 史蒂夫·乔布斯和史蒂夫·沃兹尼亚克在发明麦金塔电脑的好些年之前，就制造和兜售了可以用来免费拨打长途电话的"蓝盒子"。乔布斯后来对传记作家沃尔特·伊萨克森说过:"如果不是因为蓝盒子,就不会有苹果公司。"[3]

很多早期的计算机先驱者曾参与过一些关于LSD*的早期实验,就像作家肯·克西*,他在20世纪50年代至60年代间参加了门洛帕克市退伍军人健康管理局医院的系列药物试验。最终催生出个人电脑的那种计算机研究动机,与其说是想要用"人工智能"来代替人类,不如说是想靠计算机来强化人类智能,扩充我们的记忆,拓展我们的意识。计算机先驱道格拉斯·恩格尔巴特在1962年写道:"人类人口和生产总值正在以相当可观的速度增长,但随之而来的复杂问题也更为迅速地增长,面对这种活动的不断增加及其日益全球化的情况,如何找到对应的解决方案也越来越紧迫。"[4]在努力寻找之中,玩耍(play)作为一种解决方案不断地涌现出来,比如恩格尔巴特,就在LSD影响下发明了一种"尿尿玩具"(tinkle toy)———一种可飘浮在水面的转轮,可用来训练男童向抽水马桶里撒尿。[5]

如果计算机就像乔布斯曾说过的那样,是"我们头脑的自行车",那么视频游戏则是"黄蜂牌"*摩托车,带来绝对时尚有型的乐趣。弹珠台机和大型计算机的结合,带来了最早的视频游戏,它是冷战

---

* 译注:D-麦角酸二乙胺(Lysergic acid diethylamide),常简称为"LSD",是一种强烈的半人工致幻剂。

* 译注:肯·克西(Ken Kesey),《飞越疯人院》的作者,1959年自愿参加了美国中情局主持的一个精神类药物实验项目,1963年基于这一体验出版了长篇小说《飞越疯人院》,并一举成名。

* 译注:"黄蜂牌"(Vespa)是意大利的一款经典踏板式小摩托车,诞生于1946年,格里高利·派克和奥黛丽·赫本曾在电影《罗马假日》中骑一辆Vespa车穿过街道。

时期的黑客之中的一种开源的娱乐消遣，大家痴迷于在黑色屏幕上移动光点的亲身体验。在创造游戏的过程中，黑客推动了计算的民主化。

就像19世纪的工匠，当他们终于能使用电力的时候，最初的冲动是找出更好的办法来做冰淇淋。20世纪60年代，麻省理工学院、斯坦福大学等地的年轻工程师们刚刚接触到带有显示器的大型计算机，便很快开始制作游戏。今天我们把计算机黑客看作见不得光、而且常常心怀恶意的角色，但按记者希瑟·卓别林和亚伦·鲁比的看法，在20世纪60年代，黑客是"自由思考、痴迷未来、追求真理的超级工匠"。[6]史蒂芬·列维则认为，所谓的"黑客行为"，原本意味着"一种项目或产品，它们的执行或生产，并不仅仅是为了满足某些建设性目标，而且还带有一些只要参与其中就可获得的狂热乐趣"。[7]史上最早的一批视频游戏就是这样的黑客行为。

最早的计算机游戏诞生在1958年10月，位于长岛的布鲁克海文国家实验室举办的开放日上。物理学家威廉·希金博森曾参与"曼哈顿计划"，他的团队设计了第一颗原子弹的定时装置。20世纪50年代后期他负责管理实验室的仪器设备团队。他想用游戏"活跃一下开放日的气氛"，并且传递出这样的讯息："我们这些科学狂人也是跟社会密切相关的"。他的创意是把两个自制的机械开关连接到五英寸的示波器上，并请一位同事将之制作实现。他们共同创造的这款绿色图像、会发出叮铃声响的《双人网球》（*Tennis for Two*）游戏，在连续两年的开放日活动中都极受欢迎。它差不多就是后来的《乓》游戏*的原型。但是在1959年第二次活动结束后，希金博森回收了该游戏

---

* 译注:《乓》游戏（*Pong*）是世界上第一款家用电子游戏。

装置的零件。⁸

三年后，在麻省理工学院，史蒂夫·罗素这名来自达特茅斯的交换生，使用学校最新的 PDP-1 计算机，制作了一个关于火箭飞船与鱼雷袭击的双打游戏，并将之命名为《太空大战》(*Spacewar*)。这款游戏让罗素的黑客伙伴们极为赞赏，他们通过编程，模拟出来自屏幕中央的太阳的引力、精确的太阳系星图、还有一个可让玩家飞船消失无踪的超空间按钮。J.C. 赫兹写道，游戏代码通过计算机网络在多个校园中传播交换，"太空大战"是"绝对无法忽视的"，"因为这种冲动把价值百万美元的计算机变成了智能丛林中的健身房，实在是太了不起了。"⁹ 这个游戏蔓延到其他各家研究机构，甚至 PDP-1 电脑制造商在发售后续型号时，都会预装这个游戏以备测试电脑和显示器之间是否同步。当时还是施乐公司帕洛阿尔托研究中心研究人员的计算机先驱艾伦·凯，在 20 世纪 70 年代对《滚石》杂志表示，《太空大战》游戏"在任何有图形显示器相连的计算机上都会自然而然地出现"。¹⁰ 在我们大多数人知道"腕管综合症"*为何物之前很久，通宵打游戏的玩家们就已经开始在抱怨"太空大战肘"了。

在那些通宵玩家之中，有一位年轻的犹他大学工科生，名叫诺兰·布什内尔。他在一次扑克赌局上输掉了自己的学费，后来就开始在嘉年华游乐场上管理弹珠台。他发现《太空大战》游戏"实在太令

---

* 译注：腕管综合症（Carpal tunnel syndrome），又称腕道综合症、腕管综合症，俗称鼠标手，是一种常见的职业病，多发于电脑（键盘、鼠标）用户、木匠、装配员等需要做重复性腕部活动的职业。有研究认为过度使用手指，尤其是重复性的活动，如长时间用鼠标或打字等，可造成腕管综合症。

人着迷",情愿花费十年光阴去想办法制作它适用于游乐场的版本。那个在计算机还在广泛使用着打孔卡片的年代,布什内尔爱上了这款游戏的灵敏反馈。"毫无疑问,当你按下'旋转'按钮,飞船**就会**旋转;当你发射一枚导弹,它就会**发射**,而且还遵守着物理定律。"他告诉我:"当你加大推力,飞船会加速,如果你想慢下来,你必须把飞船掉个头来给它反推力。哇!这真是太神奇了!"[11] 这一切让布什内尔产生了个不着边际的疯狂想法。他想要造一台投币式计算机,可以放在餐厅、酒吧或者学生活动室里,允许一个玩家——或者更特别的——允许双人玩家**同时进行**游戏。这种计算机只是重复实现同一个功能,既没有什么研究价值和实践应用功能,也不会生产任何看得见摸得着的东西。

布什内尔并不是唯一一个为此疯狂的人。1971年,两个年轻人开发出了《银河游戏》(*Galaxy Game*),同样是《太空大战》的模仿产物。他们把斯坦福大学音乐室里的一台PDP-11计算机,通过100英尺的电缆,与校园咖啡屋的游戏柜机相连。它很快就在越战期间的学生群体中火爆起来。学生们簇拥在游戏柜机前,并用10美分硬币摆在上面排队占位,来预约下一个玩游戏的机会。科技作者约翰·马可夫把《银河游戏》称为"一种前兆,预示了对作为新媒介的计算力的渴望将直接导致个人电脑的诞生"。[12]

与此同时,布什内尔在1917年创造的《太空大战》街机版《电脑空间》(*Computer Space*)以失败告终,这多半要归咎于操作说明过于复杂。他成立了一家新的公司,转而开发另一个项目。他告诉首席工程师,这次他想要一个"简单到连酒吧醉汉都能玩"的游戏。[13]这家公司就是雅达利(Atari),它的第一款游戏就是1972年发布的

《乓》。这款游戏仅有一句操作指导:"避免漏球,赢得高分。"

从乔布斯重新发明个人电脑的那年再往回退十年,他还是雅达利公司的第 40 号雇员,一个为布什内尔辛苦打工的 20 岁的大学辍学生。为了让游戏能够更容易且低成本地生产出来,布什内尔雇佣乔布斯来破解重制自己公司的街机游戏,目的是更简洁而低成本地生产这些游戏。乔布斯并未受过工程师的专业训练,所以他说服了**曾经**当过工程师的朋友史蒂夫·沃兹尼亚克来兼职帮助自己。两人平分了乔布斯的薪水——后来发现分得并不公平,乔布斯受益更多——在此期间他们开发了一个小游戏,叫《打砖块》(Breakout)。沃兹尼亚克后来说,在他们俩四天无眠、疯狂赶制游戏的过程中,他首次萌发了创造彩色电脑显示器的构想。

当然,在那以后,两代工程师们已经从计算机里不断压榨出更多的功能,在保持它们惊人的小巧体量的同时,让它们运行得更快速、更高效和更便宜。很大程度上,这要感谢一个被称为"摩尔定律"的原则。它以英特尔公司创始人之一戈登·摩尔的名字命名,与其说是定律,不如说是一种观察:1965 年摩尔便预测到,一个集成电路可容纳的晶体管数量每年都会翻倍。后来他又修改了预测,认为这个数量将每两年翻一番,而事实果然如此。摩尔定律预见了数字技术的飞速发展,并帮人们认识到计算机将变得多么小巧、高速、高效、便宜,以及因此而来的,多么方便易用。

这番变化的巨大怎么说都不为过——事实上它是我们讨论的关键,所以举个例子比较妥当。想象一下,如果美国的汽车的发展变化,也同样遵循 1979 年以来微处理器变化的速度、效率、成本和尺寸趋势。当然汽车的发展也非常迅速,但哪怕它有一丁点儿沿着摩尔定律的路线发展,如今的汽车应该让你根本认不出来是汽车了——这是华盛顿大学的资深计算机科学家埃德·拉佐斯卡的说法。研究这个话题时，我发现他这段开创性的论述可以追溯到几乎二十年前。于是我发邮件询问他近些年是否有什么新观点。仅仅一天后，拉佐斯卡就回信说，他看到我的问题后，和两个同事一起分析对比了微芯片从 1970 年到现在的数据。他们的发现极其惊人：如果汽车的发展速度能赶得上微芯片的发展速度，如今的普通汽车应该可以达到每小时 600 万英里的速度，从纽约到旧金山仅需 1.7 秒，5 分钟就可以从这里到月球之间打个来回。至于效率，1 加仑的燃料应该可以行驶 10 万英里，从纽约到旧金山就只用半杯汽油。这么神奇的汽车要卖多少钱呢？拉佐斯卡和同事们计算了一下，只要 9 美元。考虑到自 1970 年以来的微型化趋势，你根本就找不到停在你家车道上的汽车。它也就只有火柴头一般大小。[14]

所以现在你生活中的计算机，已经**不是**几十年前你初见它时的模样了。研究者大卫·威廉姆森·谢弗说，出色的老师们已经发现了这一点。"电脑让孩子们能够接触许多崭新的世界，包括对他们来说原本接触起来代价太高、太过复杂或是危险的现实世界的那些部分，现在可以通过计算机模拟的方式来接触了；还有那些想象的世界，在那儿他们可以用新的方式，在社会现实和物理现实之中玩耍。"[15]

但是相对于那些让所有人都惊掉下巴的进步，计算机在教育方面取得的总体成果却微乎其微。一些批评者指出，学校从来没有真正想明白怎么**用好**这些电脑，或是怎么培训教师们来有效地使用电脑。计算机先驱艾伦·凯说过，想象一下，如果不是电脑而是钢琴会怎样？如果教育改革者们把钢琴推入美国的每一间教室，然后留下教师们自己去面对和处理接下来的情况，其结局也会让我们失望。他认为，如果没有其他环境与背景条件的辅助，未必能自动产生出音乐来，很可能得到的是其他东西。[16]

严格来说，当前在学校教育中推行引入数字游戏，绝非教育工作者们首次通过机器来推动个性化教学，甚至也不止是第二次了。但这绝对是最精细、最以人为本和最深思熟虑的一次。本潮流的首倡发生于20世纪50年代及60年代初，一小群教育心理学家提出，完全取消教师，并用教学机器上的自定节奏、预先规划的教学来替代。每个学生坐在书桌前就可以机械地操作这种设备，学生们挪动控制杆来完成打孔纸上的多项选择题和填空题，设备则发出"咔嚓咔嚓"的声响。提议者声称这种机器会让孩子积极地学习，因为要想使课程继续下去，就必须要有"持续且活跃的学生应答"。这种机器也提供即时反馈和自主式学习，"学得快的学生可以迅速而轻松地达成学习任务"，而学得较慢的学生则可以"根据需要而放慢指导，用充足的耐心满足他们特殊的需求"。[17]

许多设备实际上早在20世纪20年代初就被开发出来了，但大萧条*抑制了该领域的发展，也让很多老师不再致力于此。直到20世纪50年代，哈佛大学的心理学家伯尔赫斯·弗雷德里克·斯金纳推动了这类设备卷土重来。斯金纳本人一直长期通过机器设备，以奖惩措施来训练老鼠和鸽子。1953年斯金纳旁听了他女儿的数学课，这让他认为孩子们可能会从"自动化教学"中受益。1954年他展示了一台用来训练算术的原型机，并认为这"极大地改善有效学习的条件"。[18] 1958年，他和几个同事设计制作了一台机器，用来在

---

* 译注：大萧条（Great Depression），指1929年至1933年之间发源于美国的经济危机。

哈佛学院和拉德克利夫学院教授一门自然科学的导论课。这项工作是由福特基金会资助的。[19] 至今仍然可以在 YouTube 上的历史类视频里看到很多这类机器，它们完全遵循行为科学，奖励正确的回答，对于错误答案的反应，则是让学生再次仔细阅读材料，或者尝试另一答案。有一种问世于 1925 年的设备，当学生回答正确时真的会发放"救命者"（Life Savers）牌糖果。俄亥俄州立大学的心理学教授西德尼·普莱赛在 1964 年的一次演示中说，60 年代的糖果对这种机器来说已经变得太大了，于是它就转而发放 Tums 钙片[*]来代替了。[20]

教学机器确实流行了好些年头。1960 年，美国教育协会视听教学部出版了一本关于此设备的 724 页的"教学来源资料汇编"。1961 年，美国空军购买了 18 台 Autotutor Mark I 型教学机器，每台价格在 5000 美元到 7000 美元之间，要用在密西西比州比洛克西的基斯勒空军基地的电子培训之中。1962 年美国国家科学基金提供了一笔资金，用来支持大学一年级微积分课程的机器教材编写。对这些行为主义信奉者来说，不幸的是，就在首颗人造地球卫星"斯普特尼克"发射后不到十年里，这类机器失宠了。一份在 1965 年广为流传的报告指出，与一个好老师加上一本教科书相比，这些设备并没有表现出任何真正的优势。一台教学机器不能仔细讲解、持续阅读或独立解决问题，也不能像其鼓吹者断言的那样能顶得上一个私人教师。它甚至也不是自主式学习的唯一途径。史密森尼学会（Smithsonian）的历史学家佩吉·基德韦尔就说过，教学机器"也许能激励鸽子，但从长远来看是令人乏味的。"[21]

---

[*] 译注：Tums 是在美国知名的一种抗胃酸咀嚼钙片。

现下这种视频游戏进校园的运动或许更为精细微妙，但也建立在一种本质上的误解之上。无论你倡导或是反对将电子游戏引入学校，都应该感谢吉姆·吉（Jim Gee）对此的贡献。现年六十多岁的詹姆斯·保罗·吉是过去十年中此领域爆发式发展的功臣之一。这位理论语言学家的职业生涯始于在斯坦福大学对动词不定式语法的研究，他的早期工作聚焦于诸如不带"to"的动词不定式（naked infinitives）——按他的说法是"听上去比实际上要性感得多"——之类的研究课题[22]。十多年前，吉偶然接触到了视频游戏。他给六岁的儿子买了一个《睡衣山姆》（Pajama Sam）的电脑游戏，他想："我不该只是给他一个游戏，我应该和他一起玩。"[23] 于是他和儿子一起坐在电脑前玩这款游戏，并被深深地触动了。这款全名为《睡衣山姆：天黑时不必躲藏》（Pajama Sam: No Need to Hide When It's Dark Outside）的游戏，非常有趣、引人入胜且需要智慧，是一种引导孩子去解决难题的好方法。而且最重要的是，游戏难度很大。和许多成年人一样，他曾认为游戏就是简单、无脑的娱乐消遣。但《睡衣山姆》却绝非如此。他不禁想，**如果这种游戏只是制作给孩子玩的，那为成人制作的游戏又是怎样的呢？**

吉来到商店，随便选了一款名为《时间机器新冒险》（New Adventures of the Time Machine）的游戏带回家。这款游戏比《睡衣山姆》还要难，他玩得实在是糟糕极了。"我清楚记得在游戏里的惨败，然而也发现了一些真的非常激励人、能改善生活的东西。"吉意识到，他非常喜欢能够以**全新**的方式，来学习一些**全新**的东西。他说，自从念研究生以来，这还是第一次要面对如此复杂到让人发狂的事物，而且他还没有任何现成的背景知识。"有意思的是，当你把自己看作一个学习者的时候，会感到非常失望。你固执地重复同一个解决方案——你已经忘了该怎么学习了。"

他开始玩其他游戏，并且用他那教育家的头脑发现，游戏设计师们也面临着和学校一样的挑战：如何让用户精通那些高难度的，需要不断练习、持之以恒的学习资料。他震惊地意识到，在这方面游戏设计师比学校做得更好。当然，大多数教师工作非常努力，也都希望孩子们走向成功。但是当孩子们不去学习那些已经给他们安排好的功课时，学校教育通常会从孩子生活问题上找原因：贫困、精神创伤、父母教育不力、营养不良、残疾、睡眠不足、糟糕的学习技巧。研究表明，上述种种确实会对孩子的学习能力产生明显的影响。但是假如玩家玩不好那些买来的视频游戏，游戏设计师可不会去责怪父母教育不力、营养不良或者睡眠不足——哪怕实际上许多游戏玩家确实都具备这些特征。游戏设计师必须创造出让任何人，哪怕是睡眠不足的人，都可以精通和享受的体验。吉认为设计师们无意中采用了脚手架式教学*的模式，这是被认知科学家们认为最有效的学习方法。他说，游戏告诉我们，真正的学习总是和快乐相关联的，而且从根本上来讲是一种玩耍的形式；但这种观念"几乎总是被学校置之不理"。[24]

那时候，吉执教于威斯康辛大学麦迪逊分校教育学院的课程与教学系。他说："这大概是我的第五份终身教职。"在此前二十五年间的几乎每年，该系都在评估中排在顶尖，这也让他能自由地探究

---

*译注：脚手架式教学（Scaffolding Instruction 或 Instructional Scaffolding），是基于建构主义学习理论提出的一种以学习者为中心、以培养学生的问题解决能力和自主学习能力为目标的教学法。该教学法主张逐步为学生学习提供适当的、小步调的线索或提示（脚手架），让学生通过这些脚手架一步步的攀升，逐渐发现和解决学习中的问题，掌握知识，提高问题解决能力，成长为一个独立的学习者。

自己感兴趣的课题。"资深教员可以做任何想做的事情，"他告诉我，"我要写什么没有任何约束。"于是这位曾出版过《话语分析导论》(An Introduction to Discourse Analysis)一书的理论语言学家，在2003年出版了一本书叫《视频游戏教我们学习和读写》(What Video Games Have to Teach Us about Learning and Literacy)。本书面向大众读者写作，用谈话的语气娓娓道来，曾引起了小小的轰动，而且至今仍然不断印刷销售。这并非第一本关于游戏和学习的书——商业顾问马克·普伦斯基在2001年已经写过一本书综合论述这一主题，但该书对企业培训和中小学教育加以同样多的关注。普伦斯基最令人难忘的观点，是游戏提供了在"AFTRB"之外的另一种引人入胜的职场专业学习路径。AFTRB，他解释道，指的是"另一个该死的三环活页夹"（也就是说连篇累牍的书面学习材料）。[25]

普伦斯基和吉早已意识到，游戏设计师降低了失败的成本，从而让玩家敢于冒险。他们懂得，设计精巧的问题解决方式具备难以抵挡的魅力，这样的解决方式既要让玩家有第二次机会，还要让玩家能够分享自己的成功。短短几年，游戏设计师们已经揭示了深度学习和快乐学习的法则；但教育工作者们已经花了上百年，才能在学校教育中用上这些法则。这些游戏公司碰巧已经发现了"相当不错的方法来让人们学习并且享受学习，"吉后来这样写道，"在这里，资本家的创意已经远超教育工作者"。[26]

与此同时，他发现学校却正在开倒车。2002年1月8日，乔治.W.布什总统签署了全面性的联邦教育法案，即所谓的"不让一个孩子掉队"(No Child Left Behind)法案。该法案是国会中民主党与共和党在9·11事件之后较为少见的友好礼让的结果，就像此前许多改革一样，以社会正义为核心。它试图提升数百万低收入家庭儿童的基本技能水平，并由此来缩减国民之间巨大的不平等。其基本政策手段很简单：要求全美国5000万所公立学校中大约一半的学生在每年春季参加年度技能考试，并由学校报告学生的表现如何。如果某校大部分学生跟上一年相比没有进步，学校将面临一系列的处罚，最严重的将被要求提供免费的课后辅导，或者必须能让家长们无条件地把孩子转学到周边的其他公立学校。几年下来，并没有在许多学校里提升教学效果，却形成了日常的应试教育风潮；而且不可避免地，原来较为广泛的教学范围变得更加狭窄，更加照本宣科；在那些有大量低收入家庭学生的学校中尤其如此。到2004年底，大约四分之一的学区都报告说已经减少了社会研究的教学时间，来给阅读课和数学课腾出时间。五分之一的学区表示他们削减了科学、艺术或音乐课的时间。[27]

与此同时，吉发现，在"不让一个孩子掉队"法案实施的早期，游戏却拓展了自己涵盖的范围，而不是变得更狭隘。教育工作者们在忙着争辩，怎样才是儿童学习阅读的最好方法，是自然拼读法还是整体语言法？而任天堂公司却正在教育一代儿童如何阅读，当然是通过不太正式的方法。《口袋妖怪》*还教孩子们如何通过交易那些充满了专业化、技术化、交叉引用的文本的游戏卡牌，对超过700种不同类型的生物进行分析和归类。吉后来把《口袋妖怪》称为"也许是能够想到的最好的识字课程"。[28]据他的观察，贫困儿童或弱势群体儿童和

---

*译注："口袋妖怪"（Pokémon）是由任天堂公司从1996年开始发行的一个游戏系列，后续发展成为漫画、书籍、电视动画、动画电影等跨媒体的产品系列，相关产品销售额达数十亿美元。该系列累计销售超过1亿6000万套，是全球销量第二的系列电子游戏，仅次于任天堂公司的"马里奥"系列。

其他孩子之间并不存在"口袋妖怪鸿沟"（Pokémon gap）*。他说："很显然，那些制造和出售《口袋妖怪》的资本家倒是更加信任有色人种儿童和穷孩子。"吉不无嘲讽地说，如果我们把《口袋妖怪》游戏变成一门学校课程，"那些孩子——其中许多都很穷——就突然全都有了学习《口袋妖怪》的障碍了"。29

吉还发现，游戏促使玩家像科学家那样思考。玩游戏需要基于"提出假设——探索世界——作出反应——反思结果——重新探索以改进结果"的循环，这样的循环就是典型的实验科学 30。游戏公司同样也建立了评估体系，来告诉玩家在数以百计的变量之下他们玩得有多棒；但是要实现这一点，并不需要让玩家去参加充斥着多选题的考试。

甚至早在该著作面世之前，吉提出的"请把学校教育建立在更好的学习法则上"，就已经被读者解读成：要允许把商业视频游戏引入学校教育，因为它是一种攻无不克的魔法子弹——这绝不是他的本意。他希望让这本书，以及游戏的魅力产生一种"病毒"式效用，那就是通过游戏来传播自己关于读写能力和学习的观点。但很多读者却从其他角度来解读这本书。他关于读写能力和学习的那些观点，被用来服务于增进商业游戏在学校教育中的合法性。他说，很多喜爱游戏的人始终在等待着学者来论证"游戏是有益的"。或许这样也无妨，因为吉的这本书也帮助游戏玩家们认识到，游戏"在玩家群体之外同

---

* 译注："知识鸿沟"或"知沟"（knowledge gap）是传播学中提出的一个假设，认为不论社会经济地位高低，每个人获取的知识都会随时间而增加，但社会经济地位高的人获取的知识量，却比社会经济地位低的人所获取的多，久而久之这两群人的知识差距会逐渐扩大，这就是知识鸿沟。后来又衍生出"数字鸿沟"等概念。因此所谓"口袋妖怪鸿沟"，就是指不同社会经济地位的孩子之间，可能存在所了解的关于"口袋妖怪"的知识的差距。

样也是值得认真对待的"[31]。尽管他的名字都已经成了"游戏进校园运动"（games-in-school movement）的代名词，吉还是会坦率告诉你，这事儿没那么简单。"任何优秀的学习网络都拥有多种工具，"他说，"我们并不会因为有了电脑，就扔掉铅笔，也不会因为有了 KidPix 这样的儿童绘画软件，就扔掉蜡笔。一切都可为我所用。"[32]

吉在 2003 年之后又出版了几本书。或许更为重要的是，他在威斯康辛大学麦迪逊分校开创了首个研究"教育中的游戏"的研究生专业。这样的专业也像病毒一般迅速扩散到了其他大学。他招收的第一批 12 个学生之中，有一位叫康斯坦斯·斯坦因库勒。她毕业于密苏里大学，同时拥有数学、英国文学和宗教研究这三个学士学位，来到麦迪逊分校就是想剖析到底是什么激励着人们去学习。"我本来没有打算读一个研究游戏的研究生，"她告诉我，"如果你之前告诉我将来会一直干这一行，我会觉得太可笑了。问题是，我转过身来，真去观察了孩子们在做的事情。一旦你看到他们在玩游戏时的所作所为，就不会觉得可笑了。至少作为一名研究者，你不会再认为这一切是无关紧要的。"她认为，我们总是会倾向于低估任何新媒介的影响，除非我们真的亲身参与其中——而总是更为年轻的一代人会首先投身其中。[33]

"当我最初开始研究游戏时，人们对我说：'这会毁了你的职业生涯，你完蛋了。'"她回忆道，"我选择去研究游戏，是因为我真心厌倦了去研究人们被强迫着去做事。"[34] 几年以后，她成了第一个在白宫工作的游戏研究者，进入美国国家科学和技术政策办公室，担任奥巴马总统的科学顾问。

尽管早已经达到并超过了退休年龄，吉依然像过去一样是个风云人物。"游戏进校园运动"把他视为《魔戒》中的白袍巫师甘道夫,尽管在那些日子里,他常常更像是个脾气暴躁的大叔——请自行脑补一个拥有语言学博士学位、更加懒散一点的坏脾气喜剧演员刘易斯·布莱克,吉就是那样的。如今在亚利桑那州立大学,吉经常作为主讲嘉宾现身于各种"严肃游戏"会议上,发言谴责标准化测试和呆板课程体系的罪恶,看起来很是享受自己的"恶名昭彰"。他的形象非同寻常。他在台上时声音洪亮,同时带着露出洁白牙齿的浅笑,几乎没什么头发,蓬松的白色眉毛快遮住了眼睛。尽管他的观点已经成为主流,但是针对中小学教育及高等教育里那难以深化的学校教育能力,他的愤世嫉俗和冷嘲热讽有增无减。在最新出版的著作里他下了如此结论:"总的来说,我们的正规教育机构已经放弃了深度教育的使命,转而追求通过考试、收缴学费之类的短期目标。"[35]

不过,偶尔他也会看似重回旅途起点。吉多次说过他最喜欢的游戏之一是日本任天堂公司 GameCube 掌机上的游戏《小小机器人》(*Chibi-Robo*)。游戏主角是一个 4 英寸高的家庭清洁机器人,它必须让全家人都开开心心,既要打扫干净房间,也要帮家里人解决难题。而这一切依赖于一根短得离谱的电源线和一块动不动就需要充电的电池。吉勇敢地承认,他第一次把《小小机器人》游戏玩到结尾的时候,感动得掉了眼泪。"如果他们能够让你一连好几个小时地扮演一个快没电的 4 英寸家庭清洁机器人,并且甘愿掏出 60 美元去买游戏,那他们肯定也能让代数变得激动人心。"[36]

第三章 "别亲发动机，爸爸，否则车厢就不会认为它是真的发动机了"

游戏是怎样通过让我们嗨起来而生效的

我本应当在海滩上。毕竟，我在圣塔莫尼卡，而这是五月份的一个星期六。但我正一动不动地倚在许多枕头上，膝盖上放着iPad，沉迷在一个游戏之中，控制着虚拟的大理石小球的坠落。这游戏有点像日式弹珠机，小球通过色彩缤纷、处处设障的路线，最终要击中一个大大的红色按钮。我已经玩了有三个小时。

我蹲坐在酒店房间里，玩这个叫做《牛顿的万有引力》（*Newton's Gravity*）的游戏的第50关。此刻它是我生命中最最单纯的事情。大理石球滚出滑道，滚上一个中间有沟槽的钢架。需要收集各种形状的虚拟砖块来提供能量，让小球越过沟槽，爬上斜坡。清理了整个斜坡后，按钮就在下边等着你啦。就这么简单，解谜完成。实际上，小球甚至不必击中那个按钮——可以推倒一个砖块，让它去击打按钮。只要让**某样东西**可以清理斜坡并击中那个该死的按钮就好。坦率地说，我无法理解这样的原始冲动，但它无疑是极为强大的，也是我们的学校教育所未曾触碰的金矿。

第50关让我断断续续地纠结了好几个星期。其实我已经有些日子没碰这款游戏了，但如今我又开始玩了。这款魔力十足的游戏是一家叫"额外英里"（Extra Mile Studios）的英国公司开发的，它有一定难度，足以吸引我；但又不至于难到令我望而却步。而 iPad 的触摸屏更放大了这种魔力，因为我可以仅用一根食指，就能随心所欲地操控物体移动。

好吧，我该停一停了。为什么不停下来呢？

这天是 2011 年 5 月 21 日。有位在广播中传教的原教旨主义牧师哈罗德·康平曾预言，这一天下午，太平洋时间 3 点（或美国东部时间 6 点）就是世界末日了。而在巴尔的摩，这天下午 6 点 19 分是必利时锦标赛[1]，即美国"三冠"赛马大赛第二关的开场时间，也是巴尔的摩这座"魅力之城"一年中最重要的日子。我看了看表：此刻是太平洋时间的下午 5 点 15 分（或美东时间的下午 8 点 15 分）。当世界末日和普瑞克尼斯大赛来临之际，我一直都在玩《牛顿的万有引力》游戏。

到底发生了什么？这款游戏是怎么回事？为何让人如痴如醉，浑然忘我，专注在如此简单的任务之中而无法自拔？是什么让我**一再尝试，反复不休**？可能最简短的答案是：**它好玩**。然而这三个字总被误解，就像基于它而存在的这个 680 亿美元的产业。

传统观念认为，视频游戏是在心智上把整整一代人的头脑变成浆糊的罪魁祸首，是一种数字麻醉剂，相比其危害性，电视都显得完全无害了。从最好的角度来说，游戏也是浪费时间。从最坏的角度，游戏正在把我们的孩子变成愚蠢无脑的种族，变成袭警杀手、暗夜精灵和小鸟射手。甚于其他一切娱乐形式，视频游戏"更倾向于划分出**我们**和**他们**的区别，"记者汤姆·比瑟尔写道："事实上，**我们**承认喜欢通过射击怪物来打发时间；而**他们**就是觉得这毫无价值，当然这也有道理。"[2]

2006 年有一项针对在全英国小学都普遍设置的"读写素养时间"的研究，其结果显示超过三分之一的孩子不喜欢阅读。当英国政府拿到该研究结论时，国会议员鲍里斯·约翰逊谴责有些家长让孩子玩了

第三章 "别亲发动机，爸爸，否则车厢就不会认为它是真的发动机了"

太多太多的视频游戏，让孩子"沉默无语地醉心于哔哔作响、高速运动之中，面无表情，沐浴着游戏中的爆炸和血污。他们坐得太久了，以至于灵魂都被吸到显示器里去了"。两年后成为伦敦市长的约翰逊在《每日电讯报》上撰文，称呼游戏玩家为"眨眼的蜥蜴，他们木无表情，全神贯注，只有颤动的手显示出他们还有意识。这些机器能教给他们的东西是零"。[3]

且不论此番言论中对蜥蜴的含蓄的侮辱，约翰逊的描述如今也许会遭到一批研究者的反击。这些研究者花了十多年时间，来梳理"这些机器"到底教了大家些什么，又是怎么教的。最开始，一些研究很早以前就明确了视频游戏与改善视觉灵敏度之间有所关联。研究者们也正在发现更多未曾预料的好处，例如注意力控制和情绪调节。脑科学认为这些"核心构件"对幸福康乐而言非常重要。像填字游戏或数独游戏这些标准的认知科学式的"大脑训练"方法（也常用作家庭康复的手段），其效果时常有限，令人失望。被如此训练过的人一般会在测试分数上显示出进步，但2012年的一份报告显示，如果转换到现实世界的实际应用中，甚至仅是用不同标准化测验来考察注意力，"已被证实成效甚微"。[4]

换言之，你的大脑可能并不情愿被训练。但是如果让它享受几个小时的第一人称射击游戏《生化奇兵》（*BioShock*），上述一些关键技能也许就会有所进步。上述那份2012年的报告提到，近期研究揭示了动作游戏的正面效果，这些效果不仅限于注意力控制和情绪调节方面，而且还涉及决策、心理旋转*，以及并行任务之间迅速切换的能

---

* 译注：心理旋转（mental rotation），创造一个物体的心理映像并在头脑中对它进行三维操作的能力。

力。只要玩几个小时的游戏就能产生这些效果,而且可以持续几天、几个月甚至几年。还有研究者提到,职业动作游戏玩家跟那些擅长冥想的人有些共同之处,他们都显示出"更低水平的额顶网络(fronto-parietal network)调用",这一神经网络负责人们的注意力调节。本质上,游戏玩家和冥想大师都更善于集中注意力,而且更轻易就能保持聚精会神状态。[5] 在近期的另一次实验中,意大利研究者们发现只要玩 12 小时的动作视频游戏,阅读障碍症儿童的阅读能力就会得到"极大提高"。连续 9 天,每天玩 80 分钟游戏,可以提高儿童的阅读速度,效果甚至好于进行一年的"严格要求的传统的阅读疗法"。[6] 此领域的领军人物,神经科学家达芙妮·贝弗利尔说:"你将在许多事情上进步,而不仅仅是游戏。"[7]

这对"眨眼的蜥蜴"们来说真是太棒了。但视频游戏是如何做到这些的呢?为了搞清这一点,我们首先要理解游戏是如何工作的。要理解游戏如何工作,又必须多多少少知道一些关于大脑的事儿。大脑以不寻常的方式进化,来为现代生活做准备。如果你相信达尔文(你真的应该相信),世界是充满危险的。长达数百万年的自然选择,迫使我们一再去适应干旱、洪水以及不常碰到的小行星撞击。这些灾难加在一起已经灭杀了无数令人惊叹的种族,也包括一些人类祖先的近亲。那么,我们在"好玩"中浪费时间到底有什么正经意义?为什么我们不是一个像蚂蚁那样、更喜欢做正经事的种族?

因为玩耍就是我们的学习。上万代的自然选择把我们这些好运的幸存者置于当今所在,我们演化成如此好奇的生物。按照神经科学家欧文·比德曼的说法,我们是"信息迷"(infovores),从出生起就带有对信息与连接与生俱来的饥渴[8]。有人付费让我们变得好奇。买单的银行家是我们的大脑，支付的货币则是一系列精选的"毒品"，包括内啡肽、多巴胺、血清素、肾上腺素等。

我们并不孤单。神经科学家贾克·潘克塞普曾论及动物的"搜寻动机"，这是种与生俱来、永无止息的驱动力，让动物"对探索其世界具备高度兴趣，且当其得偿所愿时，让动物变得兴奋激动"。它让动物能找到生存所需之物，包括食物、水、温暖，当然还有性。潘克塞普还写道，对人类而言，这或许是产生并维持好奇心的主要大脑系统之一，甚至还负责智力层面的追求。他说，我们在持续地适应我们的信息环境，包括其间万物，"从坚果到知识"。[9]

那么，想想人类的大脑。不是从"买单的银行家"的角度，而是一个3英镑重、时刻寻找模式的"毒品贩子"。当我们学习时，或是把所见与记忆中已有事物相关联的时候，我们的大脑就会向循环的血液中，喷射一点儿由大脑生成的吗啡或内啡肽。这既是一种神经递质，也是温和的止痛剂。比德曼及其合作者爱德华·韦赛尔发现，场景越是具有"丰富的可解读性"，就会产生越多的内啡肽，因为大脑正在竭尽全力地去理解其所见的事物，并努力将新鲜陌生的东西与其经验相适配。他们2006年的一项研究被广泛引用，其中，参与者要观看一些照片，例如一张黑夜中的闪电的炫目照片，以及一张单调乏味的停车场的照片，并将前者评价为"更让人愉快的"。研究者发现，大脑中负责把新信息和已有记忆相关联的区域，即所谓的"关联区"，此时也会变得更加兴奋活跃。他们提到，关联区拥有最高密度的、可被内啡肽激活的"μ 阿片受体"，这提供了"充分证据，表明大脑随时准备着享乐"。[10]

这可不是无端的小小喷射，而是一种自我保护的古老行为，因为千万年来生存的关键就在于我们识别与记忆各种模式的能力。这块冰看起来安全还是危险？当我们通过回忆安全的冰面看起来应该什么样子，将其和面前这一块作出比较，最终搞清楚这一点的时候，就会觉良好。当我们难以回答时，感觉就很糟糕。近期有一个进化论假说，人类学家琳恩·艾斯贝尔认为毒蛇是人类的"第一猎食者"，但毒蛇的长期存在，对于人类大脑的拓展和开发，以及我们的视觉能力都具有重大的影响。我们进化得对色彩和运动尤为敏感，因为如果不是这样，就要挨蛇咬了。[11] 她提到在马达加斯加，狐猴的进化过程中始终没有蛇，到今天这种动物也根本不怕蛇。而狐猴在哺乳动物之中，就属于视力低下的。

任何直接威胁到我们生存的东西，"将自动唤起我们的全神贯注，"游戏设计师诺亚·佛斯坦写道。[12] 这种专注也给我们带来食物，因为同样的寻找模式的行为，长期以来帮我们辨别蘑菇可食用还是有毒，辨别是成熟的浆果还是荆棘，以及从一大群羚羊中找到病弱无力的那一头。每当我们外出求生，每次我们学到新东西，我们的大脑就自然而然地想要这样的派对继续下去，游戏研究者及设计师拉菲·科斯特说："大自然母亲看起来已经非常精通这样的秘诀。大自然母亲实现它的方法就是让我们嗨起来。"[13]

科斯特认为，在某种意义上我们也正在被玩耍。我们的大脑愚弄着我们，让我们去下苦功夫学习如何生存。"我觉得有充分理由认为，能玩得开心是一个关键的进化优势地位，其重要性仅次于有能与其他手指相对的大拇指"。[14] 每当我们冒险成功，或做出了正确预测，我们都会得到另一种神经递质的注射：多巴胺。心理学家迈克尔·阿普特认为，仅当后果无法确定时，这种系统才会激活。当然，另一方面来说，风险越大，回报也会越大。"人们用恐惧来购买兴奋，"他说，"你付出代价越大，收获也会更多。"[15]

我们不得不为生存而运动，追逐猎物，有时也要从猎食者爪牙下逃离。因此，当我们已经奋力拼搏了好一段时间之后，我们的大脑会再奖励我们一注多巴胺。这就是在另外一些时候，所谓"跑者高潮"的成因，长距离奔跑会导致一种兴奋狂喜的状态。近期研究认为，人类和其他"善于奔跑的哺乳动物"之所以能进化出长距离奔跑的能力，是因为它们是唯一能体验到跑者高潮的动物[16]。老鼠似乎也能获得一种类似的体验。2008年的一项研究发现，在那些经训练会通过导管自行获取可卡因的老鼠之中，居住的笼子里配备了运动滚轮的老鼠吸取可卡因的量要少很多。[17]

我们的大脑在面对逆境时会制造出另一种神经递质血清素，这有助于我们应对压力。血清素的化学成分近似于LSD这种人造致幻剂，在某些人群中被称为"幸福分子"。牛津大学精神药理学教授菲利普·考恩则说，它也是告诉我们"还不要恐慌"的神经递质。[18] 想要弄清楚它到底在学习中扮演了什么角色并不容易，但研究者们表示，缺了它会导致焦虑、抑郁、恐惧袭来。科技作者娜塔莉·安吉尔说，类似"百忧解"和其他"选择性血清素再摄取抑制剂"的药物，实质上就是在维持大脑向"随时准备狼吞虎咽的接受器"供应足量的化学物质。[19] 贾克·潘克塞普说，将人类的努力奋斗，简化归纳为大脑中原始部分里古老神经化学物质的喷涌，这或许有些难以令人接受。然而，说到底，"如今的证据清晰地显示，从老鼠到人类的所有哺乳动物，其意识中的某些固有愿望是被同样的古老神经化学机制驱动的"。[20]

人类很久以前就已经走出非洲大草原，但人类的大脑仍在继续搜寻，仍然被具备丰富可解读性的场景吸引，仍在每天早晨确信其生存正面临险境。在意识层面我们知道这不是真的，但生物学家认为我们固执的大脑从未记住这一点。它认为吃人的猛虎仍然藏身于灌木，那头羚羊还在孱弱地独行，轻松的猎杀就在前方。它认为那丛熟透的浆果就簇拥在小径的下一个转弯处。即使我们抓住了羚羊，采到了浆果，我们的大脑还在告诉我们，或许我们不得不迎战我们的同类，来保住自己的收获。从某种意义上，我们为现代生活的准备简直充分得过了头。在现代生活中，没人想抢走我们的羚羊或浆果，但经过了二十万年，我们依然痴迷于"令人肾上腺素激增的决策"，这是安大略理工大学游戏与媒介娱乐研究实验室主任伦纳特·纳克的说法。他还说，我们大多数人都从事办公室工作，并不用为了晚餐而战斗，"但它还深深根植于人类内心。我们的大脑渴求这类互动，我们的大脑想要得到刺激"。[21] 因此，在每一个早晨，我们几乎是一起床，就要伸展身体，打着呵欠，环顾四周，就要开始捕猎、采集、战斗。既然现代世界通常并不主张真正的捕猎、采集、战斗，那么我们只好退而求其次：**模拟**这一切。

首先是捕猎：当我们在上班路上奔跑或是骑行或者开车，速度有点风驰电掣的时候，当我们去打保龄球或者去购物（尤其是讨价还价）的时候，我们正在捕猎。当我们目不转睛地凝视纳斯卡赛车、奥运短跑赛、美洲杯帆船赛或者一场儿童游泳赛事时，我们其实正在观赏一群技巧高超的猎人同伴追逐猎物，并为此欢欣愉悦。这些赛事或许已经完全从其原型抽象升华——猎物消失了，取而代之的是一个球、计时限制或者终点线——但它们就是捕猎。风驰电掣地捕获羚羊或虎口逃生所带来的刺激兴奋，如今换成了单纯的风驰电掣所带来的刺激兴奋。[22] 法国哲学家罗杰·凯卢瓦曾言，少部分体育运动事实上比捕猎更甚一等，诸如滑雪、马术、登山、舞蹈、骑旋转木马以及孩子们的绕圈跑。它们试图"短暂地摧毁感知的稳定性，并让人在清醒的意识下体验一种活灵活现的恐慌"。凯卢瓦将之名为"眩晕"（ilinx），这也是希腊语中"眩晕"的用词。[23] 记者威妮弗蕾德·加拉格尔写道，人类还具有"对新奇的独特喜好"，这使得我们从那些地球的灾难中幸存下来。我们是如此贪图新鲜，因此她管我们叫做"贪新癖"（neophiles）。[24] 我们将手伸入麦片盒子去抽奖，我们摇晃着包裹想知道里面有什么。我们观看《仓库战争》*。我们中少数人在吃角子老虎机上输光了自己用来偿还抵押贷款的钱，我们中大多数人都购买 2 美元一张的刮刮型彩票。我们着了魔地刷新脸书，时刻关注着屏幕顶端的小小数字，它会告诉我们自从上次打开页面以来又有了多少次来自朋友的回应。

　　当我们不捕猎时，我们在采集。我们收集硬币、邮票、饼干罐子。我们是"神秘博士"*式的完美主义者，每天早晨绞尽脑汁地完成报纸上九乘九见方的数独游戏，每天晚上费尽心力地做手工刺绣。我们一遍又一遍地在莫扎特的奏鸣曲和查理·帕克的萨克斯独奏中激动地战栗。科斯特说，我们就是模式的贪婪追求者，因为"学习就是毒品"。反之，当大脑搜寻新鲜信息而一无所获时，随之而来的就是无聊乏味。"那就是当没有任何新模式可供吸取时的感受"[25]（科斯特并未提及其中是否还混有程度不同的愤怒之感）。

　　阿肯色大学音乐认知实验室主任伊丽莎白·赫尔姆斯·马古利斯认为，这也是我们如此热爱音乐的原因之一。音乐中的重复"就像人

---

* 译注：《仓库战争》（*Storage Wars*）是一个首映于 2010 年 12 月的美国电视真人秀节目。按加州法律三个月未付租金的仓库，其中的货物就可以被拍卖。该真人秀让一群职业买家仅仅通过五分钟在仓库门外的观察，就参加拍卖并要从中谋利。

* 译注：《神秘博士》（*Doctor Who*）是一部著名的英国科幻电视剧。

类意图的手印标记一样"，她写道。一个乐句初次听起来似乎是随意的，但"第二次听到时就变得充满目的和意有所指了"。音乐中对模式的运用，就如同在各种仪式中一样，"通过重复所带来的力量，令人全神贯注于即时的感官细节之中，而暂时放下身边的现实状况"。马古利斯回忆起瑞典心理学家阿尔夫·加布里尔森（Alf Gabrielsson）的一次实验，该实验让上千人分别描述自己最强烈的音乐体验。许多人报告称他们对音乐的巅峰体验带有"一种超越尘世的感觉，边界仿佛消失无踪，他们逃离了躯壳的限制，与正在倾听的音乐融为一体"。这可以部分地归因为，重复所带来的注意力转移，以及"参与感的提升"。[26]

标记着"模式"的硬币还有另一面：惊奇。我们喜欢意料之外的事，因为它们既满足了、也颠覆了我们对干净利落的模式的期待。我们想要新瓶装旧酒。一晚接一晚，我们破解悬疑小说中的神秘，对电视剧集《法律与秩序》（*Law & Order*）中的尸体做鬼脸，满怀期待地等着莱特曼*在深夜脱口秀中妙语如珠。我们喜爱威尔可合唱团的一张新专辑，很大程度上是因为它听起来跟旧专辑很相似，但却又**不同**。最新的《哈姆雷特》电影版的结局，跟过去四百年间每种版本的哈姆雷特故事的结局都是一样的，然而我们仍紧张不安地在座位上等待着哈姆雷特与雷欧提斯那最终的致命决斗。

最后，我们战斗，为了权力、地位和被赏识而奋斗。我们玩象

---

* 译注：大卫·莱特曼（David Letterman）是美国最著名的脱口秀主持人之一，由他制作并主持的《大卫·莱特曼晚间秀》（*Late Show with David Letterman*）是美国哥伦比亚广播公司（CBS）于周一到周五晚上十一点至午夜间播出的喜剧和脱口秀节目，在美国非常流行。节目于 1993 年 8 月 30 日首播，2015 年 5 月 20 日播出最后一集，莱特曼宣告退休。

棋，玩战棋*，玩《大富翁》游戏*，还有《夺旗橄榄球》（*flag football*）和《梦幻棒球》游戏（*fantasy baseball*）。我们阅读《硬球》（*Hardball*）一书，并对政治争论不休，而政治本身就是高度仪式化的权力战争。我们经年累月地追踪自己拥护的竞争者每周的表现情况，他们则制定战略让球各行其道。我们竭尽所能地追看冰球，但大多只是在享受当球员们靠近时人仰马翻的骚乱。我们对两个近乎赤裸、戴着衬垫皮革手套、毫不留情互殴的人，赋予了近乎神秘超凡的意义与关注。27

当我们并未捕猎、采集、战斗，也没有在观看别人做这些事情的时候，至少还可以翻开一本好书来休息一会儿，不是吗？还真不是。从认知方面来说，阅读所带来的结果，和真的去**做**那些事情几乎是一样的。科学报道记者安妮·墨菲·保罗写道，近来研究表明，当人们读到诸如"约翰抓住了那个目标"或"帕布罗踢球"之类的句子时，功能性磁共振成像扫描显示大脑运动皮质区负责移动手足的部分有明显活动。而阅读诸如"香水"或"咖啡"这样的词语，则会激发处理嗅觉的大脑区域。同样地，当读到一些隐喻时，例如"这位歌手有着天鹅绒般的歌喉"，或是"他有双坚韧如皮革的手"，将刺激读者的大脑感觉皮质区。"看起来大脑并不太区分，究竟是阅读了某种体验，

---

* 译注：战棋（Risk）是由 Parker Brothers 公司（现已在孩之宝旗下）在 20 世纪 50 年代开发制作的一款桌面战棋游戏，讲究策略与运气。有人将这款游戏译为"战国风云"。

* 译注：Monoply 游戏，中文名通常为"大富翁"，也有"地产大亨"、"强手棋"等译名。这是一款发明于 20 世纪初，并由 Parker Brothers 公司（现已在孩之宝旗下）在 1935 年率先发售的多人策略桌面游戏。游戏玩家分得初始金钱，凭运气（掷骰子）及交易策略，买地、建楼以赚取租金。"monopoly"一词原意为"垄断"，因为最后只有唯一胜利者，其余均破产收场。游戏的设计最初旨在暴露放任资本主义的弊端，但是推出之后却受到大众欢迎。

还是在现实生活中经历这种体验,"保罗写道,"在两种情况下,同样的神经区域都得到了刺激"。[28]

那么,用目光扫过书页的简单行为,也是大脑奋斗求存的一种手段。毕竟阅读在人类漫长历史中,是相当新近才发展出来的本领——人类能够阅读,大约可回溯到四千年前,这从进化史来看实在是短暂的一眨眼。作为对比,人类学会烤面包已经有大概三万年了。

法国神经科学家斯坦尼斯拉斯·德阿纳写道,我们的大脑还没来得及发展出专门的"阅读回路","对于通过视觉来理解语言,我们的进化并未准备就绪"。[29]然而,即便是小孩子,也都善于从词语中领会意思。任何读者都可以在十分之几秒内,轻易地从脑海里至少五万个备选词语中检索到某个涵义,"仅仅是基于几条光束在视网膜上的击打"。[30]我们是如何做到的?在过去的数千年里,我们指派那些原本用于扫描周遭世界中的食物或危险的大脑回路,在某种意义上甚至是自欺欺人地,去关注书页上的那些呆滞不动的小小符号。对大脑的扫描显示,那些曾经专用于扫描地平线,以识别动物踪迹、成熟浆果、树丛毒蛇的脑部区域,如今变成了让我们迅速识别字词的区域。我们已经将大脑训练成适于阅读的,这是通过改变曾用来感知危险、运动及草丛里奇怪形状东西的认知结构来实现的。

德阿纳与其他研究者发现,大多数字母都是自然界中我们早已关注的形态的转换:字母"Y"就像树木枝桠的弯曲;字母"T"(其侧面)的形状,正是当一个物体遮掩住另一个时所形成的那样——想象一下一根电线杆突兀出现在地平线上的样子。"T探测器"神经元帮助我们弄清楚哪个物体在前面,德阿纳写道,"大多数字母的形状并非由我们发明:它们潜伏在我们头脑中已长达百万年,当我们这个种族发明了书写与字母时才重新被发现"。[31]

因此，即便是阅读这一最为久坐不动的放松休闲活动，同样也是一种关于意义的捕猎与采集。当我们从令人精疲力尽的地平线搜索活动中解脱出来，已发展出了近乎神奇的能力，能从打印着文字的纸上发掘思想，又或如德阿纳所言，"通过双眼，倾听亡者之声"。[32]

综上所述，一旦得到解脱，可以随心所欲，从长远来看，我们主要的休闲活动就变成了，投身于那些我们明知不是现实的体验之中。我们撤离到想象中，其愉悦之感"劫持了原本为现实世界的愉悦而演进的心智系统"，心理学家保罗·布鲁姆如是写道。他说，在阅读之中，我们的大脑并不区分模拟和真实的事物，"对于一种动物来说，如此度日是种奇特的方式"。[33]布鲁姆提到，有研究显示那些有假想朋友的儿童会变得相对更擅长社交，而这种幻想对孩子来说更为强烈。1991年的一次实验中，研究者向幼儿展示了一个盒子，并要求他们**假装**盒子中有一个怪物。之后有机会接近这个盒子时，孩子们通常都会拒绝把手指放进盒子里。他写道："并不是他们真的相信有这个怪物，而是想象中的怪物如此强烈地影响了孩子的意识，以至于这种感觉就像它真实存在一样。"[34]

在最近的一次实验中，斯坦福大学的研究者凯瑟琳·Y·塞戈维亚邀请了60名学前儿童和低年级小学生来到实验室，给每人佩戴上一套高科技的虚拟现实眼镜。每个孩子都体验了几分钟的浸入式模拟幻象，在其中他们正和一对杀人鲸一起游泳。两个星期后，研究者邀请这些孩子回到实验室，让他们坐下并提问：你是不是曾经和杀人鲸一起游泳？有半数的孩子回答，**是的，我曾经如此**。[35]耶鲁大学哲学学者塔玛·詹得勒曾发明了一个术语来描述这种现象："假信"（alief）。她称之为一种比"相信"（belief）或"想象"（imagination）都"更为原始"的认知状态，这种状态"在行为动机方面"扮演着

"比哲学家们目前意识到的要远为重大的角色"。[36]

这都和游戏息息相关。大脑享受幻想,在某种层面上它相信杀人鲸是真实的。就好像猫追逐一只球是因为它是"可追逐的",如一只老鼠那样"可追逐"。我们的想象把注意力的对象物转化为羚羊、毒蛇或狮子。它们成为契合我们心灵之锁的钥匙,成为"滑入投币口时能让机器运转的伪造游戏币",游戏设计师克里斯·贝特曼如是说。[37]

游戏理论家们在谈论"魔圈"(the magic circle)。这个概念是由荷兰历史学家胡安·赫伊津哈在20世纪30年代末首次提出的。他关于玩耍的论著《游戏的人》(*Homo Ludens*),书名来自对"智人"的拉丁语学名"Homo Sapiens"的仿造,这表明赫伊津哈认为人类的"玩游戏"(play)跟人类具有智慧一样至关重要。他说,"魔圈"是一种临时的神圣空间,在其中人们玩游戏,也开展宗教仪式、戏剧、节日甚至法律程序等活动。奥林匹克竞技场、起居室里的牌桌、电影银幕还有法庭,都是这样的"禁区"(forbidden spots)[38],其中应用着特殊的规则。"魔圈"会持续存在,直到终场哨声吹响,或某些人扮演了"搅局者",或有时候有人作弊了。

实际上我们应当感谢那些作弊者——他们帮我们认识到,玩游戏究竟可以有多投入,我们对玩到底有多么重视。毕竟大多数的游戏是无意义的,是严格遵循自身的目的而玩的。但是当游戏中出现了作弊,我们立刻能发现它,并产生一种近乎原始的反应,而且其激烈程度,即便和现实世界中我们被极为恶劣地冒犯之后的反应相比,也不逊色。我们之中很少有人还记得这些名字:杰洛米·柯维尔、布鲁诺·伊克希尔、奎库·阿杜伯利。这三个人几乎搅乱了世界的银行体系,让他们的雇主和千百个投资者损失了数十上百亿美元——依克希尔,这个业内称"伦敦鲸"或"伏地魔"的无赖交易员,独自一人就让其雇主摩根大通在 2012 年损失了 90 亿美元。但他们的罪行几乎没给我们留下太多印象。反之，却有千百万人——或许还包括你——暗自希望地狱里应该给兰斯·阿姆斯特朗、贝瑞·邦兹、坦雅·哈丁留有一席之地。这三人搅乱了"魔圈"，其罪行能被我们大多数人轻松道来——比方说哈丁，其丑闻的细节*我们二十年都不会忘记。

按照理论家凯蒂·萨伦和埃里克·齐默曼所写，玩游戏是"在更为严格的框架结构中的自由活动"。[39] 真正有效的不仅是我们的大脑享受规则，而且在于即兴创造出逾越规则的道路。那就是使之成为游戏的东西，一种努力，正如哲学家伯纳德·休茨所言，"克服不必要障碍的自愿尝试"。[40] 我们的大脑就是这么一位彻底的模式寻找者，哪怕只有最微小的机会，它也会发明一种相应的游戏，并让身体其他部分作为"人质"一同参与，直到完成才能安歇。否则如何解释"小便池苍蝇"*的流行？这个小贴画的原型出现在阿姆斯特丹机场男厕所，目的是为了保持清洁。当工人们开始在男用小便池内刻下苍蝇之后，"尿在外面"的现象减少了 80%。[41] 这家位于科罗拉多州的公司在营销苍蝇贴画时，用了这样的照片：一位迷人的金发美女，身着小黑裙和红色高跟鞋，看起来对这家餐馆男厕地板上酷酷的黑色瓷砖十分享受——也可能她只是有点昏昏欲睡，又或者她酒喝太多正在迷惑是否走错了卫生间。不论是哪种情况，这个广告的文案是："你的地板对她来说够干净吗？"该公司还推出了针对学龄前男孩的小小的公牛眼

---

* 译注：这三个人分别是自行车、棒球、花样滑冰三个运动领域的顶尖运动员，前两者曾陷入兴奋剂丑闻，而第三个曾指使人在奥运会前袭击竞争对手。

* 译注：小便池苍蝇（Urinal Fly），餐馆酒吧如今普遍用于男厕所的一种防水小贴画。

睛靶子，配以宣传口号"给男孩们可以瞄准的东西！"。[42]

　　或许更为重要的是，不论在何处玩游戏，魔圈都自发创造出一种即时的集体幻象。胡安·赫伊津哈提到，英语的"**幻象**"（illusion）一词，来自于拉丁文的"inludere"，后者意为"在玩游戏"（in play）。他回忆起一个故事，一个小孩把椅子排成一列，假装是一列火车。当这个男孩坐在最前面的椅子上扮演火车头的时候，他爸爸走过来给了他一个拥抱。男孩责怪爸爸："别亲发动机，爸爸，否则车厢就不会认为它是真的发动机了。"[43]

　　设计师丹尼尔·库克说："游戏就是为'信息迷'度身定制的食物。"[44] 因为依托计算机而存在，即便是最简单的视频游戏也能立即对任何输入给以反馈，不论这种输入多么微小。按下按钮，得到反馈。按两次，得到另一种反馈。你的行为很重要，你能感受其效果。这看起来只是个小细节，但对我们大多数人，视频游戏是我们遇到的最具效率的反馈机器。其核心机制就是围绕着一种持续不断的"大师级反馈"流来打造的。[45] 如果要说视频游戏成就了什么，最根本的是它们最终完善了虚无缥缈的回馈流程。

　　在现实生活中，我们基本上是在任务结束后给以奖励回报。奖励常常让人感到随意而武断——就像足球队里被每个孩子传递的奖杯，或者对某些你几乎都不记得做过的事情的过分夸赞。作为对比，在游戏中奖励无处不在，而且是明确无疑而非随意武断的。游戏在有所成就时施以奖励，而且奖励是"细致入微、具体明确且异想天开的"，这是哈佛大学的大卫·多克特曼和游戏设计师亚历克斯·萨林的形容。[46] 他们认为，当奖励作为进步的标记而非最终结果时，是最有效的。

就其本质而言，视频游戏就像图书或电影一样都是大众媒介，但是它们在更为严格、精雕细琢的框架结构中提供自由的行动。从音效、音乐、按键选择到具体个人角色的姿态、讲话、运动，一切都被设计得导向某种反馈。在任天堂公司已成传奇的横向卷轴式（side-scrolling）游戏《超级马里奥兄弟》（*Super Mario Bros*，另一常见中译名是"超级玛丽"）里，马里奥跳得比你我至少远上两倍，这并非偶然——设计者让玩家能享受短暂的飞翔之感。[47] 同样地，在《愤怒的小鸟》这款用弹弓发射小鸟的流行手机游戏中，每一只从弹弓上飞出的小鸟都划出一个缓慢的弧线，其速度比真实的抛射慢得多，这给错失目标的玩家们下次尝试不同轨迹带来了机会。

游戏设计者用诸如手感、情绪、游戏感之类的术语来描述他们的创造物。"我们讲过好多次：'我们真的想让玩家在这觉得自己很聪明。'"这是设计师蒂姆·谢弗尔的回忆。[48]

肯·莱文是《生化奇兵》系列游戏的制作与编剧，这个堪称史诗、大气磅礴的游戏系列已持续赢得了各种最高荣誉。他说，在游戏设定中，这个在劫难逃的水下乌托邦世界的概念出现前，第一代游戏的开发已经进行了两三年。"我们并不是从一个故事开始的，我们从这个思考开始：'在这儿我们到底要成就什么？我们期待着玩家在这儿有什么**感觉**？'"[49]

布里特·迈尔斯是 iPad 游戏 *W.E.L.D.E.R.* 的设计者，当他给这款引人入胜的、工业化主题的拼词游戏设计音效时，将八种音效组成循环——其中每种音效又是五到六种音效的融合——只是为了创造出游戏的背景音。迈尔斯说："为了合成铃声，要用上好多不同层次和类型的东西。"[50] 他是一个录音工程师，在自己曼哈顿的工作室里想出了这个游戏的创意。

换言之，游戏就是被精心设计的体验，就像上学一样。

回溯到1997年，多媒体设计师詹妮特·默瑞曾描写过那种被带入"一种精心设计的模拟场景"时的愉悦之感，她将这种现象称作"沉浸"（immersion），就像浸泡在水中一样。"我们追求的就是跟潜入海洋或畅游泳池一样的，心理上的沉浸式体验。这是种被全然不同的现实包围的感觉，就像水与空气的迥然不同，这抢占了我们全部的注意力，我们所有的感官。"[51]心理学家杰米·马迪根认为，游戏用种种手段创造沉浸感，但常见方式是提供一个丰富多样、细节繁多、"吸引眼球的环境"，其中充斥着风险、出路、玩家可以抢夺的物品。你投入的感知越多，越多感官协同工作，效果就越好。"鸟儿飞过头顶很赞，同时能听到它的鸣叫就更赞了。"如果这种环境发生作用，玩家会倾向于忘掉横亘在他们和游戏世界之间的技术，并开始喜爱这个作为其"第一自我参照框架"的崭新世界。这就是他们"所在"之处。[52]

许多游戏理论家常常会引用匈牙利心理学家米哈里·希斯赞特米哈伊的著作。希斯赞特米哈伊在20世纪80年代提出了"最佳体验"或者叫"心流"的概念，描述了一种心理状态：一个人的各种能力和手头的任务如此完美的匹配，以至于工作都变得看不见了。在研究那些全情投入创作、忘记了吃饭喝水睡觉的画家们的时候，希斯赞特米哈伊提出了"心流"概念。这种状态位于厌倦与焦虑的两极之间（当具备技能、却没有受到相应水平挑战的时候会产生厌倦，而挑战太大、相应的技能却不足的时候则产生焦虑）。他写道："当人们自愿尝试去完成某个困难而有价值的任务，且把个人的身体和心智发挥到极限时，那些最佳时刻常常会翩然而至。因此，最佳体验这种东西，是我们使得它们发生的。"⁵³事实上，"跑者高潮"的症状听起来就非常像是心流。⁵⁴有一位长距离跑者曾叙述她的唯一一次这种体验："有那么一两英里，我仿佛滑入了另一个世界，在那里无需拼搏、没有钟表、也没有往日今朝。我飘飘欲仙了15分钟，心无一物，唯有御风而行。"⁵⁵

尽管许多美国人享有大把自由时间，常常投身各种休闲活动，但希斯赞特米哈伊发现他们并不常体验到心流。美国人民平均每周要看大约34个小时的电视，这几乎不会导致心流。希斯赞特米哈伊发现人们要真正获得心流状态，应当"精神高度集中，具备平衡匹配的高难挑战与高超技能，获得一种控制与满足之感"——人们在工作中体验心流的机会，比看电视的时候至少高出四倍。⁵⁶

关于视频游戏中最类似于心流体验的感受，或许最佳描述来自视频游戏诞生初期看似并不相关的来源。一位旧金山的中年社会科学家兼爵士乐钢琴师，名叫大卫·萨德闹，在自己1984年的回忆录《微世界中的朝圣者》(*Pilgrim in the Microworld*)里详细叙述了他意外沉迷在乔布斯和沃兹尼亚克发明的《打砖块》游戏里的经历。那时他已是个著名的钢琴教师，有天晚上他去游戏厅接儿子，却被一款投币游戏《防御者》(*Defender*)吸引了心神。他写道："仅仅玩了30秒钟，我就像搭上了一架全新的飞机，我所有的神经突触都兴奋得嚎叫起来。"很快，他购买了一台家用游戏机玩《打砖块》，并且玩得根本停不下来。他惊诧于"人类的手的潜能，竟然可以在屏幕上的创造性行动中完全被实现"。⁵⁷

萨德闹写道：有时他会每天玩五个小时的《打砖块》，而当他没在游戏机前玩的时候，"我会在脑海中虚构出游戏进程开始玩起来——当我走在街上时，坐在咖啡馆里摇晃盐瓶的时候，还有坐在一家摆放着竹子和糯米纸做成的格子屏风的日本餐馆里,抬头看着天花板上与《打砖块》游戏中类似的矩形花纹的时候。"[58] 他很快就把房间里这台小小的雅达利游戏机看做是"与生俱来命中注定的器具",如同他钟爱的钢琴。"我花了五年的时间练习钢琴,才能够让双手仿佛自发地弹奏出音乐,"他写道,"但是我只用了两个星期来玩《打砖块》,双手就已经能自行其是地舞动,并不需要有意识地指引它们运动。"[59]

不久以后,萨德闹意识到视频游戏中的技能起源于"预先编程且收益可观的关心",而这会使玩家一再想要更多——他们就是这样磨砺着自己的游戏技能。十年以前,心理学家安德斯·埃里克森曾提出"刻意练习"的观点,而萨德闹则惊讶于自己的小小雅达利游戏机有多么聪明:"保持关心的方法,已经被精致地编入程序之中。"[60] 就像此前或此后的许多玩家一样,萨德闹开始把视频游戏理解为一种行为科学装置,被设计来让他一连几小时地投入其中。他最终也承认自己的习惯早已超出了愉悦的范畴:"一次又一次敲击着重新开始的开关,就像一个就要归家的拉斯维加斯赌徒在机场还不断喂给老虎机硬币,这已经超越了对成功的所有渴望,而是对耗光了假期的最后一点点懊悔。"而他仅仅是想要体验这种懊悔,"拿走我所有的钱吧,但是请让我不停地扳动手柄,直到该离开的那刻。"[61]

萨德闹的"打砖块"体验事实上与许多拉斯维加斯赌徒相似,尤其是那些在现代的电动吃角子老虎机上玩到停不下来的人。社会学家娜塔莎·道·思卡尔说,痴迷的玩家所寻找的"机器区"(machine zone)是一种心理状态,在其中什么都不重要,只有持续不断玩下去的能力是重要的。她写道,这些赌徒事实上并不是为了赢而玩,他们是"在设备上打发时间"的玩家,玩是为了赢而赢还是为了玩,直到他们花掉所有的钱。十年来关于反馈循环、奖励机制以及心流状态等的研究，导致了一种强大的新型电子机器的诞生，这可不仅仅是为了让那些陪伴着玩 21 点扑克的赌徒们前来的太太们打发点无聊时光。吃角子老虎机"成为了赌场神经系统的中心"。她发现，自从 1990 年代中期以来，大多数在拉斯维加斯参加匿名戒赌互助会聚会的人，都是因为沉溺于机器赌博中无法自拔。一个视频扑克游戏玩家跟思卡尔讲："我根本不在乎它到底是要花硬币还是付硬币给我，约定就是当我投入一枚新的硬币，它就会发我五张新的牌，再按下那些按钮，我就可以**继续**玩下去。"[62]

视频游戏的鼓吹者们会在吃角子老虎机的对比中找寻例外，并给出正面解释，因为大多数视频游戏都需要至少那么一点点技能，一些积极的想象，以及让你学会一两样东西的保证。毕竟，心流状态的涌现，需要人们的**能力**与其手头任务相匹配时才会涌现。还有，游戏也会引入一些不同方式的失败，鼓励玩家要有开放心态；而那些被精心调配了奖励机制的老虎机则永远不会如此。实际上，游戏不仅从老虎机中有所借鉴，更源自我们生活中几乎所有的努力行为：因为如果**太轻易**就能掌握一样东西，我们会因此失望的。想想看，你失望地发现驾驶摩托雪橇、填报税务表格或精通微积分变得比你想象的更容易。再想象一下一个无论如何也**不会失败**的游戏——游戏理论家杰斯伯·尤尔在其推荐的阅读材料《按下按钮打完游戏》中如是说。[63]

或许这才是游戏能够深入我们内心的关键所在。<u>游戏允许我们无风险地反复失败，在持续反复的死亡与重生的循环中，我们走向成功。事实上，私底下我们或许也蛮享受游戏中的失败，跟享受成功一样。</u>芬兰研究者尼克拉斯·拉瓦加及其同事，让一些大学生佩戴上皮肤传感器和面部表情识别器，再让他们玩一个游戏。他们意外地发现：失败是件有趣的事。拉瓦加要求被试者玩的游戏是《超级猴子球2》（Super Monkey Ball 2），一款日本家用游戏机上的游戏。在极为欢快活泼的音乐声中，猴子们在半透明的保龄球中滚动着球前进。正确而成功的滚动会带来奖励，而一次蹩脚的滚球则会让小猴子飞出通道边缘，坠入无尽的深渊。研究者发现对玩家来说，在这个游戏中的失败不止是有趣，甚至是开心极了。根据传感器的测量，一次糟糕的滚动，会引发玩家负面的情绪反应。但几乎是与此同时，猴子从边缘坠落的样子也会让人们微笑，引发的是"正向高度情绪唤起（例如喜悦）而非失望"。[64]《超级猴子球2》极为显著地降低了失败的代价，以至于把失败都变成了一个玩笑。更多新近研究表明，在此类的任务中即便我们失败了，大脑仍然会分泌多巴胺，只要它认为我们"**几乎**"就要胜出了。我们那不断探索的大脑无论如何都能得到奖赏，因此我们才会继续尝试下去。

英国游戏设计师克里斯·贝特曼把这种机制称为"扣人心弦"（grip），大多数最优秀的游戏都利用了这一点。实际上，许多早期的游戏如《吃豆人》或《俄罗斯方块》，都极为依赖这一机制，因为其内在机制就从本质上决定了它们不允许玩家胜利，甚至不允许接近胜利。为什么你要玩一个永远都不可能赢的游戏呢？除非回报其实存在于"赢"之外。

"扣人心弦"机制能在学校成为主流吗？学习理论家们会说，游戏玩家们发展出了一种看待自己的视角，那就是把自己看做是即将成功的人，并且始终保持这种视角。最后，我们一再尝试，因为游戏**让我们**一再尝试。鲜有游戏会不允许我们重新来过，再次努力攻克某个关键时刻。事实上，任何不允许重来的游戏，之所以这么做都是为了强调某种观点。荷兰的实验游戏设计师彼得·格洛伦维格的作品《我们是巨人》(*We the Giants*),或多或少地是一个关于牺牲的游戏。玩家们操纵着小小的闪烁的卡通方块,也就是所谓的"巨人",尝试着在屏幕上比此前的玩家攀爬得更高,来抵达太阳。但只要玩上几分钟,他们就会意识到这是个骗局。他们最终会抵达某处,这里没有任何可能再向太阳靠近一点儿,移动和跳跃在此都受到了限制。因此他们被要求自愿地在某处自杀,这样就可以让未来的玩家在他们已变成化石的尸体之上攀爬,走得离太阳更近一步。如此,所有人通过集体的努力来建造一座由小方块尸体构成的,通往太阳的阶梯。它并不像听上去那么让人丧气——每个小方块看起来都有点像是芝兰口香糖的样子,它们的死也毫无痛苦。沿着那条路,玩家们会遇到计算机操纵的非玩家角色,即所谓的 NPC(nonplayer character),说道:"汝之时辰将至,可曾准备好牺牲自己?汝之身后,又将留下何种智慧?"玩家们在最终的牺牲之前,还可以留下 140 字符以内的留言,这些最终建议会留存在它们的角色尸体化石之上——游戏还会自动将玩家们的"遗言"上传到它的 Twitter 信息流之中,标上"@wethegiants"的标记。玩家们纷纷留下深奥的格言、小段的诗歌、一个感叹词(看起来最常见的是那个以"F"开头的脏词儿,而最近有个玩家写了个"华夫饼")。最终不可避免的是,另一个 NPC 指引着玩家通过点击 ESCAPE 键来完成牺牲,并且说:"我希望,我们将在另一段生命中相遇。"然后,你就要看着"自己"缓慢而安静地死去。[65]

在大约一年内,发生了数千次这样的"数字自杀",格洛伦维格据此制作了一则 Youtube 视频,回溯了玩家们是如何万众一心地努力抵达太阳。[66] 在视频中,巨人们堆叠的躯体不断升高,就像一座座数字"华兹塔"*，外形纤弱细长，却始终指向其目标。伴随着悲伤的钢琴电音，还有难以逃脱的游戏终结的宿命，《我们是巨人》这款三分钟的 Flash 小游戏拨动了你的心弦，带给你想要的体验，这恰是因为它让你去深思一个你**无法**重新来过的视频游戏世界。一旦某个玩家死去，他/她就无法再回到游戏中。实际上，他/她绝不能够再玩一遍这游戏，至少在同一台电脑上不行。"死"也只能体验一次。

　　任何人只要花过一点时间来玩游戏，都会发现这一机制有多么的"硬核"（hardcore），仅仅是去掉了尤尔的《按下按钮打完游戏》中的几个步骤，就变得远为凄凉惨淡。所以，请本书读者们记住那个按钮，记住那些变作化石的巨人。在接下来的章节中，我将通过一系列的故事来探讨，当人们有机会能够不惧失败、不断尝试，会有怎样的奇异魔法出现。与我们最深切的恐惧相反的是，让我们的孩子有大量机会去品尝失败，并不会让他们陷入悲惨的失败结局，而是把他们变成坚毅勇敢、充满激情、独立自主的学习者。如果有一个卷轴，记载了在深思熟虑的练习中的一万次失败，那它其实是一段名为"成功"的视频。

　　而我呢，在玩"牛顿的万有引力"似乎有一万个小时之后——其实也就是在洗手间里和吃快餐时的三小时——我终于承认自己是绝对打不过这一关了。我已经找到了快乐，现在我认输了。于是我做了认输的人会做的事：上网搜索其他玩家的解决方案。看起来最靠谱的信息来自一个博客，其作者名叫舍拉那（Sheylara），是微软 Xbox 在新加坡的一个二十多岁的品牌形象大使。这位博客作者给出这个游戏的攻略链接，它来自舍拉那的朋友"恶棍老爹"。看起来，他已经打通

---

* 译注：华兹塔（Watts Towers）是美国洛杉矶的著名建筑之一，由 17 座相连的塔构成。

了该游戏的全部一百关，并且将他的通关攻略做了截图。那些胜利的快照啊！我遵照他给出的方法来玩第 50 关，但它绝对没起作用。我稍作修改后再次尝试，之后做了更多修改和尝试，然而还是不行。为什么我会信任叫做"恶棍老爹"的某个家伙呢？

我又多试了几回，当我仅仅做了点轻微的调整之后……成功过关了！有那么一秒钟我的心灵都在翩翩起舞，激动得无法呼吸，难以接受我竟然"搞定了第 50 关"这样的现实。而通常我都已经习惯了另一种状况，习惯了问题无法解决。伴随着涌入我血液里的多巴胺，我看着"关卡完成"的横幅静静地展开，心满意足地发着呆。除此之外，这个游戏并没给我更多回报——没有现金奖励，没有闪耀灯光，没有人拍着肩膀予以表扬。仅仅是一点夸耀的权利，以及下一个难题。就像科斯特说的那样，我的毒贩子大脑已经自我回报，自我陶醉。

就像这个游戏曾经很有耐心地等待我一次又一次地尝试第 50 关那样，它现在正等待着我挑战第 51 关。我深入探索着，假如能有一个"恶棍老爹"式的攻略的实时回放（在这也给"额外英里"工作室提个醒：你们该提供实时回放的功能），我一定会整夜整夜地观摩它。

第四章　游戏层

三位充满创意的老师如何用
竞赛原则吸引学生参与

　　如无意外，比赛将于下午四点准时开始。但是直到四点差两分的时候，仍然没有任何选手到场。弗吉尼亚州亚历山大市托马斯·杰弗逊科技高中数学俱乐部的赞助人詹妮弗·阿拉德抬头看了看钟，向我保证选手都会来的。仿佛是要印证她的话一般，她的话音刚落，身着超大号罗切斯特大学灰色帽衫的约瑟夫·帕克就出现在了门口。他又高又帅，一头黑发，将硕大的蓝色背包往椅子上一扔，便开始打字。几分钟之后，罗宾·帕克（与约瑟夫没有亲缘关系）冲了进来，在房间另一头找了一个安静的角落，也开始打字。他们的电脑屏幕上显示的都是一道数学题，那种大多数人一辈子都不想接触的题目。

　　在接下来的三十分钟里，这两个男孩盯着那一份由九道题组成的棘手的数学测试，房间一片寂静。但这并不仅仅是一场棘手的测试。走近仔细看看，你会发现他们的电脑屏幕顶端有一个数字计分板。计分板的一侧是约瑟夫和罗宾的总平均分——约瑟夫读高三，罗宾读高一，两人都就读于华盛顿郊区著名的托马斯·杰弗逊中学，这所学校也被人们亲切地称为"TJ"。计分板的另一侧是另外四名学生的总平均分——他们就读于600英里外印第安纳州卡梅尔的印第安纳坡里斯郊区一所类似的高中，此时也正在一间类似的屋子里答题。这四名对手同时在解答相同的九道题。六个人中的任何人正确地解出了一道题，所有计分板都会相应改变。

如果有一天，数学成为了一种观赏性体育运动的话——比这更奇怪的事情也发生过——那么，在想起这些题目，还有它们组成的大规模联赛之时，我们应该给蒂姆·凯利（Tim Kelley）写一封感谢信。正是他构想出了《星际》（*Interstellar*）。他期望通过这个神奇的软件，改变学生对数学以及其他各种学科的态度。在过去的五年中，凯利一直给全美各学校的管理者打推销电话，搭飞机前往美国各地，努力为学术科目建立起一个类似于全美大学篮球联赛（NCAA）的分区竞赛。在凯利的梦想中，《星际》可以开展班级与班级、学校与学校之间比赛，未来某一天甚至可以在国家与国家之间比赛。

等一下——这并不是我们想要的，对吗？校际数学竞赛？国家对国家？这听上去……是不是有点过时了？也许吧——但也许这正是学校的未来，或者至少是一种可能的未来。

凯利是芝加哥人，读了好些不同的大学专业，最终拿到了法律和商业的双学位。他在高中母校义务帮助赛艇队训练时，获得了关于《星际》的灵感。他观察到划船手们日常的艰苦耐力测试，发现气氛非常热烈。虽然从长远的角度来看，测试中的数字并没有任何实际意义，但是划船手们却对此十分痴迷，竭力去获得自己的最佳个人成绩。凯利开始思索，怎样才能把这种精神复制到课堂里去。他很快便设想出一个计算机软件，可以根据学生们每日的表现，每天将他们与水平相当的对手匹配，开展针锋相对的学术竞赛——从班级选拔赛，到看台上坐满了观众、进行实况转播的竞技场锦标赛。凯利当时正在哈佛大学肯尼迪政府学院修读公共管理的学位。他向马丁·韦斯特教授提起了这个奇怪的想法。韦斯特曾是米特·罗姆尼在2012年总统选举期间的教育顾问，研究过公众对于学校的认知等课题。他敦促凯利对这个想法进行深入研究，于是凯利不久便开始联系各大学区，寻找愿意让学生参加比赛的老师。

2012年9月，凯利给美国数学竞赛委员会主任斯蒂夫·邓巴打了个推销式电话，说自己想根据美国数学竞赛试题来组织比赛。美国数学竞赛是由非营利组织"美国数学协会"赞助的精英项目，成立于1950年，迄今已有40万名学生参加，但参赛者仍然使用纸笔作答，判分要花上好几周的时间。邓巴其实一直在寻找一个方法让美国数学竞赛能够适应21世纪的要求，因此当凯利描述他的设想时，邓巴意识到这就是他正在寻找的方法。两个月后，凯利设计出了一个原型。五个月后，他和邓巴挑选了16所高中来测试这个软件。2013年2月，第一次测试开始了。

托马斯·杰弗逊中学数学俱乐部的赞助人阿拉德称，她的学生就像运动员一样，希望自己的努力被看到、被认可。她说："这正是他们擅长的。"对那些吃惊于把学术科目转变成观赏性体育项目的人，凯利要说的是，正如划船手的体能测试一样，重点在于要帮助学生取得"最佳个人成绩"的里程碑，而此前少有学校这样做。他说："一旦孩子们发现自己正在做得越来越好，他们就会受到鼓舞、继续进步。"他还提到，比起独自练习投篮，让孩子与球队一起比赛获得的进步更大。当我和凯利会面时，他正在调试一个工具，可以让观众观看《星际》的比赛实况直播。他说他希望这能够"为数学系、为学数学的学生带来足够的荣耀，其他人都会说'我也想试一试'"。[1]

凯利计划每年12月招募64支高中代表队，每名学生每赛季仅需缴付5-10美元的最低费用。他估计像TJ这样的学校会非常乐意支付这笔费用，因为现在他们不得不租大巴车或者买机票，才能让整支数学竞赛队去全国各地比赛。

邓巴称，这个平台可以让更多的学生接触到高等数学；而如今，美国数学竞赛仅涉及前百分之十的学校中前百分之十的学生。邓巴说："我一直在做的事情之一，也是激励我每天工作的事情之一，就是想尽我所能地以多种方式，让更多的孩子更频繁地接触到更好的数学。"让我们最好的学生，与世界上其他最好的学生在国际竞赛中比拼，这个想法令人兴奋。"看看那些顶级竞赛，美国并不弱于世界上任何一个国家，"邓巴说，"这个想法非常好，具有挑战性，令人激动不已。"[2]

2013年9月，在最初的早期测试之后，有468所学校参加了《星际》秋季的初赛，有一万名学生每周都在这个平台上演算数学题。到11月时，凯利将得分最高的384支队伍分成了六个等级，每个等级有64个小组。圣诞节前的两周，六个分赛区中各自名列的四支队伍，分别决出了各自赛区的冠军。在平均分最高的赛区中，TJ进入了前四强，但却败给了新泽西州哈肯萨克高等科技学院。哈肯萨克又在决赛中输给了圣何塞的哈克中学。印第安纳州卡梅尔代表队则在第一轮就被淘汰出局了。

对凯利来说，虽然一切进展得很顺利，但是他并没有特别高兴。"怎么说呢？我跟我德裔的祖母一样，是一个多虑的人。"当一切都结束的时候，凯利更多是感到了安心。凯利将他毕生的积蓄、事业，从某种程度上来说还有人生，都压在了这项赛事上。因此不难理解，当第二年九月，有近600所学校的15000名学生报名参赛时，凯利如释重负。选手如今缴付120美元到195美元之间的稍高的费用，能够在整个赛季中访问赛事平台。"我们的收入确实还不错，这对我是一种心理安慰。"凯利说，"我们有不少赢利，我心里的一块大石头总算落地了。"[3]

北湖学院（North Lakes Academy）坐落在一座高大粗犷的垂直混凝土建筑中，从外面看可以是任何东西：一座办公楼，一个轮胎仓库，或是一个荒凉的储藏设施。大楼上的小窗户也没有透露什么蛛丝马迹。北湖学院位于森林湖区的一条荒僻支路上。森林湖区是明尼阿波利斯市的偏远郊区，零售业还算发达，例如北湖学院就夹在一座塔吉特超市和一座沃尔玛超市之间。不过，这里离城市非常远，离荒野非常近，称其为"郊区"都有点过誉了。这所学校的学生来自周围的25座城镇。

2008年秋天，埃里克·尼尔逊在这里教书。当时他十分痛苦。尼尔逊是明尼苏达人，出身"教师之家"——他开玩笑说"这是他逃脱不了的命运"。尼尔逊曾在威斯康辛大学学习历史，然后回到明尼苏达获得了教育硕士学位。拿到学位后他走上了讲台。几乎像每个新老师那样，尼尔逊在刚开始教课时，抱着像电影《音乐之声》那样的幻想，认为每个学生都会像他一样特别喜欢学习，也会把他的每句话都听进心里去。他说道："刚开始教课时，我震惊于九年级的学生怎么会那么呆板木讷。他们只是直愣愣地看着我，目光穿过我落在别处。"[4] 但是尼尔逊知道，学生中有几个是游戏迷，在玩心爱的游戏时，他们学到了如何努力勤奋、如何克服困难。他说，孩子们喜欢视频游戏，"因为他们可以点击重启按钮，再来一次。人生在很多情况下也应该如此——人们不会总是重复之前的错误，而是会犯下新的错误。"

当时，尼尔逊想方设法地让他的学生们关注国际事务、外交政策以及美国在世界上所扮演的角色。这些学生们成长于2001年9月11

日的恐怖袭击之后，那次事件惊醒了大多数美国人的**地缘政治敏感性**。但是，对于这些生活在世界中心地带的孩子来说，世界其他地方似乎仍然十分遥远。

到 2009 年的一个夜晚，尼尔逊为第二天早晨备课，饱受着他所谓的"存在危机"之煎熬。在辛苦工作许久之后，他休息了一下，去看了看他的"橄榄球梦之队"的情况。尼尔逊从 2004 年开始就玩这个游戏了，他的橄榄球队还蝉联了 2005、2006 年"超级碗"（Super Bowl）的冠军，因此可谓深谙此游戏之道。在这两年中，他挑选的跑卫在赛季最开始速度都很慢，但是最后却变得炙手可热，带领全队挺进了季后赛。短短几年内，尼尔逊彻底了解了美国橄榄球联盟（NFL），了解了一支球队是如何运作的，各部分又是怎样有机结合的。他说："我是以一种与众不同的方式观看比赛的。"当他研究着究竟是选择杰伊·卡特勒还是德鲁·布利斯作为下周日比赛的四分卫时，尼尔逊的情绪变好了，心态也改变了。他意识到，仅仅是像游戏玩家一样思考，就能让一项无聊的工作变得令人享受。

数字技术使得任务变得轻松：尼尔逊不用翻阅一周的剪报来查找选手们的排名和数据，上网看看就可以了。只需轻松一瞥，他就能知道每名选手的信息。他突然冒出一个想法：如果他不是在卡特勒和布利斯之间选择，而是在中国和巴西之间选择呢？正如"橄榄球梦之队"的老板们根据球员表现来选择、裁减、交易球员一样，学生们也可以对国家这样做。他可以把每场比赛中奔跑的码数和得分，替换成政治危机和民众起义。因为他正在头疼如何让学生对国际局势发展感兴趣，每个国家抢占当日新闻的能力，会使得该国变得更有价值。学生们可以选择一些国家组成团队——无论它们是否有现实关联——然后角逐出最有新闻价值的组合。那些乏善可陈的国家很快就会无人问津，惨遭卖出。不过，假如印度尼西亚发生了地震或军事政变，那么，最密切关注新闻的学生就可以抢在其他人前头，买下这个国家。尼尔逊将这个游戏称为《梦幻地缘政治》（Fantacsy Geopolitics）。

他这个游戏曾经只是个源自抽象概念的改编之作。2009年9月，尼尔逊在九年级的公民课上应用了这个游戏。起初，学生立刻被那些有着有趣名字的国家吸引，很多学生都想要"吉布提"，但很快孩子们发现这个国家没有什么新闻，就把它卖掉了。与之相反，起初"马里"听上去似乎只是另一个不显眼的西非国家，但是那里爆发了革命后，保持关注的学生不动声色地将它买入，抢得先机。不久后所有人都开始关注马里了。2010年12月，学生们开始留意到，持有突尼斯、利比亚、埃及、也门的人都开始有分数进账——"阿拉伯之春"开始了，这些国家突然间变得重要起来。

艾丽莎·吉米莱克如今已经十二年级了，她在九年级时是该游戏的第一批玩家。她说："玩这个游戏有点像要变成书呆子，为不那么酷的东西兴奋不已，不得不在课余时间还接着下功夫。但你必须要做很多研究才能玩得好。"在去年世界杯期间，她选择了巴西和阿根廷。她认为："拉丁美洲在那时非常火爆。"她还发现委内瑞拉正因政治抗议而动荡不安，所以也选了这个国家。

随着游戏逐渐流行开来，尼尔逊将其自动化，使之从一个简单的谷歌电子表格，变成一个成熟完备的新闻追踪器，记录《纽约时报》中提及各个国家的次数。他还为最高分的玩家们设立了一个"名人堂"，并且很快发现几乎所有高分玩家都是女生。尼尔逊说："女孩们默不作声地做调查，默不作声地选国家。她们只是默默地关注，作出改变，在竞争中致胜。"吉米莱克说，在学期末，获胜者得到了一件T恤衫，上面写着"踢走吉布提"，每个人对这个笑点都心领神会。如果让高中十二年级的学生在地图上找出吉布提这个国家，大多数人都办不到。但吉米莱克不仅知道这个北非小国在哪——亚丁湾，对着也门——而且还知道它是"一个战略要地，设有一个美国军事基地"。不过，她还是认为："我觉得吉布提不会得分很多。它只是一个很小很小的国家罢了。"

发生在课堂之外的事情更令人惊讶。学生们创建了一个脸书页面，将他们跟踪的国际新闻整合到一起。尼尔逊并没有要求他们这样做，他对此甚至毫不知情。学生们创立了一个每日"白宫简报"，简要概述世界上正在发生什么事情。他们还邀请尼尔逊参加一个讨论组。尼尔逊说："他们在社交媒体上所展开的讨论，正是我曾希望出现在我课堂上的。"就算是那些在游戏结束后失去兴趣的学生，仍然会有所收获。作为游戏的一部分，尼尔逊鼓励学生在个人的脸书页面上增加国际新闻的新闻信息源（newsfeed）。他说，学期结束后，学生们又重拾旧习，关注起"麦莉·塞勒斯等垃圾信息"，但是他们的主页上仍然会不时出现各种国际新闻。"这个游戏好像把我的学生们变成老师了。一旦开始游戏，学生们参与进来，他们来上课的时候都会说：'嘿，尼尔逊，你知道叙利亚正在发生什么事吗？'他们还会跟其他同班同学讲述最近的国际新闻。这可是不同寻常的体验，我变得有点落伍了，不过这正是我最喜欢的一点。"

这就是通常所说的"游戏层"（the game layer）——一种精心设计的游戏机制层面，被添加到日常事务之上，令这些事务变得更引人入胜、更激动人心，甚至有时更至关重要。它经常被称为"游戏化"

（gamification）。财经记者亚伦·迪格南认为，游戏化最好的地方在于，它不是盲目地逃避现实，而是"有意地逃离许多被建构得很糟糕的体验"。⁵

近几年，在商业领域，许多工作都以一种充满想象力、甚至有点奇怪的方式被游戏化了。2005年，酷圣石冰淇淋聘请乔治亚理工学院的研究员、游戏设计师伊安·博格斯特开发一款名为《石头城》（Stone City）的游戏，旨在训练员工来创造随意混合的冰激凌，同时保证"能够盈利的份量"。⁶ 2011年，"路人甲"连锁餐厅（Average Joe's）开始鼓励服务员去完成一些推送给他们的"任务"，比方说，在周一的工作时间内卖出九份特色菜，或是在周二卖出十二份汤和沙拉。当他们来上班的时候，服务员们会看到一份排行榜，显示了一周以来他们的排名、小费平均数以及每个人为餐馆带来了多少现金。这个做法使得每单平均增长了两到三个百分点，也就是从17美元到17.50美元——看起来似乎有点白费力气，但是鉴于每周有6万单，所以年营业额增长了150万美元。"路人甲"也将这项实验扩展到了旗下所有连锁餐厅。⁷

游戏化是否有用，取决于你希望促使人们做出怎样的行为，以及怎样促使他们那样做。2010年有一项历时三天的试验，斯德哥尔摩一条繁忙街道上，竖起了一块新路标，鼓励司机们减速慢行，因为他们正在经过一台"抽奖测速摄像机"。人们对测速摄像机再熟悉不过了，但是彩票抽奖却引起了大家的关注。这个实验基于旧金山的游戏设计师凯文·理查德逊的一个点子，他认为现行的交通执法仅仅惩罚一些行为不端、精神不集中的司机，这是"对能量与精力的不合理分配"。在他的实验中，路标上告知大家，摄像机会拍下所有路过的车，超速者和遵纪守法者一视同仁；然后就像所有的测速摄像机一样，自动对超速者征收罚金。但是，计算机会定期地随机抽取一名遵纪守法的司机，将超速司机所缴罚款中的一部分奖励给他。司机们认为仅仅需要遵守限速规定，就能赢得免费抽奖的机会。据实验赞助商瑞典大众汽车公司提供的数据，在实验期间，司机的平均速度从 32 公里 / 小时减少到了 25 公里 / 小时。尽管这个路标也只是实验的一部分——系统并没有真的征收罚金，也没有抽奖发钱。[8]

很多人批评"游戏化"，把这个词当成一个笑话，认为它是一种依据"有缺陷的烂俗的行为主义"进行的挑战底线的比赛[9]。《模拟城市》的设计者威尔·莱特曾经辩解道："游戏元素并不是愉快好玩的调味品，不是说你简单地将它加到某个活动中，活动就能变得激动人心、引人参与。"[10] 但是，鉴于教师们必须一再地让那些有时不太自觉的学生也有所收获，他们也许会用更开阔的视角来看待游戏化。尝试过游戏化的老师倾向于认为，游戏层是一套小重量的行为锻炼器械，旨在帮助孩子们树立良好的态度，让他们去理解学习内容本身的价值。其间的差异甚为微妙难辨，甚至还有一些老师不太喜欢这个主意。他们认为，带着枷锁的玩耍，根本就不是玩耍（第八章中还会谈到这一点）。

在传统的学校环境中，即便引入了游戏，也不可能成为一种自动的解决方案。当游戏的风险太高，竞争会变得太激烈，旁观者可能觉得有趣，但是却成了大多数学生的苦差事。想想一场典型的拼字比赛吧，还有随之而来的公开羞辱、"一错即出局"的永久死亡规则。当游戏的风险太低——好吧，事实上风险不可能低，这或许正是问题所在。

一直以来，游戏是学校吸引学生保持兴奋、前来上学的不二法宝——它们被称为体育运动、社团活动、乐队比赛。实际上，这些活动常常是学生能在学校一直呆到毕业的原因。但是，学校却很少组织学术竞赛，除了针对极少数尖子生；尽管研究表明从学术竞赛中收获最大的恰恰不是那些尖子生。早在1959年，社会学家詹姆斯·科尔曼就敦促学校运用竞赛的方法改变学生的学习态度。科尔曼当时是约翰·霍普金斯大学社会关系系（后来更名为社会学系）的系主任。他花了两年的时间，研究了九所中西部高中，发现超过40%的男生希望成为学校的"明星运动员"，但是仅有不到30%的男生希望成为"高材生"——科尔曼观察到，这与如下事实相悖：学校是"一个明确地被设计为培养学生而非运动员的机构"。[11]

无论学校是位于城市中心还是富裕郊区，科尔曼发现有一个关键的相似之处：学生们酷爱社交，将大部分空闲时间用来参加体育活动，或是搭帮结伙地闲逛。他写道："成年人经常忘记孩子们有多么'以人为本'。他们还没有迁移到许多成年人生活其中的那个冷漠无情的世界。"科尔曼认为，"二战"后的现代学校教育的悖论就在于，当我们复杂的工业社会让正规教育变得更重要的时候，青少年文化却在分散孩子们对教育的注意力，这就促使青少年不得不设法"以最小的努力取得最大的收获"。科尔曼直接将学生比作工厂里的工人或监狱里的囚犯，指出20世纪50年代的高中生在面对学校的要求时，"会把自己的努力减少到人人都能办到的程度"。[12] 他们通过排斥那些取得高分的人，来避免付出额外的努力。

科尔曼认为这种做法是一种理性的反应。学校制度中的奖励多少遵循正态分布的钟形曲线。学校创造了一种类似于自由市场的环境，学生们相互竞争，取得一个相对的名次。他发现，成绩几乎是完全相对的、竞争性的——当一个学生成绩提高时，不仅仅"意味着他的名次提升了，还意味着其他人的名次下降了"。[13] 结果就是，即便是在最好的郊区学校，巨大的社会压力也让学习变得越来越无足轻重了。

但也正是这些学生们，毫不掩饰对运动员的赞赏。科尔曼推定，这是因为绝大多数的体育赛事是校际间的对抗，明星运动员的成就为全校增光添彩，惠及所有学生。他指出，用午休时间学习的学生"被认为有一点奇怪、或是与众不同"；但是在午休时间练习投篮的篮球运动员"却被大家带着兴趣和崇拜地围观，没人会加以嘲笑"。[14] 因此，科尔曼提议，学校用校际学术竞赛取代分数排名的竞争，从数学、英语到家政学或工艺美术，"在所有科目中系统化地组织竞赛、锦标赛或会议"。[15] 他预测，这些竞赛可以让学生甚至普通公众更关注学术，并确保所有学生获得更好的教育。

科尔曼后来领导了一个美国国会管理下的研究团队，调查全美的学校状况和学生成绩的数据。该小组在 1996 年发布了题为《教育机会的平等》的研究报告，更广为人知的名称是"科尔曼报告"（Coleman Report）。报告中指出，黑白肤色种族隔离的现象在美国非常普遍；而报告作者萨拉·加兰提醒，这种情况在南方尤为严重，几乎完全隔离。[16] 这份报告普及了一个观念，那就是学生的家庭生活比学校生活更重要。更重要的是，科尔曼断言，如果黑人差生进入白人学生占绝大部分的学校上学，就能在学业上表现得更出色。据 1964 年《民权法案》的要求，该报告赋予了林登·约翰逊总统以正当理由，加大废除种族隔离的力度——正如加兰所写，"废止了种族隔离的学区应该是什么样的"被写入法律。[17]《科尔曼报告》对美国的学校教育产生了深远的影响，以它为理论基础，法院下令执行了"校车计划"（busing plan），20 世纪六七十年代向郊区进行了普遍的"白人大迁徙"。这份报告被普遍认为是 20 世纪最重要的教育研究文献。但是，在近十年后的一项后续研究中，科尔曼认为校车计划其实徒劳无用。根据记者芭芭拉·基维亚特的报道，校车制获得的政治支持日渐减少，许多曾经支持科尔曼主张的民权领袖、政策制定者以及教育工作者也"攻击他背弃了自己早先关于反种族隔离的承诺"。美国社会学学会的几名成员，甚至要求将科尔曼从该组织除名。最终这个提议只是未能燎原的星星之火，而科尔曼在1991年还当选为美国社会学学会的会长。[18]

学校重新划定了它们的学区，解雇了非裔美国人的教师和校长[19]，摧毁了符合废止种族隔离规定的基础架构。就在这些时候，他们基本上忽略了科尔曼早期关于学习动机与学业成绩的研究，在那项研究中发现的是，竞赛"具有一种神奇的魔力，能创造一个强力的集体目标"。

马里兰州的国会山高地是华盛顿特区东边的一个工人阶级聚居的郊区，沃克·弥尔中学就坐落于此。校长妮可·克里夫顿常常在课间用四分钟时间，看看学校监视屏幕上显示的安保监控摄像头传来的图像。她打开广播，镇定地向全校描述她看到的景象：一片学生构成的汪洋，几乎全是非裔美国人，穿着红褐色或海军蓝的高尔夫T恤衫，正赶往各自的教室。某天上午，她正通过广播宣布："二楼，情况不错。"她的称赞回荡在走廊里。"看着摄像机，谢谢你们的配——合。"

像克里夫顿这样的学校管理人员，早已完善了那种"一个句子就能表达一个想法"的说话技巧。随着时间的流逝，她一口气连珠炮般地告诫大家："还有一些闲逛的学生，还有一些闲逛的学生。我们只有五秒钟可以呆在走廊上了，同学们，你们只有五秒钟来回到教室坐好了——三，二，一。"终于，她换了一口气，仿佛在主持一个智力竞赛节目一样，让成年人监察员们从走廊一直巡视到大厅，看看有没有学生还逗留在某处。

在 106 房间里，狄莫尼厄斯·唐宁正在竭尽全力地忽略这刺耳的声音。他的学生们早就进教室坐好了，此刻正在忍受公共广播系统中上演的仪式。他们每天真正期待的，是电脑生成的"随机事件"。对一些学生来说，这是他们一天中最棒的时刻。如果唐宁不知怎地忘记了在某节课上来一次"随机事件"，他的学生们会坚持让他完成——他不做完，学生们就不离开教室。

如今很多老师都将大学文凭复印件摆放在显眼的地方。唐宁也是如此，他的莫尔豪斯学院毕业证书复印件就摆在办公桌上。他体格健硕，剃了个光头，身穿一件棕黄色衬衣，戴着很有教师范儿的哲非班利羊毛条纹领带，脚登一双如新潮球鞋般休闲的灰色皮鞋。唐宁的目光穿过厚厚的黑框眼镜，他那梵戴克式的尖尖短须修剪得十分齐整。他站在苹果笔记本前，问学生是否准备好开始"随机事件"了。学生们说，是的，他们准备好了。

唐宁正在实地测试的，是曾被用于学校日常教学活动中的最精巧复杂的游戏层。这种游戏层除了以积分制的行为主义计划取代传统的师生关系外，主要是引导学生在课堂上自主探索与合作。通过完成每日的课程任务，学生们可以获得"经验值"（XP）和"生命值"（HP）：正确回答一个问题，学生可以得 60 分；帮助其他同学完成课堂任务，你可以得到 75 分。

但是系统还有另一面。如果迟到或是与老师争吵，就会失去 10 分（生命值）；上交作业未完成，失去 30 分；如果失去分数过多，你就会"阵亡",有可能会被送交学校管理层接受处罚——比如星期六留校禁闭。从另一个方面来说,如果学生赚够了经验值,在学校的日子就会非常好过。取决于选择扮演什么样的角色,学生最终会得到他们梦寐以求的各种实实在在的"能力"(power):允许你迟到、吃零食、听音乐、迟交作业,甚至在考试时获得额外的时间——所有的奖励都是由老师量身定制的。你也可以帮助还在苦苦挣扎的同学,当他们行为不当或把自己搞得一团糟的时候,替他们"承受伤害"。学生们只有在花上几个月赚取了经验值、完成升级之后,才能获得这些"能力"。

这个计划是由一名 28 岁的加拿大籍物理老师肖恩·杨偶然设计出来的。2012 年初的一天,一名学生在他课上答对了一个问题。杨知道这个男孩是忠实的视频玩家,所以他开玩笑地说:"你看,如果这是一个游戏,你就会涨经验值了。"

"是啊,"男孩答道,"如果这真是一个游戏,那就好玩了。"

杨陷入了深思。

随后,这堂课的讨论就转向了:学生们想要通过赚取经验值获得什么样的"能力"。与其说这是一种解决问题的尝试,不如说是如何让上学变得**更有趣**的思维实验。在接下来的几周内,杨开始拟定一些规则,来建立一个覆盖在典型课堂教学之上的"增强现实"(augmented reality)。他询问学生们希望在课堂上获得什么样的能力。受到《魔兽世界》的启发,他在每个班级里都创造了一些类似游戏公会的小小团队。每名团队成员可以扮演战士、治疗师、魔法师这三种原型角色中的一个。每个角色都有不同的能力和弱点,而每个团队都必须配齐三种角色。他创建的这个极简的游戏,其实还蛮像 Excel 电子表格的。他还给老师换了个名称叫"游戏管理员"。杨将自己的发明命名为《课堂争霸》(Classcraft)，并向同事们发出邀请，看看谁有兴趣来试运行一下这个游戏。

就像许多老师那样，杨一直觉得学校就像一个设计得极为糟糕的游戏。行为激励机制完全搞错了，反馈机制太过延迟、不起作用。典型的课堂活动（包括在加拿大）至少有一百年里完全没有跟上现代化的步子。杨说："20世纪刚开始时，学校的设计还挺好的，但是从那以后的一个世纪，就再也没有进步过。"[20] 通过游戏，能不能重新设计学校的最基本体验呢？

现代学校体系的根源是19世纪末的管理学理念。在那个"高度实用主义的年代"，诞生了拥有巨大而高效的车间的工厂，其设计理念旨在尽可能又快又低成本地生产出标准化产品。这个领域钟情于企业的透明度和高效率；而这些企业就像如今的高科技创业公司那样，在当时的公众想象中地位很高。很自然地，当时的改革者们希望学校能像工厂一样运作。他们在学校体系中引进专业的"主管人"，希望更高效、更独立地运营学校，从政治方面不受学校董事会的影响。那个年代的效率理念，其实体现了一种令人毛骨悚然的反智主义，认为书本知识基本是无关紧要的。安德鲁·卡内基当时就曾有一段著名言论，认为对于多数大学生来说，学习希腊语和拉丁语"就跟学习乔克托语*一样没有实际的用途"。[21] 但是，这种效率理念符合美国的商业价值观。商人们觉得由纳税人出钱支持的公立学校，是"对人类能源巨大而不必要的浪费"。[22] 而迫切希望摆脱这种标签的教育工作者，也欣然接受了效率理念。马萨诸塞州牛顿市的学校主管人弗兰克·斯波尔丁，很快就归纳总结出了他所管辖学校的"重要

---

*译注：乔克托（Choctaw）是北美印第安人的一个种族，乔克托语是指他们的语言。

产品或成果"的成本，比如，花费 1 美元可以购买到 5.9 名小学生背诵希腊语。他抱怨道："成本必须下降，要不然我们就应该投资别的东西。"[23]

在 20 世纪上半叶，效率模式其实运作得很好，因为当时学校的任务就是培养出更好的工厂工人。但是百年后的今天，杨和其他许多教育工作者都认为这个模式难以为继。如今的学生需要知道他们做的是什么，为什么需要这样做，他们做得怎么样，这么做又意味着什么。他们需要知道，用什么方式去尝试自己的想法。杨认为："学习就是一个寻求反馈、然后针对反馈采取行动的过程。学生们得到的反馈越多，就越愿意学习。"

杨说自己"终其一生都是一个游戏迷"，因此，他尝试了各种方案来鼓励学生互相合作，但一直没有找到最合适的方法。有一次，他在自己的数学课上将所有的学生按一强一弱组合在一起，并宣布各组的每一次测试成绩，都将以低分学生的分数为准。他说："我可是个狠角色。"但是其目的很明确——调动优等生帮助后进生的积极性，激励后进生更加努力学习。一个学期后，他结束了这个试验，但是这个想法依旧在他心头萦绕：怎样才能促使学生们合作学习呢？

与科尔曼一样，杨认为许多成年人都不理解，孩子们有多么渴望成为集体中的一员、为共同事业并肩作战。因此，采用字母等级或百分制的计分方式"想要激励学生极其困难"，尤其是那些本来就落后的学生。杨认为，从 D 档成绩进步到 B 档，需要长期不断的努力，因此很多学生都认为这将是注定失败的事业。"如果你已经连续五年得 D 了，你就会确信自己就是差等生，以后也只能得 D——因为即使你比以前更加努力，也不会立即就有成效。"他希望《课堂争霸》能有助于打破恶性循环。在学生们不断升级的过程中，他们其实减少了对成绩的关注，转而更重视自己团队的存活。这个理念能够获得成功，部分是因为游戏的奖励和惩罚对于学生来说是有现实意义的。"从一开始，这个过程就在那儿了。"——杨有加拿大口音，他把"过程"读作"郭程"。

在简单的测试后，杨于2014年8月正式推出了《课堂争霸》，并很快就拥有了来自50个国家的7.5万名用户，因此游戏平台也被翻译成了七种语言。2014年岁末我采访他时，他的游戏每天都要新注册150名老师，大多数人都是因为口碑参与进来的。几乎所有教师用户都认为，这个游戏增强了学生的参与度，促进了建设性的、合作性的课堂行为。

在实施的过程中，杨的学生们提出了"随机事件"的想法。简单地说，他们希望这个游戏多出另外一层，能够有一些稀奇古怪、不容协商、不被老师掌控的事情每天在课堂上发生。"我说，好啊，咱们让这样的事发生吧。"他让学生们列了一个清单，很快就积累了大概300个点子。而杨的唯一准则就是所有的想法都应该能在任何一天实施。每一件令人愉快的事情，都必须相应有一件令人不愉快的事情。他尤其记得，在一个寒冷的加拿大的二月早晨，游戏随机地命令他敞开教室的所有窗户。杨说："我当时有一种惊讶但却开心的感觉。"这样的做法还让游戏多出了紧张的一层，让学生们都坐得直直的。杨认为，如果老师尊重这个游戏，学生们也会跟随支持。"他们会认为这是一个公平的系统。"

作为一名科学老师，杨说："每当我跟孩子们说'这是我第一次做这件事，我不知道会发生什么'，他们都会无比兴奋，因为他们觉得这种体验不被控制、无法事先准备，是完全新奇的。而且，我觉得随机事件总是在暗暗地提醒我们，我们都正在现场亲身经历某种体验，而它不是能从电视里看到的那些东西。"

狄莫尼厄斯·唐宁现在正在马里兰州享受这一时刻。"今天……会是……什么事情呢？"他说道。他站在笔记本电脑后面，手在键盘上方盘旋，延长着悬念。作为一名从教十五年的老教师，唐宁最近开始在英语课上试验"翻转课堂"。他用数码摄像机录制自己的课程，上传到一个网站，因此七年级全体学生就能在家观摩课程，来到学校后则在他的监督下完成家庭作业。他的笔记本电脑连接着投影仪，全班同学都专注地看着他。他说："希望今天别再让我唱歌。"几天前，程序选择了让他唱一首学生指定的歌，学生们就选了一首凯蒂·佩里的歌。他已不记得是哪一首了。

当我采访他时，唐宁已经尝试应用《课堂争霸》有三个多月了。他非常依赖这个游戏，甚至在课堂上学生都不用再举手了——他让"命运之轮"（之前曾叫过"天堂甄选仪"）进行选择。这可能是个好主意，因为关于课堂管理的研究认为，随机点选学生，而不是让主动举手的学生回答问题，能够有效地让学生们保持警觉。唐宁等着所有目光都集中在他身上，然后按下"随机事件"的按钮，屏幕显示："荣耀归于战士：有一组战士受到女人的诱惑——全体得到100点经验值。"全班都沸腾了。那可是100点经验值啊！唐宁花了好一会儿才让学生们安静下来。他倒数道："三、二、一。"这个信号是警告学生们要遵守秩序。

当天上午早些时候，电脑在第一节课上随机选取了一名学生，宣布她"不小心喝了毒药"，一整天都不能获得经验值。系统还命令全班都在那节课上管那名学生叫"蝴蝶"。被选中的小个子女生叫凯拉。她安静地坐在那儿，头发向后梳，戴着一个紫色发带，她的学生卡用一个霍华达大学的挂带系在脖子上。她塞着粉色的入耳式耳机，正在学校发的 Chromebook 笔记本电脑上写作业。"可以啊,"她说道,"我喜欢蝴蝶。"但是很明显,她还是因为失去所有的经验值而有点不爽。也或许是因为那个蠢透了的绰号吧,还有可能是因为同学们每次要喊她时,都那么狂热地大叫"蝴蝶"。凯拉承认,几分钟前她有点低落,但是"现在好了"。她只希望那个绰号不要一直伴随着自己。

第五章　无字数学

如果欧几里得有台 iPad，
他会怎样教数学？

路易斯·塞佩达一直在努力，不愿意放弃。他今年九岁了，不再有圆乎乎的脸颊。他正坐在电脑前，已经花了近五分钟来钻研一道数学题。围在他身边的是四年级的同学们。他们在"我们可以"火箭学院（Rocketship *Sí Se Puede* Academy）的一座名叫"学习实验室"（Learning Lab）的预制拼装建筑里。这个学院是加利福尼亚州圣何塞市的一所特许小学。"我们可以"（*Sí Se Puede*）由来已久，是美国西南部的西班牙裔农场工人的劳动号子，在西班牙语中意为"是的，我们可以"。不过从路易斯的解题方式来看，这个地方或许也可以叫作"*Trata Otra Vez*"——"再试一次"。

正如我们所见，这场"游戏进校园"的改革建立在几个基本原则之上，其中最重要的也许是：我们必须降低失败的成本。爱尔兰剧作家塞缪尔·贝克特懂得"再试一次"，有一个美妙的概括说法："一直在努力，一直在失败。不要紧。再次尝试，再次失败，失败得比上次更漂亮。"

路易斯努力尝试去解决的那个可怕难题，是关于矩形对称轴的。当他尝试一种又一种方法时，他的朋友布莱恩·阿奎莱拉出现在他身后。就像孩子们通常做的那样，布莱恩主动给路易斯提建议。他用食指点点屏幕，提出了一个多步骤的解法。他还说这个软件曾帮他在数学上赢了哥哥。路易斯试了这种方法，但没有成功。能向他们提供帮助的老师，此刻并不在视野之内。路易斯继续尝试解题。而四周的景象都是如此：孩子们一个个都在独立做题，头戴耳机，眼睛盯着电脑屏幕。

　　我拉了一把椅子，坐在路易斯和布莱恩身后，想看看他们解题。我惊讶地想，四年级的数学真的不应该这么难吧。我向他们建议了一种显而易见的解法。路易斯转过头来打量我，纳闷这个人是谁。他用我的方法试了试，结果发现也没比布莱恩和他自己想出来的解法好到哪去。我向他道歉，但是我感觉他对我这种瞎管闲事的大人早就习以为常了。这所学校每年都有好几百个参观者，很多人都是因为听说了"学习实验室"的传说慕名而来的。最后，布莱恩没了兴致，走开了。我又在那坐了一会儿，但是始终没想出解法，我开始走神了。路易斯却一直在那安安静静地尝试，每次失败后都再换一种方法。最终，又过了10分钟，他解开了这道题。一切看起来都那么简单、精巧，好像这个方法一直都隐藏在显而易见的地方。他重新开始了这一关，向我展示他是怎么做的。果然如此！

　　路易斯的奖励立即出现了在屏幕上：一道更难的谜题。

　　其实，在此之前，还出现了一只斗鸡眼的企鹅。她就是吉吉，也正是那只让华盛顿特区的学生激动不已的企鹅。她不言不语，从左走到右，然后消失了。在这个实验室里，只要有人解出了一道题——不论极其简单还是难到让人目瞪口呆的题——吉吉就会不断出现。"我们可以"的校长安德鲁·埃利奥特-钱德勒认为："这种简单之中大有禅意。其实，你只是想让那只企鹅横穿屏幕。孩子们很喜欢它。"[1]胡安·卡洛斯·马丁内斯最近刚把孩子送到附近的一所火箭学校。一周后，女儿薇薇安回到家，说她在数学上进步很大。"我问她：'你的老师怎样跟你讲解的？'"马丁内斯说，"她回答，不是老师教的，是那

只企鹅。"²

"我们可以"学院坐落于圣何塞东部I-680高速公路入口匝道旁边，校舍是市属地产，形状极为狭长。该校建于2009年，包括一系列精心布局的预制建筑，其中一些建筑不得不因匝道的倾斜地势而下沉。学院共有650名学生，其中绝大部分来自低收入家庭。十分之九的学生有资格享用联邦政府提供的免费或低价午餐，近三分之二的学生母语不是英语。火箭学校这个系列共有八所学校，"我们可以"是其中第二所。这个系列在特许学校的领域内已经拼杀出令人瞩目的特殊地位。这些学校团体自我设定的任务是，在2030年之前消除全美的成绩差距。这些学校极为渴求那些经验不足的年轻教师——事实上，教师培训项目"为美国而教"（Teach For America，其缩写TFA更广为人知）的成员最后大都进入了这些学校。记者理查德·惠特迈尔曾在火箭学校的教室里呆过整整一学年，他说TFA"实际上是火箭学校的人力资源部"³。"我们可以"的校长埃利奥特-钱德勒时年三十岁，他在三年前开办了这所学校。

从坐落于硅谷的八所学校起步，火箭学校中的第一所开办于2007年，到2018年计划在全国范围内创办60所学校，接纳25000名学生。其实，这个计划已经是极大地缩减后的结果，其最初规划几乎是突变式的增长：原计划是到2020年要创立2000所学校、覆盖50个城市的100万名学生。按照原计划，火箭学校的规模会跟全美最大的纽约市学区一样大。虽然其规划缩减了，但是火箭学校仍在飞速发展，以至于还为此创办了自己的地产开发公司。

最重要的或许是，火箭学校的成功主要因为它开创的教学方法。由于像路易斯这样的学生通过玩游戏来学习和实践其基本技能，老师们在课上就有更多的时间来讲授更为重大的观念了。火箭学校的全国发展部成员查理·布法立诺（Charlie Bufalino）将此称为"为老师们回购时间"。这种现象也显而易见。在附近一所幼儿园里，一位老师正拿着绘本图书向学生们提问："这个故事中的角色们是怎样做到**体恤别人的感受**的？"在另一堂课上，一名前来访问的科学家正站在白板前，承认之前的假设有误，一柄铁锤和一根羽毛在月球上会以同样的速率下落。"不过没关系，"他说，"假设错了没关系。假设是一种猜测。因此我们才要做实验，因为我们想搞清楚事物是怎样运作的。"

当我观看路易斯和他的同学们答题时，四年级的数学兼读写老师安德里亚·克里斯曼走进了实验室，胳膊下夹着一本复印的儿童小说《蓝色的海豚岛》（Island of the Blue Dolphins）。我问她对于孩子们通过电脑软件学习有什么看法——此时此刻，这个游戏软件正在向她的学生们教授基础语法、标点符号运用和数学。她说："我再也不用花费时间讲解同音词了。如果电脑可以讲这些东西，我就可以跟大家来探讨书中的主题了。"

火箭学校系列可能还会推动整个领域的发展。奈飞公司（Netflix）的首席执行官里德·哈斯廷斯也是火箭学校的早期赞助人之一。2010年3月哈斯廷斯来学校参观，看见学生们正在用一款名叫《梦盒子学习》（Dreambox Learning）的自适应游戏解决数学问题。他与梦盒子公司的首席架构师、软件工程师丹·克恩斯是老友，早年曾在一起工作。他随后给克恩斯发邮件，告诉他自己有多喜欢这个软件。克恩斯回邮件说，这个创业四年的公司其实正陷于困境。由于竞争不过大型教材出版公司，公司濒临倒闭，已经连续几个月发不出工资了。哈斯廷斯买下了这家公司，然后将这份价值1100万美元的礼物赠给了非营利的特许学校发展基金（Charter School Growth Fund）。

这次收购帮助梦盒子公司起死回生，但是身为加利福尼亚州教育委员会前任主席的哈斯廷斯说自己并不想拥有这家公司。"我仍然活跃在加州的教育政治领域，"他说，"但是我不希望人们认为，我这么做是为了挣更多的钱。"[4] 梦盒子公司如今已经是最为引人热议的教育游戏公司之一，哈斯廷斯和火箭学校的联合创始人约翰·丹纳都是其董事。

从 2011 年开始，火箭学校在"学习实验室"里实验了很多不同方法，甚至曾将实验室完全放弃，把电脑搬到各个教室里。不过今天，全校学生中的大约五分之一，即大约 130 名学生正安静地坐在电脑前做练习。每名学生之间有色彩明亮的手绘夹板作为隔断。一个班又一个班的学生不断进来、离开，一旦他们坐下来戴上小号耳机，这个房间就有了一种安静的魅力，好像期末考试期间的预科学校自习室一样。乍一看，好像所有学生都在做同样的事情。但是如果花几分钟观察一些学生，你马上就会意识到，即使他们从同一道题开始，每个学生的学习步调是不同的，很快每个人所练习的技能等级就不一样了。

校长埃利奥特·钱德勒认为这一点意义重大。学生的技能水平应该属于隐私，只有学生自己和老师知道。落后的学生应该能够轻松自在地学习，没有羞辱感。"他们知道自己应该学习更多东西。别的同学都已经在学习乘除法了，而自己还在弄清十位数和个位数，他们心里清楚自己不该如此。如果是在电脑上学习，这些学生就不会有羞辱感了。"其实，这个原则也适用于那些优等生：如果他们想放松下来，做做更高难度的练习，他们也不用背负所谓"天才"可能带来的污名。他补充道："没人需要知道你的情况。"

那天早上，路易斯正在通关的练习是由《圣数学》（*ST Maths*）提供的。《圣数学》是一组规模不大却广受好评的软件工具中的一个，会用几千道难度逐渐提升的动画式数学题来挑战学生的能力。作为基于长期的动机研究开发出来的新型数学游戏,《圣数学》及其他类似游戏或许最为直接地展示了计算机能为教育做什么。来自 26 个州的大约 50 万学生,正在吉吉的帮助下通过游戏来学习数学。

这款游戏的开发者马修·彼得森说,吉吉在屏幕上走来走去,这与其说是一种奖励,不如说是问题已解决的明确标识。"孩子们解决了难题,这本身就是一种奖励。"他说,"这构成了学习的快乐、解决问题的快乐。"最初,他打算用一只名叫琦琦(KiKi)的袋鼠,但是孩子们很困惑,袋鼠为什么不直接跳过那些障碍呢?而一只企鹅,无疑是需要你的帮助的。"很明显,在孩子们看来,这只小企鹅没办法越过哪怕有一丁点危险的障碍。"[5]因此孩子们的参与感增强了,能够坚持更长时间来解决问题,更全面地学习知识技能。尽管火箭学校由于一直实验性地采用各种不同方法来教授基本技能,因此在阅读、数学、科学的州内考试中的分数略有下降,但它仍然在这三门课程上全面超越了加州的所有其他小学。就数学来说,该校有 81% 的学生在 2013 年变得更为熟练或分数更高,而加州相应指标的平均数只有 63%。[6]

彼得森说,孩子们天生就想要学习。"所有的孩子都有动机要做一些困难的事情。"而学校教育却误入歧途,在孩子们还没有完全掌握学习内容时,就要求他们在各种考试、背诵、小组任务中展示学习成果。他认为,应该反其道而行之,以简单轻松却让人享受的方式反复地传授关键概念,让孩子们完全沉浸在学习内容之中。他说:"如今数学教育中犯的错误太多了,但其中有一点是正确的,那就是坚持。"彼得森鼓励孩子们坚持下去的方法很简单——要玩他设计的这款游戏,只有一直去做数学题。他认为,玩游戏并不是为了奖励学习数学这份苦差事。"这个游戏**就是**数学。"[7]

这个概念十分符合自我决定论的最基本理念,首要的一点,就是反对去奖励人们已经在做的事情。"如果你正在做你喜欢做的事情,但是有人开始为此特意奖励你,最终你就会为了奖励才做这件事了,"彼得森说,"如果奖励消失了,你就不再喜欢做这件事了。"

早在1999年,乔治亚理工学院的研究人员艾米·布鲁克曼就指出,大多数旨在教育性与娱乐性并存的软件"最终两个目标都没有达到"。她写道,"大多数的教育软件都是同样的老一套:训练和实践。"乐趣经常被当做教育性内核的糖衣,就像"在西兰花上淋了巧克力汁一样"[8]。她的这个观点后来演变成一个无处不在的嘲讽习语——"巧克力浇汁西兰花",许多人不喜欢那些将训练、实践与游戏性分离开来的游戏,便以此来表达不满。其实,大多数教育游戏都是这样做的,先是呈现一些比数字化的学习卡片高明不了多少的东西,随后让玩家有机会去射击外星人或其他形形色色的坏家伙。2011年英国研究人员发现,这种游戏的效果并不好。他们为一款名为《僵尸分裂》(*Zombie Division*)的数学游戏设计了两个版本,一个版本中通过熟练地掌握数学来推动游戏的进程,另一版本则要完成数学测验之后才能玩一会游戏[9]。两个版本中的学习内容相同,但是玩第一个版本的学生学习了更多的数学。当学生们可以自主选择时,那些玩第一个版本的学生学习数学的时间多了七倍。[10]

彼得森的游戏还有一点与众不同——游戏中几乎没有任何文字。这是有意如此的。他说:"在学校,文字是传达思想的主要方式。老师在黑板上写字,说出一个个单词。学生学习印有词句的教材,用单词回答问题。教学活动的大部分都是通过词语完成的。"[11] 彼得森从小就有诵读困难,直到五年级才学会怎么阅读。他发现许多在数学上有困难的学生,在英语上也同样有困难。有些学生的母语不是英语,"我们可以"学院以及加州的许多学生就属于这种情况;另一种情况则是,有些学生在阅读词句、处理语言方面存在障碍。

因此,彼得森围绕着视觉线索和动画设计了这款游戏,目的是让学生们在"知道怎样去谈论"某个概念之前就能理解它,理念先行。由此,老师在课堂上用语言阐述概念的时候,学生们探讨相关主题的能力已经被增强了。彼得森称之为"无字数学"(Math without Words),而他也并非唯一有此想法的人。

基斯·德福林在上高中时就认识到,数学并不是一种观赏性运动。数学不是一种知识体系,也不是书页上的符号。数学是一种可以玩、可以实践的东西。[12] 他回忆起阅读马丁·加德纳在《科学美国人》杂志上的传奇性专栏"数学游戏",该专栏从1956到1981年坚持了二十五年。"对于我们那一代的几乎每一个数学家,都会说促使他们研究数学的原因之一就是阅读了这个专栏……因为对于我们不得不屈从的沉闷乏味的学校数学教育,这个专栏就是一剂神奇解药。"[13]

德福林后来在斯坦福大学教授数学。和加德纳一样,他也意识到,所有伟大的数学家都花了大量的时间"玩"观念。实际上音乐家也是如此。音乐和数学一样,纸上的符号仅仅是思想活动的静态呈现,陈列在平坦的表面上,方便人们参考。以符号来再现数学,是便于记录和传授,但这并不是真正的数学。[14]

由于我们许多人都有听音乐甚至演奏音乐的亲身经验,我们本能地知道音乐并不只是符号。从留声机到磁带再到MP3播放器,20世纪的各种技术让音乐脱离了纸张而存在。但是,大多数人都认为数学是扁平化的，认为研究数学不过就是操纵符号。导致这种现象的原因之一是我们在学校里接受的极为糟糕的数学教育，另一个原因则是流行文化中的数学家形象。德福林认为，当大多数电影电视剧希望表现一个角色的身份是数学家时，就会让他或者她在纸上、黑板上写数学符号，"或者，还有相当的可能是在窗户或者浴室镜子上写"。其实，真正的数学家从不在玻璃上写字。但是许多人都被蒙骗了，认为做数学就是写符号。德福林将这种现象称为"符号障碍"，即无法超越符号去接触其背后的数学，我们中大多数人因此而没能走得更远，抵达我们本可抵达之处。

没有哪位有自尊的钢琴家，会让你相信他所受的音乐教育仅止步于阅读乐谱上音符的能力；同样地，也没有哪位有自尊的数学家，会承认纸上的符号就是真正的数学。德福林还记得一项 1990 年代早期的研究，探究的是巴西累西腓市场上的年轻街头小贩们的数学能力。研究发现，这些从 8 岁到 14 岁不等的孩子们能够在头脑中掌握复杂的算术问题，并达到 98% 的准确率。但是，当研究者让他们用笔和纸来解答相同问题时，他们的准确率下降到了不足 40%。[15] 他们是在头脑中体验数学，几乎完全不受符号的束缚。后续实验则发现，南加州一家超市中的美国人也有类似的结果。如果在货架之间的通道上做复杂的数学题，被试者做得很好；但是如果被要求坐在桌子边上，用一模一样的数学题来"测试"时，他们的表现就变差了。德福林生于英国，已经写了 32 本著作，还是美国国家公共广播电台的资深数学专家。他在思考有没有办法能够打破符号的束缚。他意识到，音乐领域就不存在这样的界面问题。于是他开始思考或许是最完美的音乐界面：钢琴。

自从 1710 年第一台钢琴问世后，钢琴已成为音乐创作自然而然的一部分。不过,"Pianoforte"(意为"温柔的嘹亮")在当时却是一个技术奇迹,一台用难以想象的方式改变音乐的机器。计算机先驱艾伦·凯曾经注意到,任何技术上的进步都是"对在此发明之前出生的人而言的"。就钢琴来说,这意味着现在活着的所有人都不会认为它是技术进步。麻省理工学院的研究者西摩·帕佩特总结道:"这就是为什么我们并不去争论,钢琴是否通过技术的方式破坏了音乐。"[16] 四百年之后的今天,极少数人可以精彩地演奏钢琴,而几乎任何人都能够坐在钢琴旁边,弹出一段简单的旋律,甚至边弹边唱。德福林意识到,钢琴最重要的优点就是,它具备一种能力,让任何人都能从第一天起就演奏出**真正的音乐**,跟专业人士使用相同的乐器。在十几二十年的时间里,你可以在同一间屋子里、同一台钢琴旁,从一个不折不扣的新手成为卡内基音乐厅的独奏者。钢琴对人们的演奏给出即时的反馈,让你可以轻易地估测自己的进步。[17] 你必须亲自触摸钢琴才能演奏音乐,弹得越多,自然就会学得越多,就会增进对旋律、和声、协和音与不协和音的理解。总之,弹钢琴是一种沉浸式的体验。

如果你希望有一天能够弹奏出肖邦的《波兰舞曲》,你也许应该学习一点音符、音阶、升调、降调,但是完全不认识这些符号,也并不影响你演奏出真正的音乐。姑且这么说吧,你学习了这些符号,并决定开始练习肖邦的《波兰舞曲》。面对一段不会弹的章节时,你会将其分解成一小段一小段,用较慢的速度一一掌握。世上不会有任何一个老师建议你在一架"简单一点"的钢琴上练习,或者更邪门的是,建议你用纸和笔解决这个问题。好老师给你的建议应该是更加严格地对待真正的音乐。她会给你演示如何弹这一段,建议你听一些录音,督促你一遍遍地练习最为棘手的部分。你会活在音乐的世界里,将手放在琴键上，就能进入音乐之门，重现脑海中出现的旋律。

德福林意识到，优秀的数字游戏能做同样的事情：帮助孩子们以相同的方式"演奏"数学、"玩"*数学。视频游戏的实质是"带有多巴胺奖励系统的行为模拟器"[18]，能够帮助孩子们化解难题、分析其内在机制、尝试不同的解法、反复锻炼技能。他写道："视频游戏的世界不是依靠纸笔的符号表征，而是一个想象的世界。游戏理应让孩子们沉浸其中、亲身感受。"[19]他还发现，电子游戏避开了符号，所以能够让孩子们直接接触到数学。这些游戏不只是数学教育的出色媒介，而且很有可能是最为理想的媒介。德福林认为，在21世纪，电子游戏对于数学基本素养的意义，就相当于15世纪印刷出版对于阅读和大众读写素养的意义。他还认为，如果数学老师不知道怎样利用游戏来教学，总有一天，这会变得就像英语老师却不会阅读英语一样荒唐。[20]

德福林告诉我："如果公元前350年就有视频游戏，欧几里得一定会设计一款游戏的。"这样的话，欧几里得的十三卷本《几何原理》就会变成PDF格式的补充材料，供你在想要的时候阅读。"人们都以为我在开玩笑，但我绝对是认真的。如果可以的话，欧几里得绝对不会写一本教科书，而是会设计一款视频游戏。"德福林举例说，随便看看欧几里得的那些证明，这位常被称为"几何之父"的伟大希腊数学家，总是要求读者"做"一些事情。"他让读者'画一条弧线'、'画一条垂直线'、'平分这条线'。这些都是**行动**，而行动正是你能在视频游戏中得到的。"[21]

但是，德福林研究了市面上流行的数学视频游戏，得出了和彼

---

* 译注：原文中的play，既有演奏（音乐）之意，也有玩（游戏）之意，取其双关。

得森一样的结论——大多数游戏都是"像包办婚姻那样，牵强地把视频游戏和传统的基本技能教学结合在一起",[22] 就像仓鼠奔跑的轮盘那样的重复练习，只是在屏幕上做传统教学法的数字闪卡，不过是"让你泼洒符号的一块新的画布"。[23] 德福林认为，这些游戏不比它们想要去取代的教科书强多少："现在市面上有好几百款游戏，不过其中大多数都不能帮助你学到更多东西，只不过是去练习那些你已经知道的东西。"这些游戏让德福林想起了早期的电影。最初的电影从业者基本上就是在拍摄舞台剧，因为他们当时不知道别的方法。"但是后来他们意识到，拍摄电影跟在舞台上排演戏剧非常不同"。[24] 19 世纪末那些堪称灾难性的飞行器或许是更好的例子，它们曾致力于效仿鸟类扑扇翅膀。德福林指出，飞行先驱们混淆了宏大而复杂的飞行现象与扑扇翅膀的简单行为，因为他们只观察到扑扇翅膀的飞行行为。[25] 他发现，要想设计出好的数学游戏，就必须将行为与其常见的再现形式区分开来。

2010 年，德福林经朋友介绍认识了约翰·罗梅洛（John Romero）。罗梅洛是"本我软件"公司（id Software）的创始人之一，一位传奇式的视频游戏设计师，曾在 20 世纪 90 年代推出了《毁灭战士》（*Doom*）、《雷神之锤》（*Quake*）等突破性的游戏，从而开创了第一人称视角射击游戏的新类型。罗梅洛及其在"本我软件"的搭档约翰·卡马克（John Carmack）一度被称为"视频游戏界的列侬和麦卡特尼"。[26] 不过，罗梅洛在离开公司十年之后，开始热衷于探索能否将优质的数学教育与真正吸引人的游戏结合起来。他将德福林视为自己非正式的数学顾问。在接下来的四年里，这位斯坦福的数学教授和这位曾创造了《德军总部 3D》（*Wolfenstein 3D*）的摇滚明星式设计师就此设想进行了定期讨论。这项"秘密计划"并没有诞生新的产品，但是德福林却初步积累了经验——他抛出一些自认为会让游戏更好玩的点子，却"在两分钟之内就被罗梅洛摧毁殆尽"。德福林笑着说："有充分理由证明，我的那些想法一定会失败。显然，除非有人拿着鞭子监督，孩子们是绝对不会主动玩那种游戏的。"[27]

德福林不确定罗梅洛从他们的谈话中是否有所收获，但谈话肯定是有启发的。因为后来德福林创办一家小型创业公司来设计数学游戏时，罗梅洛自愿提供帮助。2013年8月，这家公司的第一款游戏在iPhone和iPad上推出。这款名为《拯救小怪兽》的游戏要玩家旋转一个数字表盘，对复杂的数字组合完成加、减、乘等运算，以此来选择一系列的锁。整个过程中都没有普通数学练习中常见的运算符号。游戏的界面是一个表盘，与普通的六十分钟表盘相似，只不过是最大的刻度到了六十五（记住这个数字！）。在每个关卡中，玩家都需要找出最有效的方法，将小齿轮扳动到较小数字的倍数，来命中一系列刻在表盘面的目标数字。你需要运用一种、两种、甚至全部三种数学运算法则，来算出较小数字的倍数，据此向前或向后旋转表盘。比如，在一个相对简单的关卡中，玩家需要用6的倍数命中三个目标——6、18、54，由此选择一把锁。这非常简单。但是接下来的关卡有三个新的目标——35、47和59——它们全都不是6的倍数。你很快就会发现，唯一能命中目标的方法，就是将表盘从65开始向后拨动（65减6是59，59减18是47，以此类推）。随着难度逐渐增加，原本轻松随意的数字游戏变得更有目的性。在之前的关卡中轻而易举即可摘取的思想佳果，现在需要踩着梯子才能获得。很快，你就得操控三个不同齿轮来命中五个目标，并且必须在六步之内完成。应该从何开始呢？

毋庸置疑，如果你希望通关的话，就必须进行战略性的思考，将大表盘和小齿轮看作一个**系统**。你甚至该问自己:"关卡设计师为什么认为,可以在六步之内完成任务呢?"随着游戏不断变难,在某一关中,游戏增加了第四个齿轮,由此便开启了几百万种新的排列组合的可能,进而引发一些非同寻常的事情。"尝试——排除"的方法虽然曾经一度有趣,但是已不再足够好用。表盘的转动带来一种如此奇怪的紧迫性,以致于只有某种精细巧妙的解决方案才能满足。但是,除非你全身心沉浸其中,对这些数字及其间距非常熟悉,才可能有精细巧妙的方案。游戏中的数字就像音阶上的音符,而你就像是在演奏一段和弦。

随着数字之间的间距变得越来越复杂,你也更加急迫地需要追踪它们的变化,简单的算术已经变成了代数问题。你甚至会需要拿出纸笔,做些草稿演算(拜托,千万别写在玻璃上)。但是最后,你还是必须要将用纸笔演算出的数字转化成行动,去转动表盘。你生活在数字的世界中,手放在机器的按键上,就可开启数学的大门,重现脑海中发生的一切。要想在《拯救小怪兽》游戏中通关,你必须多加练习。一旦方法有效,会显得很是优雅。如果你想出一个复杂的解决方案,你最希望做的就是再看一遍,然后展示给朋友们看。"快来看看吧!"这成了一种表演。

让-巴普蒂斯特·黄是越南籍法国人,现年四十岁,住在奥斯陆,曾说服挪威全国用一周的时间来解答代数问题。他看起来比实际岁数要年轻得多,有一头浓密黑发和一口白牙,笑容灿烂,具有运动员般的体格和近乎无限的能量。我第一次见到他,是在华盛顿特区杜邦广场附近的一家小咖啡厅,当时他正来美国访问。我觉得他几乎可以冒充刚毕业没几年的大学生。他开发了热门的 iPad 代数应用《龙箱》(*DragonBox*)，我希望就此对他进行采访。当时，这个游戏已经在苹果应用商店上市几个月了，而我认识的每个人都在问我有没有玩过它。一个朋友曾激动无比地建议我**必须**要玩一玩这个游戏。他说，"这个游戏可以教学前儿童做代数，简直太神奇了！"但是当我在咖啡馆里坐定之后，黄就从包里拿出一个饱经旅途摧残的 iPad，告诉我关于《龙箱》有一点是他要澄清的。"它其实不是一个代数应用，"他一边说一边滑动玻璃屏幕，打开游戏，"它跟代数无关。"[28]

我们相遇在 2013 年春天，《龙箱》的下载量已达 85000 次，大部分是被家长们下载的。黄越来越确信，iPad 能够让孩子直接接触到学习内容，而应用程序能直截了当地展开教学，这使得它们变成教育孩子的"最佳资源"。我很快就发现，黄具备成为一名了不起的老师的三大优点：对学生和学科的热爱之情，有点毒舌，还有恰到好处的冷幽默。聊着聊着，我问了不该问的问题：作为一个年轻人，对于他身处其中的法国教育制度怎么看。我觉得，这个问题似乎使他陷入了遥远的遐想。他回答道："你知道吗？那就是个他妈的监狱！人在监狱里的时候，脑子是死的。没有人想在监狱里呆着。"他可能觉察到我的惊讶，因此他笑了笑，说："我是法国人，所以说话有点重，我一直这样。"[29]

黄向我解释，如今学校已经开始不断购入 iPad 来辅助教学，但是他和他在"我们想知道"(We Want To Know)的同事们，一直在考虑要不要将这款游戏卖给学校——"我们想知道"是他和法国认知科学家帕特里克·马沙尔共同创办的一家挪威游戏公司。"对于玩这个游戏来说，学校倒是个蛮自然而然的场所。"黄说，"正因如此，我们决定不把这个游戏卖给学校，因为老师们会要求学生们，你这么做，你那么做。"也就是说，老师们一定会将他们这个有趣的小游戏变得索然无味。

我问黄，如果《龙箱》不是关于代数的，那是关于什么的呢？

他说，关于速度和想象。

"数学就是创造力，就是玩。你拿出一个物体，然后设想'如果在某种情况下，会是怎么样'。"但是学校并不是这样教数学的。"我们把数学教成了一门死学科，就好像拉丁语这种几乎没人用的语言一样。就算课本写得有趣，但仍然是个死东西。"

他还记得和四岁的儿子保罗最近发生的一段对话。有一天，黄让儿子骑在肩头，两人从外面回到他们在奥斯陆的公寓楼。保罗说想按公寓楼的进门密码，因此黄就告诉他："是'10-10'——'1-0-1-0'。"

保罗却前倾身子，按下了"2-3-2-3"。

"我有很多时间陪他，"黄告诉我，"作为父亲，我认为花时间陪孩子非常重要。我跟他说：'保罗，为什么你输入这个密码呢？密码应该是"1-0-1-0"。'然后我就意识到，学习方法就是要去体验所有的可能。这十分自然，可以理解：（按下）'2-3-2-3'，为什么不管用呢？"

他想着这件事，微笑着说："这真是非同寻常！"[30]

近来为儿童设计的富有想象力的高质量数学游戏，在国内外都广受欢迎，黄也是响应这一趋势的一员。在一些同样标新立异的竞品上架苹果应用商城之前，《龙箱》曾一度是必选热门：那些拥有 iPad 的明智父母总会向朋友们推荐这款游戏。在 2012 年中《龙箱》上市之后，《连线》杂志的"极客老爸"（Geek Dad）博主乔纳森·刘和女儿一起玩了这款游戏。他说最令他印象深刻的是，这款游戏"不给你答案，但是能强化规则"。他写道，《龙箱》"让我去反省之前称之为'创新'的那些教育类应用是否够格"。[31]

更出乎意料的是，黄从小到大就算不上游戏玩家。他还记得，曾经玩过罗梅洛早年设计的电脑版第一人称视角射击游戏《毁灭战士》，心里想的却是"这真是浪费时间"。"我现在仍对游戏一无所知"，黄承认，"我从不玩游戏。"

迄今黄至少从事过三种职业。最开始，他是一名股票投资组合经理。但是不久后，他和身为儿童心理医生的妻子开始有了孩子——当我采访他时，他的三个孩子分别是 4 岁、9 岁和 12 岁。黄说："我猜我是陷入了所有从事金融行业的人在某一时刻都会有的那种危机感。你会特别希望把精力花在一些真正有用的事情上。所以我决定要为孩子做些事情。"他辞掉了工作，创办了一本儿童杂志。但是几年后，他又认为自己应该当老师。因此他卖掉了杂志，在西班牙的一所高中教数学和经济学。

但他却惨遭失败。

黄还记得自己曾连续用了 28 个小时来准备一堂 2 小时的课。结果却表明，学生此后的表现只有"微小的进步"。与德福林一样，他认定，是工具阻碍了他的教学。黄希望有一种可以互动的工具，能够让学生们来掌控自己的体验，从而帮助他们更快捷、更没有烦恼地接触数学。他说："对于我自己的孩子，我也希望他们学习得越快越好。"几年前，他读过两本对他的思想影响很大的书——网球教练蒂姆·盖尔威 1974 年出版的《网球的内心游戏》(*The Inner Game of Tennis*)，以及贝蒂·爱德华兹 1979 年出版的《认识右脑》(*Drawing on the Right Side of the Brain*)。这两本书都提出，要将大脑的分析部分与执行部分区分对待，由此在某项技艺上取得进步。两本书也都建议了教学的新方法。黄总结道："字词用得越多，就越没有影响力。"

黄开始研究游戏，却始终对游戏抱有一臂之隔的距离。"你懂，我不是游戏迷。我讨厌什么'游戏'、'游戏玩家'、'基于游戏的学习'。我认为游戏其实更像是新世纪的蒙特梭利教学法。"他还说，他唯一关注的就是，如何保证让孩子处在学习过程的中心。"这与体验有关，而与游戏**无关**。"

黄要开发手机应用，要先得到妻子的允许。"我娶的可是个儿童心理医生啊，"他说，"家里什么显示屏都没有，没有电视、没有任天堂或索尼游戏机——只要你能想到的，都没有。一件都没有。我跟妻子说'嗯，我觉得游戏是最好的教学方法，所以我打算设计一些游戏。'妻子回答'不行！'。我不得不据理力争，说'你明白我想这么做，是因为这是最好的办法了——所谓的学校其实就是监狱。拜托了，让我做吧！'。妻子终于说，'好啊，可以，让我看看你的设想。'"

黄向妻子保证，无论他设计什么游戏，完成任务的过程都会很快，尽量减少看屏幕的时间。当《龙箱》最终问世的时候，很多玩家的反馈也是这样的，不论褒奖还是抱怨。他们认为，这款游戏很独特、有趣、引人入胜，能够让孩子们在六分钟、五分钟、甚至四分钟内思考代数问题！但是，这款游戏结束得太快了。从某种角度来说，黄似乎成了自己成功的受害者。

游戏问世后不久，黄会见了华盛顿大学研究人员，也是该校游戏科学中心主任佐兰·波波维奇（Zoran Popovi）。波波维奇及其同事曾协助两名研究生设计了一款在线众包游戏《蛋白质折叠》（*Foldit*），并因此在2011年登上了全世界的头条。这款游戏对玩家来说是极大挑战，大多数玩家都没有生物医学知识，但是大都跨越距离玩过在线游戏，在游戏中，他们需要学习与蛋白质形状相关的东西，并且努力将蛋白质折叠成最高效的形状。《蛋白质折叠》被一名玩家称为"类固醇的俄罗斯方块"。它利用了人类解决难题的能力，试图通过游戏来帮助研究者们在治疗癌症、艾滋病、阿兹海默症等疑难杂症方面取得进展。2011年，波波维奇在《自然结构及分子生物学》(Nature Structural and Molecular Biology) 期刊上发表了一篇论文，共同署名的除了其他11名合作研究者之外，还有两组《蛋白质折叠》的玩家，其中一组自称为"《蛋白质折叠》空虚粉碎者小组"。这款游戏最近的一项挑战，要求玩家分析一种猴子的艾滋病蛋白质。其结构曾困扰了科学家长达15年，但是一组《蛋白质折叠》的一个远程协作的玩家团队在10天内就破解了这个结构。[32]

波波维奇想利用《龙箱》这个游戏，给组成大型团队的孩子们制造一些挑战，让他们在规定时限内解决几千道在线的代数问题。他改编了这款游戏，去给那些需要帮助的学生更多帮助，同时让那些已经理解了某个概念的学生可以先行一步。在早期的一次测试中，有93%的学生在仅仅玩了90分钟之后，就掌握了基本的知识点。[33] 2013年6月，波波维奇和黄，说服华盛顿州的4000名学生连续用五个工作日来解答代数题。但是学生们在每个周五之后仍想继续做题，一共花了七个多月的时间来做数学题。最终，他们解出了近39.1万道题目。几个月之后，威斯康星州的学生解出了64.5万道题目。[34] 2014年1月，全挪威的学生解出了近800万个方程式。波波维奇的团队发现，近40%的工作是在家完成的。他说："我们非常兴奋，因为这展示了一种超越传统的学校教育的新型参与方式。"[35]

自从上市后，《龙箱》经过了几次修改和扩展——2014年春季，一个包含几何问题的新版本出现了——但是，这款游戏还是一如既往地有趣、神奇，又有点非主流。《福布斯》杂志的游戏评论家乔丹·夏皮罗称赞道，游戏中的"虚拟化身们既可爱又怪异"。[36]尽管黄认为这款游戏与代数无关,但是很多家长仍然为自己的孩子——大多数都是学龄前儿童——购买这款游戏,希望锻炼他们的数学思维。这个游戏的场景有点怪异:不知道为什么,就出现了一个神秘的盒子,里面有一条什么都吃的大眼睛龙宝宝挤在草丛中。毫无理由地,小龙喜欢独处。它必须独处,否则不吃东西。不要问为什么,玩一玩吧。

游戏界面分成两个部分,装着小龙的盒子在一边。另一边是"卡片",上面有随机出现的图像,包括蜥蜴、天牛、深海鱼、愤怒的番茄等等。同样地,不要问为什么了。玩家要想通关,就必须点击、按住、拖拽卡片,确保小龙那一侧只有它自己。如果你做到了,小龙就会闹哄哄地吃掉在另一边的所有东西,顺利通关。游戏宣布:"就剩一个盒子了!"这个游戏有点奇怪,但是却能让人一直玩下去。再过几关,玩家就会遇到"夜卡",上面有各种生物的暗黑版本。你很快就会发现它们代表负数。再过几关,玩家就要制定战略,决定要先消除掉哪张卡——看出来了吧,其实就是运算次序。在第十二关中,一张动物卡莫名其妙地被一个黑色的小"a"取代了。再过五关,又出现了一个"c"。最终,在第十八关,一个漂浮的字母"x"暂时取代了装有小龙的小木盒。此刻,你要解决的就是初等代数问题了。而从你下载这款游戏开始,也才不过三分钟。

这个怪异的小游戏共有一百关;其中,并没有任何解释说明。加法、乘法、除法、分数等运算都出现了,但却没有阐述与解释。直到你玩到第六十关,"等号"这个符号才会出现在界面的两部分之间。到第一百关,你已经像婴儿蹒跚学步那样一点一点却从无间断地取得了进步,一开始只是一只可爱的龙宝宝吃掉一只尖尖的双头蜥蜴,到最后已经可以解决这样的复杂问题:$\frac{2}{x}+\frac{d}{e}=\frac{b}{x}$。你精确地在十四步之内解出了问题,毫不畏惧,甚至有些迫不及待。尽管你只有 4 岁。

第六章　鲁布·戈德堡机器让我们团结

纽约市的一群教师和游戏设计师如何重新定义学校

"极速三球"（Triple Turbo Ball，缩写为TTB）简称为"三球"，游戏规则十分简单。游戏的场所是实木地板的室内篮球场，参与双方每队各有七名选手，先得到50分的队胜出——当然两队也可以在赛前商量得到多少分就算赢。"三球"不计时，玩的是一个泡沫塑料小球。得分的方法很多：可以将球投进对方的篮筐；可以将球踢进或扔进对方门将把守的球门；也可以传球给站在对方篮筐对面小方块区域内的队友，来个触地得分。任何控球队员在传球或者试图得分之前，都可以用手或脚运球三次。球员还可以在任何时候把球扔向墙壁，让它反弹，包括触地得分的过程中也是如此。

这个游戏是由纽约市求知中学七年级的学生们发明的。他们不满足于自己在篮球比赛中过低的得分，又受到一种同时打两个球但不许运球的变种篮球游戏的启发，于是经过了五天的热烈讨论，最终创造出了"极速三球"游戏。那是在2014年6月。25岁的体育老师泰勒·斯皮尔伯格组织学生们进行了这项发明。他认为："对橄榄球感兴趣的孩子，就会想当接球员。想要打篮球的孩子，就会试着去投篮得分。这真是太酷了。"斯皮尔伯格最后补充道，"我们发明了我们想玩的游戏。"[1]

"极速三球"在期末考试周期间萌芽——确切而言，这个游戏本身就是一种期末考试；更精确地说，是一个期末设计项目。在这周的课程时间内，全部十四名男生设计了这款游戏，并进行了试玩和改进。到第六天的时候，他们向同学、老师和家长反复展示了这个游戏。观众们挤满了这座闷热的体育馆。该体育馆还是求知中学跟其他几所小型专科高中共用的。

求知中学临近曼哈顿的切尔西区，现坐落在一栋有八十五年历史的两层小楼中。这里原来曾是施特劳本-穆勒纺织高中的校舍。求知中学常被简称为"求知"，是全美国乃至全世界最能够近距离观察游戏化教学实验的地方。我在写作本书期间，但凡跟人谈起我正在写一本关于游戏和教育的书，对方都会问我有没有听说过那所"纽约的视频游戏学校"。谢天谢地，我听说过。不过，直到我在这里亲身体验了一段时间，才意识到"视频游戏学校"这个头衔可能是很多人一厢情愿的想法，实际上完全不准确。作为所谓的视频游戏学校，这里几乎见不到任何视频游戏。事实上，我从来没有在这里见过任何一个孩子玩游戏机。不过，偶尔会有一些孩子在笔记本电脑上按照自己的想法玩虚拟世界类游戏《我的世界》（Minecraft），或者在 iPad 上玩玩《数学运动》（Motion Math）。大多数时候，我看见孩子们在**动手实干**：拍摄小电影、设计服装、写研究计划、建造奇妙装置、争论桌游的规则、偶尔也会测试同学自创的障碍赛。就像很多播撒伟大观念的地方那样，求知中学的愿景及其现实，都比人们的想象要复杂得多。当然，类似多数公立学校，求知中学并非十全十美；有时候，它也显得平凡普通。但是，就像游戏设计者推崇的那种最佳游戏，求知中学有种无声无息、难以名状的推动力。它的宗旨就是捕获梦想，促其实现。一句话，这所学校是活生生的。

当孩子们迈入学校大门——其实更确切地，是走出一个个不断开闭的大电梯——他们要面对的，是一个某种程度上与现实相隔绝的世界。一块覆膜的标语牌上写着"失败可以看作迭代"。另外一块牌子上则用手写体写着"总有另一条路可走"。如果你知道，求知中学的联合创始人之一，游戏设计师和理论家凯蒂·萨伦十年前就在游戏设计师中推广了"魔圈"的概念，这些标语也就没那么难懂了。萨伦告诉我："我们希望孩子们感觉到，当他们踏入学校，就是告别了平凡世界，走进了异空间。并不是说这儿有什么魔法或奇幻，而是说，这个地方有其独特的运作规则，而学生们的部分任务就是搞懂这些规则。"[2]

事实证明，名字非常重要。学生们对老师直呼其名，而老师们教授的课程有着稀奇古怪的名字，比如《代码世界》(*Codeworlds*)、《心智运动》(*Sports for the Mind*)、《存在、空间和地点》(*Being, Space and Place*)。这些古怪的名字可能一开始显得有些矫揉造作，比如《代码世界》其实只是一门数学和英语的综合课程。但是萨伦坚称，她和学校的其他设计者们"并不是随随便便起了这些奇怪的名字。我们想表示的是，我们关于本校的这些学科的思考是相当独特的。"[3]显然，在解决大难题或协作大项目时，这些学科都是相互关联、同等重要的。不过，孩子们或许是家里唯一理解每门课程名字的重要性的人。因此当成绩单寄到家里时，或者是爸爸第五次问起这个学期的英语课上发生了什么时，孩子们必须向父母解释清楚这一切。通过这种微小却关键的方式，学生们实际上变成了专家，负责把学校的使命阐释清楚。2012 年，一名学生告诉来访者，求知中学很有趣，然而这里和其他学校最大的区别其实十分简单："这里的课堂上没人打瞌睡。"[4]

求知中学与其他普通公立中学最明显的区别，也是最吸引我的地方，是它有一项既伟大又有点疯狂的创新："任务实验室"（Mission Lab）。这是一项实验性的尝试，位于四楼一个昏暗的办公室中，有七个工作人员，包括三名全职游戏设计师和三名学习设计师（其中两人全职）。最初，他们每周在此工作五天——实际上通常是 7 天 24 小时无休地在通过短信或手机展开工作。他们帮助老师们围绕着游戏来打造课程，也帮助学生们创造自己的游戏。现在，这个团队在求知中学基本是兼职工作状态，而把更多时间用来为其他学校培训教师。本质上，他们是在把游戏设计师的"思维习惯"传授给公立学校教师，通常是靠纸面原型来开展。其中一位团队成员告诉我，这些职位是由"玩耍协会"（Institute of Play）和设计师们提供的私人资金而开设的，倾向于招募那些"酷大叔版的老师"，能跟孩子们在更为非正式的层面上展开互动。结果是，整个学校都浸润在高度创新的氛围内，老师们在这儿可以奢侈地请学生自己去探索发现勾股定理，而不是死记硬背它。

　　视频游戏的传统是游戏会越来越难，最后让人有点招架不住。萨伦等创始人沿袭了这一游戏传统，为期末设计项目设定了框架，以全面地展现学生们一年以来所发展的各项技能——"极速三球"就是一项这样的成果。许多视频游戏的难度逐渐增大，直到最后一关，玩家将遭遇 Boss（"头号大敌"）。很可能你会全无防备和预料地遭遇它。在《德军总部 3D》中，Boss 是身穿机甲的希特勒；而在一些流行的 iPad 塔防游戏的高潮阶段，Boss 会是一些身形庞大、穷凶极恶、几乎难以摧毁的怪兽，反复不停地折磨着玩家。Boss 是终极的障碍，是最大的坏蛋；如果不经历令人筋疲力尽、弹尽粮绝的最后一战，这个恶棍绝不会让你过关。当玩家与 Boss 激战正酣时，可能会觉得这场战斗简直太疯狂了；但是击败 Boss 则会让玩家有飘飘然的超越自我之感。萨伦和同事们认为,期末设计项目就是学校的"Boss 战关卡"。

在现实生活中,这只是一所中学,而且才是春季学期的开始,许多课程项目还没有给学生们带来那种超越自我的成就感。但是,正如篮球赛的变形版本一样,学生们对每一项任务都特别感兴趣,愿意花费精力去思考和动手。那天早晨去体育馆之前,我观摩了一组七年级学生的成果。他们人手一个笔记本电脑,展示的是自己在《我的世界》游戏中,设计并一砖一瓦地建造起来的排污系统电脑模型。看起来,他们自愿花费整整一星期,细致入微地勘探并重现了下水道的工作原理。在外面的学生公共区,一些女孩正在展示她们用再生材料设计的衣服。而沿着大厅往前的一个房间里,另一组学生正在播放自己制作的"伪纪录片"(mockumentary),探究了游客们对纽约的各种误解,并以此作为笑点。学生们设计了角色,穿上服装,沿着曼哈顿中城进行拍摄,拍摄路线完全是即兴的;并最终剪辑出一部 22 分钟 46 秒长度的影片。片中的一个角色信誓旦旦地向采访者保证:"时代广场在跨年夜被摧毁殆尽了,现在这个是重建的。"另一个角色则向未来的游客建议:"如果你们见到了松鼠,可别去吃它们哟。"[5]

在最初的构想中,"Boss 战关卡"本该是一年三次、一次长达两周的高强度任务,老师和学生们可以在此期间整合前十周的成果。在萨伦看来,它应该像研究生级别的研究项目那样,最终需要进行公开答辩才能通过。但是,由于来自学校内外的压力,期末任务被缩减为一年两次、每次一周。作业完成后的确需要公开展示,但是就我所见,此时学校洋溢着嘉年华般的气氛,而不是论文答辩的紧张氛围。在"极速三球"的展出期间,我同副校长埃文·克莱因在体育馆里简短聊了聊。他和我一样,也是随意走进来,在球门后找了个空地站着。我们看着学生们努力地打比赛,看着观众们沿着最靠近门的墙站成一排专心地观看比赛。尽管连计分板都没有，观众们仍然十分投入，完全能跟得上比赛节奏。我告诉克莱因，这个游戏以及其他所有的展示都非常有趣，令我印象深刻。我说，这种嘉年华般的气氛特别具有感染性。

"你知道，"克莱因说，"这可是本学期的最后一天啊。"

从篮球赛到下水道系统，求知中学的所有项目都致力于探究一个关键问题：如果我们将一个系统彻底拆解，再将其重新构建起来，会发生什么呢？事实证明，这个"解构-重构"的过程正是游戏最为擅长的地方。

早在1971年12月，明尼阿波利斯市的中学生们面对打印出来的问卷，逐项选择回答如下问题："你想吃得：（1）很差；（2）适中；（3）很好。"从那时开始，游戏就一直引导着学生积极参与所谓的系统性思考。游戏《俄勒冈之旅》摒弃了大多数学校惯用的死记硬背学习法，要求学生思考某个系统中的各个部分是怎样共同运作的、一个决定是怎样影响到另一个决定的、每件事情又是怎样影响到整体的。《俄勒冈之旅》最开始是由21岁的历史教师唐·罗维斯基（Don Rawitsch）设计的桌面游戏，而最后发展成了一个原始的电子游戏。那是在1971年秋天，罗维斯基要给一个班讲授西进运动。他并不想让学生们只是简单地读读相关的课本，但又觉得如果给学生放映约翰·韦恩[*]的相关电影，"学生们会产生错误的成见"。[6]因此，他设计了一款复杂的桌面游戏，"使用卡牌和骰子，有点类似于马车上的

---

[*] 译注：约翰·韦恩（John Wayne），以演出西部片和战争片中的硬汉而闻名。西部片是美国一个特定时代的产物，而韦恩作为西部片的代表人物，被认为是那个时代所有美国人的化身。

《龙与地下城》"。他的两名室友都是正在学习编程的数学教师,他们让罗维斯基相信,他俩可以将地图、卡牌和骰子转化为计算机代码。罗维斯基的教室旁有一个曾用作传达室的小房间,他的两名室友就坐在里边,在一台电传打字机上,用一个星期编写完了这个程序。《俄勒冈之旅》通过电话线路连接整个州的计算机网络,对于当时的年轻玩家们(如今他们都五十多岁了)来说,它的确就像个神奇的小戏法。游戏中没有什么动画,主要是文字类冒险,它是令人大开眼界的技术奇迹:教室里并没有一台真正的电脑,但却出现了一款教育类电脑游戏。

每天早晨上课前,学生们都在教室门外排起长队,争先恐后地想在电传打印机上玩几分钟《俄勒冈之旅》。这个游戏很快就有了一批忠实的粉丝,因为它栩栩如生地再现了西进运动的残酷无情。如果食物供给太少,玩家就会饥饿而死;但是如果供给太多了,就可能会压断车轴。即使做了最为周全的计划,玩家的命运也可能遭遇快速而粗暴的终结。比如,下一轮游戏开始时,玩家却从打印出来的材料里得知"你已经死于痢疾"。**游戏结束了。**

与许多早期游戏一样,《俄勒冈之旅》最初几个版本中的游戏事件非常粗糙简陋——如果想打猎,玩家只需快速输入"砰"(BANG)这个字。学生们非常喜欢这个游戏。然而罗维斯基却觉得没什么别的人会对它感兴趣,因此在 1971 年圣诞节之前,他把《俄勒冈之旅》从当地电脑系统中删除了。罗维斯基在删除游戏之前,将其代码打印在一张三英尺长的纸上,然后卷起这张纸,塞进了家中的抽屉。后来,罗维斯基去了明尼苏达教育计算机协会(MECC)工作。这是一个为州内学校提供计算机服务的州政府机构。当他的老板想要推出有创新性的软件时,罗维斯基主动找出那个纸卷,将代码打印出来了。

这个游戏很快就成为该协会最流行的产品。来到20世纪80年代，计算机终于开始走进全美国的教室，MECC也卖出了几百万份拷贝的《俄勒冈之旅》。最终，明尼苏达州将MECC剥离出来，成立了一家以营利为目的的公司。据估测，《俄勒冈之旅》的收入占据其营业额的三分之一。后来MECC及其知识产权曾卷入了一场最终失败的资产并购计划，其中也包括美泰公司（Mattel），所以芭比娃娃本来也可能会出现在《俄勒冈之旅》中。但罗维斯基及其搭档从未因这个游戏挣到一分钱。罗维斯基的室友之一，保罗·迪伦伯格曾经对记者说："我本该在哪儿拥有一座私家岛屿，但是现在只得到了一件牛仔夹克，和一份游戏的拷贝。"7

说到能影响系统性思维的游戏，《俄勒冈之旅》"前有古人、后有来者"。其实，大多数的游戏都需要这种思维。当系统性思维生效时，它是强大有力的，一群九年级学生在试玩《逐日》（Reach for the Sun）时就对此深有体会。这是一款栽种植物的科学类游戏，由威斯康辛州的"灯丝游戏"工作室（Filament Games）设计开发。在游戏中，玩家播种并培育向日葵，从一粒种子到开出花朵。秋天总是会到来，很快游戏将告知玩家："你的植物死于冬天的怀抱。""灯丝游戏"的执行制作人唐·怀特在2013年对一群游戏设计师说，学生们"超级关心他们的植物；因此当我们宣告他们的植物死了的时候，他们是真的好伤心。一次又一次，总是这样。"8

求知中学的主要创始人凯蒂·萨伦看起来绝不像是创办了公立学校的那种人。她曾是帕森设计学院的教授，也是一位拥有艺术硕士学历的游戏设计师，总有方法能让人们对她感兴趣的东西产生兴趣。她一直都在游戏和艺术两个领域跨界游走。不过，她开始关注教育改革是最近的事情。2001 年，萨伦为理查德·林克莱特的电影《半梦半醒的人生》（*Waking Life*）设计动画。2004 年，她与纽约大学的埃里克·齐默尔曼合著出版了一本在游戏设计领域具有开创性的教科书《游戏规则》（*Rules of Play*）。2006 年，她还联合创作了一件移动的装置艺术品"冰冻卡拉 OK"（Karaoke Ice）：一辆镶有霓虹灯的冰淇淋卡车在加州洛杉矶与圣何塞的街道上巡游。每到一站，都有一位穿着松鼠服装的表演者，下车分发免费冰品。等到围了一群人，"大松鼠"就打开卡车后备箱，露出一个带有绚丽迪厅灯光的卡拉 OK 小舞台，等待演唱者登台。参与者可以从一个曲库中选择歌曲，伴奏不是由乐队演奏的，而是冰淇淋卡车的数字铃音。最后，参与者可以获得一件 T 恤衫和一张印有条形码的名片，他们可以扫描数据库，下载自己演唱的数字录音。该装置艺术的创作者说，冰淇淋卡车、数据集和卡拉 OK 厅是"网络文化"的三种人所熟知的表现形式，此项目将它们变成了一场"充满活力的参与式艺术体验"[9]。"冰冻卡拉 OK"持续进行了两个夏天。

2007 年，萨伦和一些游戏设计师朋友在纽约的游戏实验室公司（Gamelab）创办了游戏研究所。她希望这个非营利组织能通过有别于商业公司的方式，"引爆游戏与玩耍的概念"。[10] "我们想要把人们对于游戏设计的看法，提升到一种文化素养的高度上来"。[11] 就像语言学家出身的视频游戏学者詹姆斯·保罗·吉一样，萨伦也想要弄清楚怎样帮助教育工作者养成游戏设计师的思维习惯，并将这种思维运用到非游戏的领域。与同行们相似的是，萨伦的父母也是教育工作者，因此她对于创办学校十分感兴趣。"这件事非常实实在在，"萨伦说，"我对理论有点厌倦了。"

当时，小说家戴夫·艾格斯（Dave Eggers）及其作家朋友们正忙着为美国各大城市的孩子们创办一个小型连锁式课外写作辅导中心。这些中心是非营利性质的，时尚而奇特。2002年，第一家中心成立于旧金山市瓦伦西亚街826号。位于中心前的海盗用品零售店帮了些忙——学生们穿过"海盗商店"，才能到达隐藏在后面的教室。此后出现了一系列类似的中心，如洛杉矶市的"回声公园时间旅行集市"、西雅图市的"绿林太空旅行用品公司"、大波士顿地区的"大脚怪研究所"（the Greater Boston Bigfoot Research Institute）。2004年，位于该组织大本营纽约市的中心也开张了，地点在纽约市公园坡道826号的"布鲁克林超级英雄用品公司"。墙上的标语牌告诉顾客："本店的管家和保卫自己决定工作时间。"这项计划正好激发了萨伦作为一名艺术硕士的敏感性——她还记得自己曾想过，如果开办一所学校的话，她就可以了解到应该如何去经营一家超级英雄用品商店了。她说："我当时的想法**真是极其**幼稚。"

但是她选择的时机堪称完美。纽约市正打开大门，计划创办八十多个全新的"创新地带"（Innovation Zone，简称 iZone）型的学校，利用科技来实现个性化教学。因此，政府官员对新点子如饥似渴。他们找到了一个改革团体"公立学校新视野"（New Visions for Public Schools）。这是个非营利组织，从1989年以来就在纽约市开展工作，已创办了一百多所小规模的新型学校。其主席罗伯特·休斯来到位于市中心的游戏研究所拜访萨伦和齐默尔曼，问他们有没有兴趣创办一所学校。

休斯告诉他们，自己读了他们那本近七百页的《游戏规则》，这让萨伦感到十分惊奇。"任何时候有人跟我说读过这本书，我知道他们一定只是翻了翻，扫了两眼其中几个章节罢了，"萨伦说，"《游戏规则》不是那种你坐下来就可以随意翻阅下去的书。"但是休斯不仅关注了这本书，还跟同事们认真地讨论了书中的内容，这让萨伦印象深刻。她说，在 2007 年的时候，"从他们的角度来说，押宝在游戏上面风险还是挺大的，要去让人们相信，游戏远不止是暴力、成瘾和浪费时间，这可是个艰难的任务"。[12]

萨伦的朋友们鼓励她开办学校，但是她自己还没能下决心。"我只是一直在说，'我们真得好好考虑这件事儿。这可是一所**学校**。这里会有好多**孩子**。这是件**大事**。'"她那时刚刚完成了《游戏星技师》（Gamestar Mechanic）的工作。这是一款能让多名玩家在线设计自己游戏的游戏，名噪一时，广受欢迎，最终还催生了两篇相关的博士论文。其中一篇论文的作者是罗伯特·托雷斯，他曾是一名校长，当时在从事设计学校的工作。萨伦向他征求意见。"我跟她说的第一句话就是'你疯了，这会是你这辈子做过的最难的事情'。"[13] 但是萨伦仍然正式地请求托雷斯帮她设计学校。

托雷斯并不确定能否实现萨伦的想法。托雷斯对我说："人们天生就会创办差劲的学校。我觉得，我们对学校的概念始终停留在十九世纪。"在 2000 年圣丹斯电影节上放映的纪录片《纽约波多黎各人之梦》（Nuyorican Dream）中，托雷斯讲述了自己的故事。他是波多黎各移民的后裔，被带来布鲁克林时还在襁褓之中。他的家人大多深陷于毒品或犯罪，他却逃过了这些劫难。他事业的开端是给五年级学生上课，当时已经是"为美国而教"组织的成员。随后他从银行街教育学院（Bank Street College of Education）获得了政策与学校管理的硕士学位。该学院推崇以儿童为中心的渐进式教育，因而在曼哈顿上西区独树一帜。到他认识萨伦时，已致力教育改革长达十五年，而且功勋卓著。托雷斯后来成为了"为美国而教"全国教职人员主席。不过到 2007 年的时候，他正在思考自己的付出是否值得。他跟我说："影响其实很小。我的感觉就像是'我们什么都没有做'，这真是让人沮丧。因此，对我来说，与游戏设计师一起工作就好像……"他想了好一会儿，接着说，"这次我想关注**孩子们**正在做些什么。同时，我也想和真正有创造力的人一起工作。"

萨伦最终决定要创办一所学校。她说："学校的规模和复杂性是最大的问题。"不过，由于他们有两年的发展时间以及麦克阿瑟基金会提供的 110 万美元研究经费，这个邀约对于托雷斯来说变得无法抗拒。托雷斯开玩笑说："通常我只能得到 5000 美元的经费和九个月的时间，用来设计一所学校。"

萨伦还见到了阿拉娜·夏皮罗，后者当时在一所私立学校教一年级和二年级，而该校当时正在试用《游戏星技师》。萨伦游说夏皮罗帮忙撰写学校的申请材料，并最终把她发展成了学校的联合主任。托雷斯的博士研究小组成员丽贝卡·卢夫-泰珀也加入了这个团队，并成为了"任务实验室"的主任。他们最早的举措之一，就是让学校对所有符合条件的学生开放。纽约拥有全国最大的城市学校系统，容纳近一百万名学生，从本质上说，几十年来一直存在种族和阶级的差异。2007 年，非裔及拉丁裔学生总共占了全市学生总数的近四分之三，不管从何角度来看，他们都是纽约市学校系统的首要服务对象。[14] 然而统计数据却显示，在最近四年内，这些学生中只有不到一半能从高中毕业。[15] 即使是那些能够顺利毕业的学生，其学校及受到的教育也与白种人和亚裔学生非常不同。例如，在上一学年中，非裔学生占了全市学生总数的近 30%。但是，纽约最顶尖的高中之一，史岱文森高中的 830 名新生中，非裔学生只有 9 名。是 9 名学生，而不是 9%。作为对比，全纽约的亚裔学生总数略多于非裔学生的一半，却在该高中新生中占了 620 个席位。[16] 求知中学最终也会成长为一所高中，一所会对纽约市第二区所有人都开放的高中——第二区包括曼哈顿下城区和中央公园所在岛屿东侧的大部分。这里将不会有入学考试或其他形式的障碍，会有刻意保持的多元化学生群体，他们在种族、地理、经济和学术水平上都有所不同。求知中学一直是纽约市最为多元化的学校之一。如果在学生入学时站在校门外，你将看到，有些学生从黄色出租车、越野车、黑色林肯城市轿车中走出，有些学生则搭乘有"地狱厨房"之称的曼哈顿西区地铁，随后步行前来。

最新研究还发现，无论什么种族或族裔，大多数孩子在学校都感到很无聊。2006 年的一项调查表明，退学的学生中只有大约三分之一自称是因为成绩不好、无法通过考试才退学。而大约半数的退学生都认为上课太没意思。超过三分之二的退学生表示自己"缺乏努力学习的动力"。81% 的退学生表示，如果有更多机会能进行"真实世界学习"，会提高他们在学的可能性。[17] 萨伦及其同事发现，当越来越多的孩子在学校心不在焉的时候，他们却越来越积极投身于数字媒体。8 到 18 岁的青少年每天平均要花 8 小时 33 分钟来使用媒体，包括音乐、游戏、电视、电影、互联网。拉丁裔青少年接触时间更长，为 8 小时 52 分钟。非裔青少年则是在媒体上消耗最多时间的群体——**每天 10 小时 10 分钟**。[18]

当时，吉和其他很多人（包括一群麻省理工学院的人）正在质疑我们有关学习的许多基本假设。他们认为，学生们或许是在学校通过考试，但却在家中进行了更深入的学习，花费好多个小时沉浸在 MySpace、脸书、《魔兽世界》、《模拟城市》之中。萨伦及另外两个麻省理工学院的研究者认为，这些消遣乍一看似乎是巨大的时间浪费，但是却"值得再深入地探究到底发生了什么"。[19] 这两位研究员分别是埃里克·克洛普弗（Eric Klopfer）和斯科特·奥斯特威尔（Scot Osterweil），后者是 1996 年推出的、风靡一时的游戏《卓穆比尼人的逻辑之旅》(*Logical Journey of the Zoombinis*) 的开发者之一。他们三人还指出，游戏玩家所持有的"游戏性的立场"，也带来一种审视学习的全新角度。他们写道："游戏玩家们不只是遵守规则，还挑战规则，常常以独特而有效的方式测试系统的极限。"而当"挑战"变成了"质疑"，就是学习进行之时。[20]

萨伦及其同事们开办的学校，围绕的是这样的学习路径："该路径来自游戏最擅长之处：让玩家沉浸在一个复杂的、质询式的问题空间，可以引发即时的学习，用数据帮助玩家去理解他们做的事情、他们还需要做什么以及前进的方向。"[21] 2008 年底，纽约市批准了学校的成立，萨伦、托雷斯等人开始寻找合适的老师。

艾尔·多伊尔在一年多之前，曾听过萨伦在市中心的一次会议演讲，当时萨伦正在向人们宣传《游戏星技师》。多伊尔在曼哈顿东区的市镇学校教授艺术和计算机图形学，当他听到萨伦对这款游戏的描述时，他被"深深打动了"。萨伦对观众说，她希望找些老师来试运营这款游戏。多伊尔和一些老师一起，走向讲台，加入了萨伦的项目。他说："作为一名艺术老师和戏剧老师，我觉得这种'你在学校也可以玩得开心、感到有趣'的观念堪称完美。"[22]

于是，多伊尔开始在午餐时间和一群六年级学生一起试玩《游戏星技师》。后来在缅因州的一次夏令营中，他被雇去开办一个数字艺术工作室，在那儿他也试运行了该游戏。"孩子们开始参与这个工作室的积极性一般，但是我一旦打算要设计游戏了，他们的兴趣立刻爆发了。"多伊尔说,"突然之间,我们不得不提前开门,让孩子们能够进入电脑实验室。接着我们又开始担心,因为孩子们逃掉了早饭,还不想吃午饭,甚至连下午的游泳都不想去了。"

2008年12月,多伊尔在分类广告网站Craigslist上看到了一则广告,为一所按照游戏原则创建的新学校招聘教师。他打算应聘,并在邮件中说自己已经对《游戏星技师》进行了九个月的测试。这所学校就是求知中学,而萨伦亲自回电子邮件邀请他来参加面试。几周之后,多伊尔来到了招聘会现场,这里看起来倒更像是在做实验。"房间里有六十个人,"他说,"一半是来找工作的,另一半则是来面试求职者的。"求知中学这次仅招聘六名老师。

2009年秋天,学校正式开张了。当时学校有多伊尔和另外五名老师,还有76名六年级学生。罗科·里纳尔迪-罗斯是其中一名学生,他此前已经申请了几所中学,但是当他听说求知中学时,立刻就觉得这里才是自己要去的地方。罗科其实并没有那么喜欢游戏,但他在五年级时就已经开始从系统的角度来思考世界了。罗科说:"一所基于系统性思考的学校应该很有趣。"我问他,身为一名五年级学生,他怎么会知道什么是系统性思考。他的父亲乔尔·罗斯无意听到了这个问题,立刻回答:"欢迎来到罗科的世界。"[23]

后来,罗科和弟弟吉奥都来到了求知中学,并为之着魔。当这里的老师们在世界建造游戏《小小大星球》(*Little Big Planet*)中赢得冠军后,罗科家买了第一台PlayStation游戏机,让兄弟俩可以在家玩这个游戏。罗科说:"它对我们影响重大,因为你想要什么,就能做出什么。"2011年《我的世界》风靡了整个学校,也迷住了罗科兄弟俩。罗科"花了很长的时间建造完全没有意义的东西——但这本身就是意义所在"。[24]他曾经花了大概六十个小时挖出了玩家能挖出的最深的洞——他只不过是一直挖，直到游戏不允许再挖得更深为止。然后，他在洞外造了一个巨大的梯子，邀请他的朋友们将虚拟化身跳进这个深渊。每跳一次，罗科可以收取 5 元"我的世界币"。

正如吉那本出版于 2003 年的著作标题——《关于学习和读写素养，视频游戏不得不教给我们的东西》——听说过求知中学的人都希望它是所"视频游戏学校"，即使他们自己其实并不太明白这意味着什么。许多人申请来参观，但只有少数人获得批准。萨伦告诉我，五年之后，仍有约三分之二的参观者以为自己会在此看到孩子们玩视频游戏。有些人很兴奋，但是大多数人还是"害怕看到他们即将看到的一切——他们清楚地预见，这所学校糟透了"。亲眼看过之后，参观者们如释重负，大多数游戏都是在纸上、正方形硬纸板或是自制卡牌上进行的，或者存在于孩子们的头脑之中，如"极速三球"。萨伦说，对那些**希望**孩子们会一直抓着游戏手柄的人，"我们带着他们完成了一趟思维转变之旅——他们本以为孩子们会坐在电脑屏幕前玩《光环》，但后来发现孩子们在围绕某个卡牌游戏展开协作，并学习如何叙述和表达观点"。[25]

问题部分出自信息的传达。求知中学的第一个投资者，也是迄今为止最主要的投资者，是麦克阿瑟基金会。它已经花费了大约 8000 万美元来推广学校、博物馆、图书馆的数字媒体实验。出于想投身于这系列实验的急切之情，萨伦及其同事在 2009 年将求知中学称为"数码孩子的学校"。这在当时是合乎逻辑的。那时每个人都在谈论"数字原住民"（digital natives），游戏与学习领域的很多活跃分子都恨不得能把传统学校系统连根拔除。2010 年 9 月，求知中学迎来了首次重大媒体曝光。《纽约时报杂志》刊登了一则关于求知中学的长篇封面报道，在巨大的封面照片上，三个六年级女孩正全神贯注地紧握视频游戏手柄。这篇报道认为,"宽带和永远在线的技术浪潮推动了世界的发展"可以作为该校的组织原则。"如果人们并不是以我们熟知的方式看待学校,而是把它看作孩子们梦寐以求的那样:一个超大、超好玩的视频游戏,将会怎样呢?"[26] 从此,求知中学摒弃了"数码孩子的学校"的口号,代之以更为平淡的主张:"我们给予学生挑战,让他们发明自己的未来。"

对于漫不经心的观察者来说,最神奇的是,该校的老师和游戏设计师能通过简单的桌面游戏、卡牌游戏等等,让那么多的观念和思想得到学生们的理解。而这些游戏中有许多都只是毫不羞愧地抄袭了已有的游戏作品,或者将他们在别的课程中创造的游戏拿来改头换面。看起来骰子和泡沫芯几乎无处不在。学校还花费了巨大的精力,向家庭强调这个世界是被建构的场所,由许多协同工作的系统组成,需要人们继续建构其未来的形态。每年,学校向六年级学生发起挑战,要求大家建造一台鲁布·戈德堡(Rube Goldberg)式的机器——即一个用来执行简单任务的复杂系统。这个项目既锻炼系统思维,也促进团队建设。指导老师雷切尔·瓦隆说,在她带领的顾问小组(也被称为基地)中,有个学生"总是在说他觉得正是因为鲁布·戈德堡机器,我们才能真正团结协作,成为一个基地"。[27]

很快你就会明白,其实具体的游戏并没有最初看上去那么重要。设计师苏拉·欧利希说,最好的游戏是那些灵活易变、富于弹性的,这样老师们可以把它们改头换面,运用在任何课程的教学中。苏拉说:"而且最好的游戏还必须简单,以便老师们迅速地掌握并开始游戏——他们并不需要花费一整节课的时间去解释游戏规则。"[28] 例如,《彩块说》(*Block Talk*)的最初版本是一个二人游戏:要求一个玩家向另一个玩家描述怎样堆叠一系列彩色方块,以形成一幅图片中的构型。第二个玩家必须按照描述操作，而且保持沉默。这就使得压力落在了第一个玩家肩上，他的描述必须精确无误。老师们通过改造这个游戏来讲解各种知识点，比如网格、几何、制图、西班牙语中各种食物的名称等等。

更为神奇的是，在此工作的大部分人，包括教师、设计师、行政管理人员，他们来求知中学应聘之前，都没有接受过游戏设计方面的正式训练，甚至压根没想过这方面的内容。在2009年的一场招聘会上，艾丽西亚·伊安努奇看到了求知中学那巨大的橙色标志（这个标志最近也被弃用了）。她当时刚从长岛的阿德菲大学获得了硕士学位，不想再回到她成长的地方，纽约西部的农村。伊安努奇还记得，自己以前从没听说过基于游戏的学习，当听到萨伦主张儿童在"需要了解"的基础上能够最好地吸收信息，她深以为然，而且觉得对学生和成人都是如此。她说："如果我知道**为什么要这么做**，我就能够继续做下去了。"[29] 出身数学专业的她是个"超级学霸"，从小就热爱学校，是求知中学"代码世界"课程的首任教师，到本书写作时仍在该校工作。

多伊尔也是学校的首批教师之一，但他工作了一年之后便离开了，因为实在是讨厌课堂上行为不端的孩子。他说："那个时候，这里的情况就是不合我的脾气。"但是他并不遗憾，很快就在一所私立学校找到了教职。"由于在求知中学的经历，我的教学发生了完完全全的、不可逆转的改变。"多伊尔说，"大多数学校所谓的创新或是开创性教学法，其实无非是些无意义的老调重弹。众所周知，真正的创新十分罕见，且伴随着风险。风险是创新的一部分。你得从失败中学习。尝试新东西，不可能事事奏效。但你如果把创新打造成了模式，就已经做好了准备去克服各种小问题了。"换言之，失败可以看作迭代。

就像所有新生事物一样，求知中学在创办的头几年经历了各种波折与混乱。第一任校长曾经说服十几个家庭尝试报名入学，自己却在第一学年开始两周时就辞了职。有少数家长担心孩子行为不良、成绩低下，以至无法升入优等公立高中，于是在一两年内退学转走了。罗科和吉奥的父亲罗斯说："孩子学到了很多东西，比报名时所预想的要好得多，很多家长都对此感到非常惊讶。不过的确也有过令人十分焦虑的时刻。"[30] 身为小说家和漫画家的罗斯，认为两个儿子都在求知中学中收获了成长与进步。他当选了该校"家长与教师协会"（PTA）的第一任主席，这让包括他自己在内的每个人都大吃一惊。即便是对那些担忧的家长，有一些指标仍然能说明求知中学走在正确的道路上：从2011年起，求知中学的学生连续三年拿下了纽约市奥数竞赛的冠军。2012年9月，该校创办满三年，纽约大学研究者开展的一项评估发现，90%的家长相信该校"对他们的孩子有很高的期望"。87%的家长认为孩子正在"学习高中及高中毕业后应具备的知识"。[31]

在决定大多数市区学校存亡的典型教育指标上，求知中学从不显得多么出色。虽然教职人员中很多都是硕士或博士，而且还拥有一间私人基金支持的研发实验室，但是求知中学在标准化测试中的分数只能算是说得过去。"我们知道孩子们需要在考试中拿一个还不错的成绩，"萨伦说，"但是我们绝对不要求孩子们考得非常好。事实上，如果我们学校在分数上成为顶尖，这意味着我们没有达到预期目标。"

学校的联合主任夏皮罗认为，考试"是件**超级重要**的事情，也是一场持续的奋斗。"她说："对父母、对老师来说，考试都是一场持续的奋斗。如果老师们正在讲授标准化的课程，那么他们多半会花三个月的时间帮助孩子们去准备应试——但是我们不会**让**学生们准备三个月的。相信我们吧——孩子们会考得还不错。"对伊安努齐来说，她每年只需花一天的时间讲授应试技巧，因为学生们在进入求知中学那天之前，已经将其整个学习生涯都用来担忧考试了。"真的，我只需要问问他们'关于考试，你们都知道些什么？'"他们通常已经知道了需要知道的所有东西。

尽管求知中学仍然属于纽约市的"创新区"学校之一，但它其实在一个"中间地带"运转——一面是学校自身的梦想，一面是城市学校系统的残酷现实。在今年六月"Boss战关卡"任务展示的第一个早晨，一些教室的窗户上贴着标语，让参观者知道，求知中学的学生同其他学校的学生一样参加了州统考。虽然学校已经在教学的所有环节中都嵌入了测试评估，还是不得不牺牲它的学生们——在每年春天参加来自外界的考试。

罗斯说，即使学校遭遇了各种挫折，有一些混乱，但他的两个儿子却仍在此"通过最非同凡响、卓有成效的方式"发展了心智。他说他有时仍担心孩子们是不是该接受些更传统的教育，"但是我妻子经常宽慰我，让我的担心悬崖勒马"。罗斯说，关于学校的工作完成得有多么棒，他能掌握的最有力的指标，其实是在傍晚及黄昏的时候，他的儿子们和同学在一起"总是在谈论学校里的事情"。[32]

纽约大学的理查德·阿鲁姆在求知中学里花了近两年的时间，他和他的研究团队得出了令家长满意的发现。他告诉我，他看到了"一所成功学校的坚实证据"。求知中学比纽约市的其他中学更能留得住老师，而且考试成绩也在稳步提升。

阿鲁姆说，他在纽约大学教育学院的同事中，许多已为人父母的"都在积极考虑要把孩子送进求知中学"。我问他如果是在两三年以前，他们是否还会这么考虑。他的回答颇为外交辞令："公平地说，专业的教育工作者会非常谨慎地考虑，要不要把自己的孩子送进还处在初创阶段的学校。"[33] "任务实验室"主任丽贝卡·卢夫-泰珀认为，近五年来最重要的变化之一就是，游戏设计师和教师们互相学习到了许多东西。她说："在共事一段时间之后，他们有点儿难分彼此了。"老师们自己设计游戏，设计师们则渴望有机会站上讲台。"此时，我们才觉得一切都稳定下来了。"[34]

孩子们在进行体育比赛时，观众一边看比赛，一边总会随便聊聊，谈话内容通常不外乎是类似"为什么我的孩子没上场比赛"这样的问题。当"极速三球"在体育馆进行展示期间，我与副校长埃文·克莱因就进行了一场这样的闲谈。不过，我俩的孩子都没参加这比赛，因此我们就边看边点评起这个游戏。我对游戏的复杂性感到有点好笑，也很佩服其野心——它一看就像是13岁男孩所设计出来的那种大热门游戏。作为一个生活永远按照时间表规划好的人士，克莱因很喜欢这个想法："极速三球"不计时，赢得胜利所需的分数由双方协商而来。因此这个游戏既可以是随时可玩、速战速决的运动，也能成为一场艰苦耗时的持久战。

在比赛进程中，我注意到，即便是那些从自愿参赛的观众中挑选出来的新选手，最终也会发现，他们只要徘徊在球门区并阻挡对手传球，就能有效地防止对手得到分值为7的触地得分。于是，当我看到守门员站在网前几英尺的地方，无所事事地等待着投来或踢来的球时，便考虑如果某一方效仿曲棍球的玩法，让守门员也投入进攻，就能够获得优势，因为无人防守的球门顶多让你失掉两分。我突然冒出了一股原始的冲动，想向守门员大喊："别干这份注定失败的活儿了，孩子！快**行动**起来吧！"

观看比赛让我想到改良派教育家和理论家赫伯特·科尔。他在数字时代来临前就在教学中推广了游戏的使用。他在 1974 年写道，曾看到一名实习教师在训斥一群孩子，因为他们在玩一种修改版国际象棋，仅仅轻微改变了一点儿规则。"他指出，国际象棋只有一种玩法。如果他们不按照规则玩，他们就不能成为'真正的'棋手。"其中一个孩子机灵地对实习教师说，她不想成为真正的棋手，而只是好奇，如果他们改变了规则会发生些什么。35

那一天，我看完了"极速三球"的展示，意外地发现自己竟陷入了沉思。我离开学校，漫步在第八大道，思考着跟规则有关的事儿。我觉得，十四名运动员有点多，挤满了场地。为什么不选择十个人呢？八个人又如何？是否可以不像篮球比赛那样采用罚球，而是像曲棍球比赛一样设置禁区和集中攻势？如果用一个大一点的球呢？如果同时玩**两个球**呢？

我突然发现，尽管我已人到中年、思维迟钝，但是我仍然积极投身于系统性思考。而且，尽管一切还只是假想，但为了实现我所设计的"极速三球"游戏版本，我正在为团队合作做出思想准备。我的脑海中轻而易举地浮现了一场虚构的中场对话——如果我想尝试自己那些疯狂的想法，我将不得不说服那些满身是汗的 14 岁七年级生听听我的解释。他们会合作么？他们会不会听我说？如果他们不听怎么办？如果有人建议用**三个球**呢？我会让步，还是坚持己见呢？我们怎么才能知道，到底是用两个球好还是三个球好？**谁可以做决定？**

我突然顿悟了：通过最为普通、并非数字的方式，求知中学达到了自己的核心目标。"极速三球"看上去只是一个简单的篮球游戏小样，事实上却隐晦地体现了学生之间的熟悉程度，是一件由学生自发创建的公共艺术。它跟萨伦的卡拉 OK 冰淇淋卡车如出一辙。萨伦曾经解释过求知中学的基本理念，她写道："游戏设计师在可能性的空间中纵横往来。"³⁶ 这个热火朝天的七层楼上的体育馆，从实践的角度来讲就是这样的可能性的空间。在我们自己的生活中，究竟已经观看过和打过几百几千场篮球赛？但我们却从未思考过篮球比赛规则。跟普通的篮球比赛不一样，观众不可能仅仅停留于观看"极速三球"。你自然而然地、几乎是出于本能地，就想插上一手，去改变规则。通过简单地打乱规则，并广邀观众来看看这纠结混乱的后果，求知中学就做到了真正具有颠覆意味的事情。我们匮乏的想象力受到了鞭策，我们懒惰的假设分析能力得到了锻炼。在短短一瞬间，它就让我们全部变身为游戏设计师。

第七章 "我不擅长数学，但我的化身很擅长"

一位颠覆性的郊区老师如何用《魔兽世界》来教人文学科

2005 年 8 月，梅根·德亚纳在拜访她母亲和继父在新泽西的家时，"打了一张内疚的感情牌"，让她妈妈佩吉·纽博格·希伊在《第二人生》中注册了一个账号。这个虚拟世界刚刚开辟了一个"青少年区"，而在游戏中名为 Coreina Grace 的德亚纳刚刚在林登实验室找到了工作。林登实验室位于旧金山，是《第二人生》的开发企业。希伊当时 51 岁，离过两次婚，是纽约郊区罗克兰县莎芬中学的图书馆信息专员。一开始她被《第二人生》的界面弄得有些迷糊，但德亚纳帮她创建了一个在线角色，一个虚拟化身，还起了个网名叫"玛吉·马拉特"。和希伊相似的是，玛吉身材瘦削，一头红发中掺有金色发绺，戴着黑框眼镜。

随后德亚纳返回了纽约州北部的纽约州立大学科特兰分校，她正在那读教育学的研究生，回程的路要开三小时的车。而希伊则退出了系统，老实说，她还是感觉一头雾水。三小时以后，德亚纳打来电话，让妈妈重新上线。德亚纳找到了"玛吉"，将她瞬间传送到了另一个地方，那是德亚纳和一些朋友经常闲逛的地方。德亚纳带希伊参观了这里。希伊惊呆了。这些人都是谁？他们在这个奇怪的地方干什么呢？他们的名字都很奇怪，而每个人都英俊漂亮，热情好客，看不出身份特征。

希伊说:"我不由自主地用上了老师的目光来审视这一切。"[1]

那天,德亚纳向母亲介绍了"一个精灵般可爱的女孩",她名叫杰德·莉莉,是一个娇小的金发女郎。希伊通过游戏界面上的即时通讯功能告诉莉莉,她喜欢莉莉的衣服、麻花辫以及装扮风格。希伊还坦白自己在此有点不知所措。杰德回应道:"我带你去购物吧。来吧,咱们走。"于是她们两人就一起溜走了。杰德在玛吉的账户中存了50元"林登币"——也就是游戏中的通货,并给她演示如何购买其他款式的发型。更重要的是,她向这个新手展示了怎样将新发型固定在头顶——在2005年夏天,这对新用户来说还是个挺复杂的过程,不容易掌握。她们一下就成为了亲密的朋友,聊着衣服、工作、发型、人际关系等等。"我记得自己把她当成了新的闺蜜,对她无话不说,"希伊说,"我们整天聊着女生的话题。"

那年11月,母女俩参加了在纽约举行的第一届《第二人生》成员现场见面会。其实这次会议更像一次派对,在曼哈顿一个拥挤的酒吧中举办。希伊当时已然确信《第二人生》可以给教学带来革命,于是她把网站创始人菲利普·罗斯代尔(Philip Rosedale)堵在角落里聊,发誓说她有朝一日会在游戏里创办一所学校。希伊回忆说,来自教师世家的罗斯代尔对此十分感兴趣。后来,希伊和女儿坐在桌子旁边聊天,德亚纳抬起头来张望一下说:"杰德在那边。"

在哪里? 希伊环顾四周,没有任何一个人像线上世界里的那个金发小精灵。但是,她正后方站着一个身材魁梧的年轻男子,身穿蓝色牛仔裤,眼神和蔼,一头金色短发。德亚纳已经起身和他交谈了,两人还笑了起来。德亚纳转向希伊,对她说:"妈妈,这是基思·莫里斯。基思就是杰德。杰德就是基思。"

莫里斯是一名23岁的研究生,住在北卡罗来纳州。他在《第二人生》担任美国癌症协会的志愿者，帮这个组织在虚拟世界中募集善款。"他坐下来，我试着在脑海里整理我们有过的谈话，"希伊说，"比如，'我对这家伙都**说过**些什么？'"事实证明，"基思 / 杰德"这样的两位一体并不少见。2005 年，斯坦福大学研究者尼克·伊（Nick Yee）调查了上千名玩家，发现"性别扭曲"在网络世界十分普遍，在男性玩家中尤其如此。根据伊的计算，一般来说，玩家如果在《魔兽世界》中呆上一天，遇见一名由男性扮演的女性角色的几率要高于 50%。[2] 希伊问莫里斯为什么要在《第二人生》中扮演一个女性。莫里斯告诉他："因为我可以。"

没过多久，德亚纳就向妈妈宣布她和莫里斯在交往。三年之后，他们在真实世界中的北卡罗来纳州订婚了，并很快结婚。因此，希伊有机会更好地了解莫里斯。她称莫里斯为"一位优雅、贴心、温柔的男士"，并且拿"女婿杰德"开玩笑，说，"我们是朋友，在他成为我女婿之前我们就是朋友，我们是同龄人。"

这段经历让希伊开始思考化身的力量，化身就是网络世界中玩家自创并自定义的角色。她想，如果基思·莫里斯可以是杰德·莉莉，那么她的学生们可以是谁——或是什么呢？她记得心理学家埃里克·埃里克森（Erik Erickson）说过一句关于青少年的箴言：青少年需要一种"心理社会性延缓"（psychosocial moratorium），也就是一个环境、一段时间；他们可以在其中探索自我人格的方方面面，尝试一系列的身份认同，不用害怕，不承担后果。从某种意义上，这正是学校应该提供的，但许多学校都做不到。希伊意识到，这正是虚拟世界始终在向任何人提供的东西，只要你有台连上互联网的电脑就能获得。她想，也许每个学生都应该有一个化身。

"化身"（Avatar）的名词由来已久，最初来自梵文中表示"显化肉身"（incarnation）的词语。这个词起源于宗教——长久以来，画师们都用毗湿奴（Vishnu）的十个化身来代表这位印度教神灵。在视频游戏领域，1985年的游戏《创世纪4》（Ultima IV）[3]第一次使用了这个词，但其采纳的基本理念较为古旧，就像这个游戏本身那样。玩家在游戏过程中始终用物理占位符来代表自己——就像《大富翁》游戏开局时玩家们所选择的白蜡小雕像。早期的视频游戏使用的都是简单形状，通常只是闪烁光标的变体。《吃豆人》（Pac-Man）的第一款美版街机游戏原本叫做"Puck-Man"，但是其日本制造商担心有些恶作剧的家伙会将字母"P"改成"F"，因此把游戏名改成了现在的样子。[4]

　　随着家用游戏机和台式电脑的出现，电子游戏变得越来越复杂。开发者很快意识到，玩家会花费很长的时间与游戏互动，与他们的游戏化身互动。那为什么不让这种互动关系变得更为个性化呢？于是，游戏开发者们开始为玩家提供自定义和不断升级化身的机会，这种现象在角色扮演类网络游戏和在线虚拟世界中表现得最为完美。最近，像脸书这样的社交网站允许其用户创建编制个人资料，精心选择和组织照片、视频、音乐、游戏、爱好、笑话、格言等，为自己设计出一个看似漫不经心实际是完美打磨出来的形象。研究者雪莉·特克曾经将这种现象称为"处心积虑的满不在乎"。[5]一名16岁的少年告诉特克，在线化身就像"自我的一场表演"，是一种理想人格，是你选择传递给世界的"网上小小双胞胎"。[6]希伊意识到，学生运用化身，能够享受到匿名的伪装，成为他想成为的任何人，就像基思那样。

　　詹姆斯·保罗·吉的第一本畅销书《关于学习和读写素养，视频游戏不得不教给我们的东西》于2003年刚刚面世。当时有些老师正在讨论，他这本书里把埃里克森的"心理社会性延缓"运用到了游戏世界中。吉写道，不论学生们是否乐意，学校的本质其实就是一个让学生们创造身份认同的地方。在最初的时候，老师或许想让学生们表现得像科学家；而随后的几节课，其他老师又会让学生们表现得像历史学家、记者或是音乐家一样。吉认为，这种策略并不总是奏效，但是如果做得好，力量会非常强大："教室中的学生们只要能让某个投影式身份承担起学习任务，奇迹就会出现。学生们会意识到，在某种程度上，他/她**有能力**承担这个虚拟身份，就如同承担自己在现实世界中的身份那样。"[7] 在由许多教育水平高的富裕家庭构成的社区中，学校教育进展得顺利、有效得多，其原因之一是，这些家庭的孩子们从小就习惯性地将自己想象成科学家、历史学家或是音乐家。而出身于那些并无此类期待的家庭的孩子，其身份想象就要困难许多。

受过良好教育的家长跟其他家长不同，前者会采用社会学家安妮特·拉赫所谓的"协作培养"方式来与孩子交谈和互动。拉赫写道，在这些家庭中，由父母安排筹划的活动主导了孩子的生活。这些活动赋予孩子们一种"强烈的权利意识"，引导他们去质疑成人，并且"相对平等地称呼他们"。相比之下，在许多工人阶级家庭中，父母只是告诉孩子们要做什么，但并不安排多少活动。因为学校的实质使命就是协作培养，因此对此不适应的孩子们在学校等地方"可能会产生一种疏远、怀疑、约束的感觉"。[8]

那年春天，希伊会见了她所在学区的督导罗伯特·麦克诺顿，并用一份PPT演示文稿向其陈述了自己想在《第二人生》中创办一所学校的计划。她为麦克诺顿创建了一个网络化身，带着他快速参观了这个虚拟世界。她还记得，麦克诺顿十分耐心地倾听她的陈述。"我讲完之后，他看着我说：'我上一次这么困惑还是学微积分的时候，但是我相信你。放手干吧，然后告诉我你学到了什么。'"[9]

希伊在《第二人生》的"青少年区"租了三座岛屿，学校由此诞生了。她为400名八年级生创建了账号，并以学区督导办公室所在的罗克兰郡希尔伯恩村之名，将每个学生的姓氏定为"希尔伯恩"。第二年，希伊在林登实验室的准许下，由其特殊安排，将一批六、七年级学生"偷渡"进了《第二人生》。因为这些孩子年龄太小，没达到网站规定用户年龄的下限13岁。实际上希伊与林登实验室达成了一个口头保密协议，承诺不论是谁问她学生的年龄，她都会避而不答或者直接撒谎。

有关这所奇特学校的消息在教师中传得很快；不久，全国各地很多同行都在考虑加入了。接下来的五年中，4500名学生及几百名老师来到了《第二人生》，通过控制角色化身、完成基于项目的任务，进行了大量的学校教学。"青少年区"的三个岛屿增加到了六个。与希伊同学校的一名英文老师在讲授《人鼠之间》一课时，在游戏中为莱尼进行了一场模拟审判。一名健康课老师利用《第二人生》的"性别扭曲"功能，设计了一个有关身体形象的单元，要求学生们去设计与自己不同性别的理想身体应该是什么样的。这个网站允许瞬间转换性别，只需点击某个按钮就行。在希伊的帮助下，一名社会研究课教师在此重建了埃利斯岛*，让班上一半的同学扮演移民，另一半则扮演移民局官员。第一天，他发现，扮演官员的学生提出了尖锐的问题，拒绝了大概三分之一的移民。第二天，双方角色互换，之前曾扮演移民的学生，给予了95%的"移民"准入的资格。"学生们产生了同理心，"希伊说，"这是唯一的解释。"[10]

---

* 译注：埃利斯岛（Ellis Island）是位于美国纽约州纽约港内的一个岛屿，与自由女神像的所在地自由岛相邻。埃利斯岛在1892年到1954年间是移民管理局的所在地，曾有超过1200万移民在这里踏上美国的土地，进行身体检查和接受移民官的询问。

第七章 "我不擅长数学，但我的化身很擅长"

一名数学教师在教学生平衡收支时，在一座岛屿上建了一个跳蚤市场，安排了一场海滩派对。在购物狂欢结束后，只有预留出足够钱来买船票的学生才算过关。后来，一位老师眼含热泪地对希伊说，她的一名六年级学生患有选择性失语症，自从二年级以后就没在课堂上开口说过话，刚刚却在课上主持了一场讨论。另有一回，希伊收到了一名学生写来的字条，上面写着："我不擅长数学，但我的化身擅长。"

难以置信的是，让孩子们在虚拟世界中自由互动，有助于他们更积极地参与到现实的学校生活中。希伊说："不断有老师来向我报告，'我的每个学生都在积极参与。'"这是有道理的。斯坦福大学的研究者伊从几年前就在研究虚拟世界，他发现化身的物理外貌十分重要，能够影响包括化身主人在内的所有人。比如，化身越有魅力，就越倾向于和他人关系更亲密；高个子的化身比矮个子的化身，在与人谈判时会更加硬气。[11] 在另一项研究中，纽约大学的研究者哈尔·赫斯菲尔德和人称"虚拟杀人鲸"的斯坦福大学虚拟现实专家杰瑞米·贝伦森，让被试者戴上电子目镜，探索一个虚拟场景，其中有一面镜子。当他们盯着镜子看时，有一半的被试者看到的是他们正常的影像，但是另一半看到的是用数字化的方法变老的自己，"有眼袋、银发，下巴上都是赘肉"。随后被试者将被问起，如果得到1000美元会怎么做。比起看到正常影像的被试者，看到老年影像的被试者为自己的退休生涯储蓄的钱几乎翻倍。[12] 伊和贝伦森以会变形的希腊神祇之名，将之命名为"普罗透斯效应"（the Proteus Effect）。[13]

孩子们好奇心很强，基本上都知道彼此的网名。因此实际上《第二人生》并没有在现实中赋予学生们匿名性。不过，仅仅是他们的在线协作行为，就能够引发现实生活中偏见的消除。这个游戏是一块数字化的清白石板。"他们可以进入游戏，不带有学校里的陈规陋习和小圈子。谁穿着霍利斯特品牌的衣服、谁坐小巴来上学、谁是足球队成员，这些都不存在了。"希伊发现，在网上最受崇拜的其实是那些最有帮助、能作出指导的孩子。"他们已经建立了知名度：哦，去问那个谁和谁吧，他们在这方面挺行的。"

在 2010 年，林登实验室突然关闭了青少年区，并不再向教师提供五折优惠。一夜之间，六座岛屿的租金也从每月 1500 美元涨至 3000 美元。希伊和她的小组只好开始寻找其他虚拟空间。那年夏天，她遇见了一名来自北卡罗莱纳州的教师卢卡斯·吉利斯皮。吉利斯皮以约瑟夫·坎贝尔提出的"英雄之旅"（Hero's Journey）为基础，刚刚开发了一门语言艺术课程。所谓"英雄之旅"是一种叙事模式，是构成许多史诗的基础，现在也逐渐成为许多现代小说和电影剧本的基础。吉利斯皮在《魔兽世界》中开设了这门课程。希伊早在 2007 年就开始玩《魔兽世界》了，还帮助成立了一个教育者的游戏公会。该公会有 500 多个成员，命名为"认知失调"（Cognitive Dissonance）。这个名字有点开玩笑的意思，因为这个心理学术语解释的是人们如何能够让两个相互矛盾的概念在头脑中并存。心理学家里昂·费斯廷格于 1957 年首次提出了这个概念。费斯廷格参观了一个宗教团体的世界末日祭祀仪式，其成员们静坐了一个通宵，但其末日预言却未成真。面对这样的结果，教团领袖很快宣称正是因为他们静坐了一夜等待毁灭，神明才宽恕了世界。"对于认知失调，这是一个适当的、甚至是优雅的解释，"费斯廷格写道，"灭世灾难已被消除。小小的团体静坐整夜，播撒了如许光明，以至于神明将世界从毁灭中拯救了出来。"[14] 希伊最终还说服了她的校长加入这个公会。

那年九月，希伊和几个学生创办了一个《魔兽世界》的课外活动小组。后来，她所在的学区取消了大部分的课外活动，但她告诉上级自己并不打算停止。如果反对无薪课外工作的教师工会问起呢？希伊告诉校长，他可以跟他们说，她只不过是在图书馆里为学生们提供些"额外帮助"。没有人会费事儿去检查他们每天放学后究竟在图书馆的朦胧灯火下做什么。每天两小时，每周四天，这个活动全年无休地进行。

2011年春天，我听说了希伊在《第二人生》和《魔兽世界》中的实验，于是前来拜访。这位老师十分热爱学生，也坚信他们具有潜能；因此我希望能够近距离地接触她的日常工作。但令我相当意外的是，她几乎完全不理会他人对学校看起来应该是什么样子以及应该如何开展教育的期待。像"不让一个孩子掉队"和"争创一流"（Race to the Top）这样基于标准的强制性指令让许多教育工作者感到很痛苦。希伊也是如此，看到学生们不得不忍受基本技能测试和无可避免的应试准备，已经忍无可忍。"我们已经迷失了方向，"有天放学后她跟我说，"我们完全迷路了。现在是在舍本逐末，买椟还珠。我们需要把关注点重新放在孩子身上，放在这些独一无二的人类个体身上。他们的兴趣是什么？他们的激情在哪里？"她认为，公立学校长期以来在进行的，其实是"力争下游"：为了遵从毫无意义的标准，把课程体系变得越来越狭隘，这并不符合任何人的意图，至少不符合孩子们的意图。"如果我们想要为每个孩子打下坚实的知识基础，这个教育体系看起来曾经是有效的，因为它基于工业时代的美国，所做的事情是：'让他们列队，喂给他们事实，打开他们的脑袋，将知识灌输进去，再关上他们的脑袋，让他们不断反刍。'但如今我们并不再需要去制造那些进工厂工作的孩子了。我们现在要培养的是思想者。我们要产出快乐而有创造力的个体,他/她将走向成功的人生,并成为有所贡献的社会成员。对我来说,成为人生赢家的因素之一就是要过得开心,而只有做自己喜欢的事,才能过得开心。但我们却没有给孩子们提供相应的基础。"

同样令人沮丧的是,希伊在图书馆工作,她与学生共度的时间十分有限。尽管学生们正在接受填鸭式教育,她还在努力寻找一种方法,帮助他们发挥自己的潜能。希伊说,"我们不能让分数掌控课程体系。因为只有让学生们接触到莫扎特、古代历史或是勾股定理,他们才可能发掘自己的爱好。我们必须要摒弃这种'一刀切'的教育方法。我不喜欢发牢骚,我的做法是,如果发现了问题,就去解决它。"我向她指出,在她的同事之中她似乎是个异类,很多老师只是想教给孩子们参与全球竞争所需的技能。毕竟,许多人——尤其是郊区居民——对于现状还是挺满意的,觉得安逸舒适。

她恶狠狠地看着我说:"孩子们可不这么想!"

在希伊所能回忆起的童年里,她一直觉得学校生活很无聊。她在纽约的莱维顿长大,在战后,那里最初是板房区。但是,希伊很少回想起那些千篇一律的房子,想得更多的是房子周围的自然景色——在20世纪50年代,长岛的郊区还有很多土地保留着原生态。在幼儿园的时候,老师就惩罚淘气的她坐到钢琴底下去。"下坡路就是从这里开始的。"

在她的成绩单上,总是出现一些看似善意的评语:"她的表现与能力不符。"[15] 她行为出格,像班里的小丑,因为愚蠢的错误受到老师的训斥。上高中时,她发现,自己更喜欢爬出学校的栅栏,走到旺托州公路旁,搭一辆便车到海滩,"带着冲浪板,有时也带着吉他或

第七章 "我不擅长数学，但我的化身很擅长"

者狗"。那时和现在一样，希伊是个大嗓门儿。因此，虽然没人鼓励她去参加专业的课程，她还是自学了唱歌和弹吉他。"我感觉自己陷入了困境，"她说，"而且我**知道**困境在哪。"高三那年的一月份，她决定不要毕业证书了，而要成为一名音乐家。于是希伊退学了，并开始了长达三十年的歌手兼歌曲创作者的职业生涯。她一开始是一个人演出，然后加入了一个名为"漫游者"的民谣蓝调三人组合，在20世纪70年代进行了数百场顶级演出。后来，这个组合又变成了一个十二人乐队。如果大纽约地区的成人礼和婚礼流程一直不变的话，乐队的生意会很稳定。

但是，快四十岁的时候，希伊开始感到有点不安。她既没有健康保险，也没有退休计划。于是她决定重返学校，找一份白领的工作。在帝国州立学院的面试房间内（该学院是纽约州立大学专门为在职成年人教育而创办的），一位被指派给她做导师的教授问希伊，想要从事什么样的工作。她回答说："我不知道。我只知道我不会为了挣钱而让自己夜里无法安然入睡。"她不想去销售房地产，也不想坐办公室。她受不了"机械性的工作"，受不了无聊。她说："我需要感觉到自己在做一些不一样的事情。"

"你当老师正合适，"教授回答她道，"你不**知道**自己适合当老师么？"

2011年5月的一个下午，我来到了希伊的领地边缘。垂下所有帷幕的图书馆中，一张桌子上堆满了书包，来自不同文化背景的学生们陆陆续续地走进来，包括仍然在读和已经毕业的莎芬中学的学生。他们找到座位坐下，准备开始游戏。希伊告诉我，有几个学生是在中学时加入的，但毕业后仍想方设法地继续参加活动。显然，从我踏足《魔兽世界》俱乐部的那一刻起，丰富多彩、非同寻常的事情一直在发生。在火球、斧头和阔剑之中，孩子们正在解决后勤问题，一边思考一边商议着"英雄之旅"，并在不知不觉中铸就了友谊。有两名学生是去年秋天加入的，刚开始还不会说英语；但在玩了几周的游戏后，他们的英语能力有了显著进步。一个名叫奥斯丁的学生告诉我，这个俱乐部能够让大家紧密团结。"你和队友们的关系越来越紧密，"他说，"这有助于提升社交能力。所以当有人笑话游戏玩家不懂社交时，总是让我发笑。玩家们只不过是不跟*你*社交而已。"

威斯康辛大学的研究者康斯坦斯·斯泰因库伊勒在 2008 年研究了《魔兽世界》玩家的讨论区，发现其中 86% 的对话可以看成是"社会知识的建构"。这种建构以认知的集体发展为基础，通常是通过共同解决问题或者辩论实现。她还发现，"论坛中的绝大多数对话，都是在通过讨论、知识共享或辩论来解决问题"。换言之，《魔兽世界》玩家的所作所为与科学家是相似的——只不过是在自己的空闲时间里，和另一些大概不是科学家的虚拟朋友们一起。只有 8% 的讨论贴是"一些社交性的玩笑"。斯泰因库伊勒还发现，玩家的经验值等级并不必然与其辩论的缜密程度相当。她认为，鉴于以上种种，该研究结论是，在饱受考试压力及课程体系越发狭隘的学校教育中，类似于《魔兽世界》这样的虚拟世界，"也许是对课堂的有效补充，通过把非正式的科学素养置于流行文化语境之中，强化了课堂教学"。[16]

游戏理论家简·麦克高尼格写道，《魔兽世界》"毫无疑问是迄今为止被设计出来的最令人满意的工作系统之一"。[17] 这款游戏于 2004 年面世，在其最为风靡之际拥有大约 1200 万名玩家。它呈现给玩家的是一个零失业率的世界。麦克高尼格说，玩家的首要目标就是自我完善，形式上则体现为对"升级"的永无休止的追求。她写道，在《魔兽世界》中，对工作的真正奖赏是"奖励给你更多的工作机会"。《魔兽世界》不断向玩家发出挑战，让他们去尝试一些"比刚刚达成的成就只是困难一点儿"的任务。她将《魔兽世界》称为"迄今为止被发明出来刺激生产力的最为强力的静脉注射"。[18]

当参观希伊的课外俱乐部时，麦克高尼格关于静脉注射的比喻还萦绕在我的脑海。在这里，生产力水平看起来已经高到屋顶上去了。当希伊向我描述了许多学生面临的挑战之后，这就显得更了不起了。这18名俱乐部成员中，有7人曾被诊断为有学习障碍，4人上课时都曾需要专门的助手。大多数成员都有资格享用免费午餐，有一些正在接受药物治疗，还有些人"和学校心理医生亲如一家"。在我的几次参观中，我在图书馆里漫步，经常用手机拍些视频。我发现，无论当时还是后来，我都无法从众人之中分辨出患有学习障碍或有其他问题的孩子。

我站在他们身后，看着屏幕上正在进行的一切，眼花缭乱，十分困惑。《魔兽世界》的玩家界面瞬息万变，看起来比幻想世界更像是个商品交易者的屏幕，上面有亟需管理的大量资源。一个名叫乔纳森的男孩告诉我，"要想理清所有的东西，需要强大的大脑"。坐在他旁边的男孩埃迪开玩笑说："我把所有东西都弄明白了，但我的脑子挺小的。"埃迪的化身"狼狐"已经升到62级了，为此，他在一年多的每个下午都花一段时间玩游戏，如此终于得到了飞翔的技能。"你为此努力了这么久，最终达到那个目标时，感觉真是棒极了。"

埃迪一头黑发剪得很短，嘴上刚冒出些小胡须，球鞋没系带。屏幕上，"狼狐"正紧握缰绳，驾驭着一头华丽的蓝色狮鹫。狮鹫将他运送到一片粉紫色的不毛之地。他卸下一个包袱，与他同行的鹰也效仿他。埃迪一升到 60 级，就去游戏中的跳蚤市场"韦勒的军火库"买了这只奇异的宠物。埃迪主动跟我说："我还有一只机械松鼠呢。"然后，他落地并开始为午餐狩猎。他操作着组合键让"狼狐"潜行，自己的左脚神经质地上下晃动着。他解释说，玩游戏其实帮助了他在现实生活中理财。"完成这些任务，就好像找份工作赚钱一样。游戏与生活相似，但是比生活更刺激——我指的是过去那种规律的生活。"

也许这个学区的成年人也应该从《魔兽世界》里找到一点理财的灵感。尽管希伊的俱乐部蓬勃发展（她后来甚至说服了校长加入她的游戏公会），但 2013 年新上任的学区督导，面对 1060 万美元的财政赤字，裁掉了 60 个职位，包括学区内五所小学的图书馆员。[19] 根据年长者相关规定，下岗图书馆员中的一位可以得到中学教职。在一番精打细算讨价还价后，希伊的校长给她两个选择：要么让出图书馆的工作，去六年级教数学或是人文，这样可以继续留在学校；要么她就只能另谋高就了。希伊选择了去教人文。

十一月的一个阴沉沉的周二早晨，我去参观了她的新班级。我溜进教室，发现灯全都关着。希伊站起来给了我一个有力的拥抱。她年过六十，身材瘦削，除了她自己，全身上下的饰品倒是都挺大个儿的。她戴着超大的圆形玳瑁眼镜，两个耳朵上分别挂着四个硕大金耳环，左耳上还镶着两个大钻石耳钉。未见其人，先能听到她身上上百个镯子的声音。那天早上，她穿一件粉色羊绒衫，一双花朵装饰的平底舞蹈鞋，腰间缠绕着一条丝巾，上面印着混合饮料的插画。当时，她有一头淡金色的头发，几缕挑染成了粉色和蓝色。她过去经常剪短发，后来开始留长发，并用塑料夹将头发向后梳起来。那天早上，一束蓝色的头发一直垂落在她眼前。我有几个月的时间没有见到她了，但是见面几秒钟，她就开始摇晃着一个大塑料活页夹，跟我说她烦透了本州所采用的语言艺术课程。"他们硬塞给我这些可怕的课程大纲，我只能在照本宣科和我真正信奉的东西之间寻找平衡。"希伊说，"如果我只是想让别人硬塞给我一份讲义，我为什么还要当老师呢？让食堂大妈来照本宣科也可以啊。"希伊说她正在改编吉利斯皮的《魔兽世界》课程，确保他设计的任务经得起"任何人的严苛审视，并且没有半点学校的气味"。

希伊第一节课上的六年级学生们鱼贯而入，然后她开始点名，但允许他们在教室里活动，把书本和学习用具拿出来。教室前面有一台壁挂式的大平板电视，连着一台索尼 PlayStation 3 游戏机。那天早上，游戏机上加载的是 2012 年的视频游戏《风之旅人》（Journey），开场动画正在电视上循环播放，等待玩家前来。几分钟后，有位勇敢的学生试探着拿起游戏手柄，按下了"开始"键。不一会儿就有七个同学围在了他身边观看游戏，并为他的游戏化身该去往何方出谋划策。希伊一边在办公桌旁找东西，一边留意几英尺之外的游戏进展。她说："我决定要向苏伽特·米特拉（Sugata Mitra）学习。"她提到的这位印度教育工作者，1999 年时找了新德里贫民窟对面的一所私立大学，在其中一座建筑的墙壁上挖了一个洞。米特拉在洞里嵌入了一部台式电脑，并观察住在周边的孩子如何自学使用电脑，甚至是自学如何使用搜索引擎、聊天程序和电子邮件。这些"凿壁偷光"的孩子们自学了足够水平的英语，可以浏览网页；而且，比起学校里没有用过电脑的同学，他们在数学和科学上得分更高。据米特拉说，这些孩子也更擅长形成独立的观点，"对灌输教育十分敏感"。[20]（在希伊的班上，这个即兴的游戏环节最后衍生出一系列写作提示：游戏中的化身是谁？她为什么要踏上这段旅程？她将要去往何方？）

十分钟后，希伊终于向学生们问好："早上好，英雄们！"她让一名学生打开窗户。当时是早上 8 点钟，而室外温度是 39 度。"不要啊……"学生们发出寥寥几声轻微的抱怨，但当时他们认为，不能过于强硬地抗议。

除了对学生抱有明显的尊重之外，希伊的魅力很大程度上还在于她的表演者天赋，她能够吸引人群的关注，并让人们投身自己的叛逆言行之中。她的教室在走廊尽头，教室内贴有许多奇怪的甚至是莫名其妙的标语。她的讲桌上的标语是："**记住！如果有个来自未来的你想警告你关于这门课的事，别听他的。**"那天早上，她先确保教室的门都关上了，然后故作严肃地告诉学生们："门关上了，我们正在干什么呢？我们要做点**革命性的事情**！"但是，希伊的计划不可避免地被晨间广播打断了。她抱怨了一下，跟学生一起听着校长的宣布："学校食堂同时供应美味可口的冷热餐食！"她突然冒出一句回应："嗯……真是会**撒谎**啊！"

广播结束后，希伊开始了一场关于选择的即兴演说。不一会儿，她又建议学生们在高中毕业后停下来，间隔休整一段时间再去深造或就业。学生们一边听她的话，一边整理书本，打开文件夹的金属扣，拿出昨天的家庭作业。"我并不会鼓励我的学生们盲目地投身到一份单调乏味的工作（treadmill）中，"她停下来发问，"我说的是什么意思？'treadmill'是什么意思？"*

没人知道。

"你们知道我又要大发感慨了吧。'treadmill'是什么意思？"

一个学生试着回答："是指生活吗？"

---

* 译注：treadmill 有跑步机的意思，因其原地踏步的特点，也被引申为"单调乏味的工作"。

"'treadmill'到底是什么意思？"

"你不想被困住？"

"哦，我喜欢这个词——'困住'。困在什么里面呢？"希伊步步紧逼着学生们，而我不得不提醒自己，这些孩子只有12岁，大多数人除了学校，对生活还一无所知，没几个人能想到"treadmill"是一个隐喻。而希伊站在这里，警告他们不要不假思索地相信，取得好成绩是"通往幸福的唯一真正途径"。希伊语速飞快地描述了如下的场景，这一幕可能很多孩子都曾想过："在六年级，我必须要在ELA（English Language Arts，英语语言艺术）考试中得到**非常高的分数**，这样就能进入高中的先修班，于是此后可以去念达特茅斯、耶鲁、哈佛或是康奈尔这样的好大学，于是就能找到一份**真正的好工作**，买一台超炫的车、一座超大的房子，过上**非常幸福的生活**。"她停顿了一下，"但**这是个谎言**。我跟你们的父母也这么说过了。"

我看了看表，现在是早上9点04分。

下课铃响起时，希伊说："去吧，孩子们，成就属于自己的史诗吧！"

一名学生喊道："我们依然爱你！"

"我也爱你们！"希伊回答。

我问她，这两句奇怪的对话背后有什么故事。她微笑着告诉我："开学第一天，我就跟他们说'我爱你们每一个人，别做那些让我停止爱你们的事情'。"

那天下午在《魔兽世界》俱乐部，一个学生告诉希伊，有一名同班同学退出了。希伊让他捎句话给她：如果她要退出，她应该亲自来说明原因。"这才是英雄的所作所为。"仿佛要印证她的话似的，另外一名学生主动说道："只有坏人才指使别人办事呢！"

在讨论中，大家谈起了暴力的问题，还谈到在桑迪·胡克小学枪击事件发生了近一年后，有多少人还在对暴力视频游戏怒火中烧。希伊对此不以为然。"《乐一通》动画*也很暴力，"她说，"但看着它长大的你，现在会把铁砧砸到别人的脑袋上吗？"

❊❊❊

十年来，希伊在全世界的教师中声名显赫。她受邀参加各种教师会议，在孟买、旧金山、悉尼等许多地方，向慕名前来的老师们宣讲自己的观念。但是那天晚上，在她三楼的教室里举行的家长会上，家长们大都还不知道她是谁、她正在从事什么。希伊对家长们说："游戏是终极目的吗？是神奇万灵药、驱魔银子弹，可以解决一切问题吗？并不是。但是我们可以采用游戏化的思考方式和处理问题方式——也就是说，借鉴精心设计的视频游戏，提取完善可靠的游戏机制，将之应用到教育之中。这一点非常重要。"

随后，希伊告诉家长们不能只是坐在那里听她讲话。他们要在《魔兽世界》中创建一个角色，并去适应它。希伊说："世界正以好玩的方式重新呈现出来。"这些成年人不安地在椅子上挪动，不太明白老师到底是什么意思。一名家长想让大家知道，他有多么不喜欢像《魔兽世界》这样的游戏。他担心玩游戏会让他的孩子变得孤僻。"游戏是社会化的，"希伊说，"非常社会化。即使是玩第一人称射击游戏，玩家也要和四名队友配合。关键在于什么？平衡。任何事情都是过犹不及。"

----

* 译注：《乐一通》动画（Looney Tunes）是由华纳兄弟从 1930 年就开始推出的系列动画影视作品，其中知名动画角色包括兔巴哥、达菲鸭等。

第七章 "我不擅长数学，但我的化身很擅长"

希伊花了好几周的时间，来激发学生们对游戏化身的兴奋之情，并提醒他们，一个好的《魔兽世界》化名，应当听起来就像直接从《指环王》里摘出来的名字。学生们因为这个任务而争先恐后地查找参考资料——有个名为"奇幻命名艺术"的网站非常受欢迎，还包括一些帮婴儿取名的网站。希伊为此准备了一个小测试，可以随时背诵出来："请用你打算起的名字填空：甘道夫、比尔博、弗洛多、索恩、欧音、葛洛因、阿拉贡、_____。"*

一位母亲身着灰色套头运动衫、蓝色厚运动裤，脚蹬一双毛茸茸的 UGG 靴子，坐在电脑前，听着希伊鼓励家长们体验一下《魔兽世界》。这位母亲看起来很不自在，就和九年前面对《第二人生》的希伊一样困惑。游戏的欢迎界面上满是各种说明，她仔细阅读着，就像在读一份信用卡合同的细则。最后，还是坐在身边的女儿告诉她，她只需要选择某个类型的角色：法师、潜行者还是猎人。母亲说："我不想战斗。"

"妈妈，**所有**角色都要战斗。"女儿回答道，并让妈妈给角色起一个名字。她解释道，这个名字必须得是托尔金式的，比如甘道夫、比尔博这样。

"劳里怎么样？"妈妈提议道。

"**妈妈！**"

她们最终选择了法师，起名为"冥河"（Styx），立刻开始在游戏世界漫步。但妈妈不太会操纵方向键——"冥河"被困在了一座古老石质图书馆的地下迷宫中，找不到出口。希伊告诉大家，学生们将会加入一个游戏公会，其中还有另外 11 所学校的学生，"商议、交流，

---

* 译注：其他名字都是《指环王》中的人物名字。

有机会成为领导者、参与团队合作"。但这位母亲只想知道，如果孩子手眼不够协调，是否还能流畅地操纵角色在屏幕上运动。

"你**会越来越擅长**的，"希伊说，"这是一种建构主义的脚手架学式。游戏总是从某一件事物开始，让你通过使用去学习和理解它。随后，游戏才会给你第二件事物。"希伊补充道，这就是"最佳的体验式的学习"。家长们对此反应并不热烈，因此她提到，《魔兽世界》中的游戏文本大多属于十年级的阅读水平。

"哦！"这点对家长们很有意义。

希伊注意到"冥河"被困在图书馆里，于是伸出了援助之手。希伊操纵着鼠标和键盘，那些手镯在桌上拖动。她轻松地找到了楼梯和出口。之后希伊发现"冥河"的状态表明她需要食物，就去猎杀了一些野兽。那位母亲充满敬畏地看着希伊点击鼠标，猎杀并收集财宝。"游戏会教给她东西；游戏不教的东西，她能从公会成员身上学到。别害怕——她不会掉队的。我们不让任何一个人掉队。"

那位母亲问道："公会成员是什么？"

希伊耐心地回答她的问题。她说，在接下来的游戏中，她女儿将有机会为自己的角色选择职业。她可以选择当草药师，采摘花朵、寻找药方、调试药剂，然后去拍卖行出售。或者，她也可以当炼金术士，或是开采金属、锻造盔甲的工匠。她还可以当裁缝，与亚麻、羊毛、丝绸打交道。事实上，这些职业好像都有点……蓝领。孩子们来上学，难道不是为了准备从事那些需要批判性思维的21世纪工作吗？不过，希伊解释说，拍卖行就是一个能被学生们直接影响的"完整的微观经济系统"。"你可以去到拍卖行，决定'要买断这里的所有东西，然后再以更高价格卖回一部分'。"

希伊想给这位母亲展示一下玩家们会彼此传授东西。于是她打开浏览器，进入《魔兽世界》百科，点击了一张戒指的图片。"这些都是超链接，可以把你带到其他东西！"希伊惊叹于游戏庞大的知识体系。"你给角色戴上了两个戒指。它们可以增加属性——+201点敏捷，+301点耐力，+121点命中，+142点暴击。好了，现在你要想了，'嗯，我是一名猎人，我需要高的敏捷值，但是我的命中值太高了，有点儿浪费，我得想想该怎样平衡，也许可以使用找到的其他物品。'因此，虽然**难以置信**，但孩子们在做算术。他们考虑了百分比、比例和……"

这位母亲打断了她："我得告诉你，你刚才说的那些话其实我一点都不懂。"

"那就对了！我就是这个意思——孩子们将学会那些！在玩这个游戏之前，我也一点都不懂，在玩了一周、甚至一**年**以后我也没太懂。一旦有什么变得重要了，我就会去理解了。"那位母亲还是有点不安，所以希伊就简单地跟她说："你说得出来的东西我都能在游戏里教给孩子。你就说吧，数学、科学、心理学、地理、社会学、历史，我都可以。"

母亲有点动容了，但仍然十分困惑。她最终相信女儿也许会玩得不错。"其实我担心的是我自己。"她说道，像是在对一个执着的心理治疗师坦白一切。希伊靠近她，将手放在她肩上，用那种"你知我知"的语气低声说道："你得注册一个免费试玩账号，去玩一玩。等你一点点弄明白这些东西，会感到特别满足的。"她走开了，留下那位母亲一个人在那儿独自困惑。

现实毕竟不是电影，此时并没有出乎意外的惊喜一幕或是惊人进展。希伊一走，这位妈妈就说："我还是不明白。"很显然，就像许多成年人一样，她从心底害怕会搞坏什么东西，担心自己的错误会导致世界末日；而她的女儿就根本没有这种担忧害怕。"我不懂电脑，所以对我来说……不过我的意思是，我可以看一看游戏究竟是怎么帮助孩子的。"她把手放到鼠标上，尝试着让化身在屏幕上走动。多亏了希伊插手帮助，"冥河"现在重获自由，可以在游戏世界中闲逛了。她漫无目的地在游戏里转悠着。"这不过是一种不同的学习方法。没什么问题。"

跟其他州一样，在纽约，一连串的技能测试压在学生和老师的头上，令他们担忧不已。但是，多年以后重返教室的希伊对此强烈反抗。"我和一些人曾就此进行过一次长时间的哲学层面的讨论，我绝不会为了考试而教课，"她告诉我，"我永远**不会**为了考试而教课。我不会在课上进行考前复习，也不会在课堂上说'考试里会考这些东西'。我讲授的就是课程内容，而且会讲得更深更广。"

几年下来，希伊极为努力地把《魔兽世界》课程压缩改编，以适应本州的要求。她重新编写了课程内容，以符合纽约州率先试行的新版"核心标准"（Common Core）。她创设了大量的系列"任务"，每一个都围绕核心技能和知识点打造。在学生们的建议下，她开始使用热门游戏《文明 V》(*Sid Meier's Civilization V*)来教授有关古代文明的内容。从此以后，门卫们不得不在每晚 11 点将她赶出教学楼。希伊后来说，她怀疑这些门卫其实是在嫉妒，因为他们自己不能在希伊的教室（他们将之命名为"人族洞穴"）里玩视频游戏。

希伊把她个人最爱的"英雄之旅"式小说《霍比特人》，换成了指定的青少年小说《神火之盗》(*The Lightning Thief*)。一些学生以前自己读过这本小说，但在希伊屈从于规定让他们对故事进行注释、仔细分析之后，他们便"完全丧失了兴趣"。那年春天，希伊发誓："我再也不会让他们干这些事了。"她承认，她也曾担心过学生们的州试成绩，并因为自我怀疑而懊悔。等到考试来临并结束，另外三名人文课的老师表示，秋季学期也想试用《魔兽世界》课程。"我其实本该松一口气。如果我对自己的教学计划抱有更强的信心，我就不会有这么大压力了。我的学生们在考试中表现得非常、非常好。而我知道为什么。"

第八章　独角兽项目

冷酷的传媒集团如何为教育
游戏开启了黄金新时代

　　如果人们现在还租房间玩扑克牌的话，这间空旷的临街宴会厅看上去就像是个举办大型扑克比赛的地方。它坐落于曼哈顿桥和布鲁克林桥底下那片熙熙攘攘的布鲁克林街区中，位于敦博的一条百年前铺就的鹅卵石小巷旁。宴会厅有雪白的砖墙，裸露在外的各种管道，开放式厨房，还有饱经风霜的木质地板。如果在Craigslist网站上，它的广告语或许会是"潮人男子成年礼"。

　　一个雾蒙蒙的七月早晨，11个正当13岁的男孩围坐在房间后部的一对八脚餐桌旁。桌上铺着一块绿白格纹的塑料桌布，当有孩子专心致志在自己崭新的平板电脑上点点戳戳时，桌布就会皱起来。一开始，这里看起来似乎是一个高度集中的计算机训练营。但是，这里的负责人好几次强调说，这里不是训练营。他们没有儿童看护服务的许可证，更重要的是，他们其实是付酬让孩子们来到这里。如果孩子们在暑假能坚持每周三次、每次从早上10点到下午4点来到这里，玩一些半成品视频游戏，就能挣得100美元的亚马逊礼品卡。还有一点：孩子们须得同意，在他们玩游戏的时候，屋子里的成年人会用微型数码摄像机录像。桌子上散布着架在三脚架上的摄像机，对着孩子们的脸，记录下他们玩游戏时的面部表情。

　　除了礼品卡，孩子们还能得到一个不太时髦的非官方头衔——

"少年游戏设计师"。在旁边的一张小桌边，一位真正的游戏设计师乔·马里奥正在与一名男孩握手。男孩胸前有张"你好，我的名字叫……"的贴纸，上面手写着"朱利安"。在过去的几周，朱利安和他最好的朋友约翰每天早上都从韦斯特彻斯特郡的佩勒姆市来到这里。朱利安的母亲恰好就在附近的一家公司工作。约翰正坐在旁边玩另一款游戏。有时候，好朋友们彼此会穿得很像，今天这两个男孩就是如此：蓝T恤、蓝短裤、白球鞋。他们俩唯一的区别似乎就是头发了：约翰是柔软的金发，剪了个适合夏天的清爽短发；朱利安则有一头浓密的黑发，有点凌乱，背后扎了个小辫子。

朱利安还没在椅子上坐下来，马里奥就递给他一个平板电脑，跟他说："这就是《食物网》（Food Web）。"朱利安坐下来注视着屏幕，按下了开始键。没有游戏说明，也没有新手指引，甚至没有一点解释——他立刻进入了游戏。马里奥坐在一旁看着男孩用手指划过屏幕，拖动一只卡通刺豚鼠（一种棕色的南美洲啮齿类动物，长得不大好看），让它一边觅食、一边躲避天敌。接下来的几分钟内，只有一种模模糊糊、若有若无的丛林杂音从桌上传来（其实只是用作音频占位，游戏开发者们仍在尝试设计更为真实的丛林声音）。朱利安全神贯注地盯着屏幕，右手食指快速移动着。最终他抬起头来，一脸茫然又带着一丝微笑——一条蛇吃掉了他的刺豚鼠。

朱利安羞怯地将平板电脑还给马里奥，不知道接下来要做什么。马里奥接过平板电脑并放在一边，开始向朱利安提问。他迅速地问了一系列事先设计好的问题："按钮是否清晰？游戏好玩吗？你还想继续玩吗？你愿意再玩一遍吗？"最后一个问题是："你会将这个游戏推荐给你最好的朋友吗？"朱利安对每个问题都轻声给出了肯定答案，说他喜欢这个游戏，也会把它推荐给好友。随后他走开了，去找点别的娱乐。

下一个游戏试玩者是约翰。马里奥也递给他一台平板电脑，现在朱利安最好的朋友真的在玩这个游戏了。四周又一次静了下来：只有丑丑的刺豚鼠和它的天敌们。约翰在屏幕上划着，指挥它上下前后运动着。就像朱利安一样，约翰的刺豚鼠也不可避免地被吃掉了。他递还了平板电脑，开始回答问题。他的脚在大一号的球鞋里晃晃荡荡，马里奥问他："你还想继续玩么？"

约翰露出一丝苦笑。他接受了报酬，因此必须诚实作答，但他又不想伤害别人的感情。

"有一点想。"

马里奥记了下来，接着问道："你还想再玩一次这个游戏吗？"

"有一点吧。"

"你会将这个游戏推荐给你最好的朋友吗？"

约翰咬了咬嘴唇："有点可能吧。"

如果这是一个商业性的视频游戏工作室，类似这样的场景一点也不稀奇，不值得注意，不值得提起。日复一日，在视频游戏的世界里，这样的游戏测试每时每刻都在发生，这几乎就是视频游戏的DNA中的一部分。不过，虽然此刻发生在纽约敦博的这一幕，看起来就是一次普通的游戏测试，但却发生在完全不同的层面上。马里奥正在开展测试的，是对学校教学的用户体验，目的是尽可能地将它塑造成顶尖设计水平的 PlayStation 游戏。马里奥既是一名研究人员，也是位游戏设计师，他正在征求的用户反馈其实是关于一堂中学的生物课。在开发制作完成后，《食物网》会出现在一部互联网数字教科书中，作为捕食性动物与猎物这一课的补充材料。

马里奥回忆起，他和同事们当时在进行头脑风暴，为一款有关繁殖的游戏的科学观念集思广益。但另外一个主意突然蹦了出来。有人建议，可以给 4-H 教育*中的畜牧学课程，创造一款数字化的摹本，让孩子们扮演饲养员，饲养自己的牲畜。马里奥说："每当有人提起'4-H'教育，我们都会欢呼雀跃。"道理其实很简单：如果你现在十三岁，你是愿意阅读一本关于奶牛繁殖方式的教材呢，还是愿意玩一款平板电脑上的游戏，在其中作为牛的一颗精子游向卵子，使之受精呢？你当然会选择玩游戏。他们雇了一家名为"预先加载"（Preloaded）的英国游戏工作室，设计了一款名为《繁殖英雄》（*Repro Hero*）的游戏。和《食物网》一样，这个游戏也经历了周密的测试。

这家时尚的宴会厅位于安普利菲公司（Amplify）全球总部的拐角处，每周被马里奥他们租来使用三天。2010 年，鲁伯特·默多克的新闻集团购买了教育技术创业公司"无线一代"（Wireless Generation）90% 的股份，由此诞生了安普利菲这家神奇的公司。所以，这种教育平板电脑的出现要感谢默多克，这位口碑褒贬不一的澳大利亚人给我

---

* 译注：4-H 教育是在美国已推行超过百年的一项大规模非正式教育计划，初创于 1902 年的一家美国青年俱乐部，1912 年开始命名为 4-H 俱乐部，自 1914 年起 4-H 计划由美国农业部的"国家协作拓展系统"（Cooperative Extension System at USDA）向全国推行。该系统有超过 100 所公立大学为之提供青少年"做中学"（learn by doing）的体验平台。通过完成在包括健康、科学、农业、公民等多学科领域的动手项目，孩子们可以在积极学习的环境中接受成人导师的指导，并被鼓励成为积极主动的领导角色。美国青少年可以在学校课堂、课外项目、校方与社区组织的俱乐部及专门的 4-H 营中体验 4-H 教育。迄今已有超过 600 万美国青少年参与过 4-H 项目。而 4-H 是指以字母 H 开头的四个英文词：head、heart、hands、health，意为强调"手脑身心"协调发展。更多信息可参见其官方网站：4-h.org

们带来了福克斯新闻网,还花了 3.6 亿美元购买了"无线一代"。不过严格地说,主要还是要归功于安普利菲的总裁、同样口碑褒贬不一的前任纽约市教育委员会主席约珥·克莱因。就像默多克在二十多年前另辟蹊径打破了三大电视网的统治一样,克莱因正在致力于打破被三巨头垄断的教科书市场。在克莱因的设想中,这种新型教材——其实也是大部分的教学时间——要依赖于一种平板电脑。老师藉此能够获得精细的数据分析,了解学生们每时每刻的学习情况:他们正在学哪一课、他们正在使用什么学习材料、他们在这些材料上花了多长时间、甚至是某个指定任务的阅读进度。克莱因前不久对我说:"如果采用基于平板电脑的教学方法,你就能够更快速地使它变得更为高明,因为你能从许多学生和老师那里获取大量的反馈点击。"[1]

也许在普通民众的心目中,再没有哪家传媒集团像默多克的新闻集团那样庞大而黑暗了。在 2013 年默多克将其一分为二之前,它就是全球最大的传媒公司之一。在美国,由于掌控着福克斯新闻网,新闻集团对自由主义者来讲像是某种精神污染,令他们避而远之。这两年里,我在安普利菲创意部门访谈过的每个人几乎都遭遇过相似经历——当他们向家人朋友宣布"以后鲁伯特·默多克给我发工资"这一消息时,谈话场面顿时变得尴尬起来。

事实上,从一开始,除了显示出明显的社会公平感之外,有关数字教科书的努力就没有任何回报。其创造者说,通过向孩子们提供几乎所有学科的一对一的辅导,技术就可以消弭贫富儿童在成就上的鸿沟。既然家境优渥的孩子每天本来就可以得到这种水平的关照,那么如果我们想要真正的平等,难道不应该向每个孩子都提供这种关照吗?

此前克莱因的团队已经意识到,如果没有视频游戏对课程的支持,平等几乎就是句空话。意外之喜在 2011 年来到。在"无线一代"被收购九个月后,安普利菲的高层在附近的公司公寓中召开了一系列闭门会议和头脑风暴,最终通过了对教育游戏有史以来最大的一笔企业投资。这笔投资将用于研发 40 款全功能、商业级质量的游戏,其中许多游戏都交给了曾推出多款热门 iPhone、iPad 游戏、让玩家在其中寻得挑战、陪伴与安慰的工作室来设计制作。不论以哪种标准来衡量,安普利菲的努力都是前无古人的,代表了视频游戏倡导者们希望在学校教育中实现智力共享的美好愿望。

从基础层面来说,这个想法言之有理。老师和游戏设计师都要面对同一个问题:在人们并不相信某件事是为了他们自己好的情况下,要怎样说服人们去尝试新鲜事物,并为此花费时间呢?包括学校、公司、家庭在内的大多数机构,都采用了两种简单却无效的方法之一:贿赂或是威胁。孩子不想出去扔垃圾么?给他一个棒棒糖吧。学校想提升考试分数么?如果哪个老师的学生考得最差,就把他扫地出门吧。

所以,想让学校教育有效吗?贿赂,或是恐吓吧。而一项投入数百万美元的项目正在研发除此之外的第三种方法。朱利安和约翰就是身处其中的两位年轻游戏测试员。向孩子们展示成功是什么样的,让他们尝试一下需要并且允许他们玩耍的任务是什么感觉。如果孩子们需要从数以百万计的知识当中,学习捕食性动物与猎物的知识,那就让他们**扮演**捕食性动物或猎物。让他们彼此交谈,犯点错误,互相帮助。最终,他们自己会弄明白,而且乐在其中。

这种想法看起来有点离奇古怪,仿佛来自万事皆有可能的 1960 年代,但它其实扎根于一个已被深入研究的原则——"自我决定论"(*self-determination theory*,SDT)。20 世纪 70 年代末到 80 年代初,罗彻斯特大学的心理学家爱德华·德西和理查德·莱恩提出了这一理论，认为"胡萝卜加大棒"的外在驱动力在短期可能奏效，却难以帮助人们实现长期目标。简言之，人不是机器。人和笼子里的小老鼠不一样，老鼠每次完成任务就会被喂一点食物，而人并不能通过拨动某些心理开关来控制。这样的比喻看起来很有道理，现代心理学更将其当做了几乎颠扑不破的真理。德西和莱恩一直都认为，如果想让人们变得既高产又快乐，那就要找到一些方法，让他们将任务视为分内之事，而且享受做事的过程。

事实上，人们会对外在驱动力作出回应，同时也增强内在驱动力的重要性。如果你并不喜欢有机化学，却需要在这门课上得到 A 等成绩，那么你能达成目标的唯一方法，似乎就是把它看做是长期目标的一部分，例如你想成为一名医生，那，就必须为此忍耐并付出了。在家里，如果你每周都被强迫去倒垃圾，也许你最终会逐步接受它并真正理解其价值，但这并非是由于你每周因此得到的那根棒棒糖。将"倒垃圾"和"棒棒糖"关联起来，只会让你在拿到棒棒糖或真心相信你将拿到棒棒糖时才会去倒垃圾。但如果你认为倒垃圾这件事本就值得去做，将它联系到对房屋清洁维护有所贡献的成就感，那么即便你根本看不到棒棒糖，你还是会一直做下去。

视频游戏看起来似乎就是另一种形式的奖赏，跟得到小星星、棒棒糖、小铃铛、口哨声相似。的确，一些现象级的流行休闲游戏有赖于强力的"刺激-反馈"机制，也正是这种机制让赌徒们沉溺于拉斯维加斯的老虎机。但是学习理论家们却发现，那些精心设计的视频游戏能成为强力的学习工具，恰恰是因为完全相反的原因：

游戏不会奖励漫不经心的尝试、不假思索的重复、或是笼中老鼠般的条件反射。游戏奖励的是持续的练习、不懈的努力和敢于冒险的精神。这些游戏能让大脑过滤掉分心的事物、集中精力于手头的任务。最重要的是，学会享受那些任务的人，会得到游戏的真正奖赏。

游戏塑造专家。

安普利菲公司的新款平板电脑计划在 2014 年秋天上市，其中每款游戏都是中学课程内容的延展。这个项目之所以与众不同，并非因为其规模庞大或范围广泛，而是因为它近乎固执地遵循着违背直觉的哲学：游戏必须出于自愿。他们引用了荷兰理论家、也是游戏理论的创始人之一胡安·赫伊津哈在 20 世纪 30 年代末写下的话："遵照命令而进行的游戏不再是游戏。"[2] 在赫伊津哈看来，游戏最重要的特点并不是有趣，而是它的可选择性。玩家可以随时选择结束游戏，直接说："我不想再玩了。"如果没有这一点，游戏就不再是游戏，而是一项工作了。马克·吐温在《汤姆·索亚历险记》中曾表达过相似的观点："如果汤姆像本书作者那样，是个伟大而睿智的哲学家，那么他现在就能理解'工作'包括了个人必须要做的所有事，而'游戏'则意味着个人并不被强制要求去做的所有事情。"[3] 也就是说，游戏不是强制的，是可选择的。在理想的状态下，游戏不像家庭作业、补充练习或暑期任务那样被布置给学生，实际也并不依靠以上任何一种形式。孩子们受邀玩玩这些游戏，如果不愿意也无妨，都遵照他们自己的意愿。有些游戏也许含有理解细胞生物学或《汤姆·索亚历险记》的关键要点，但至少从理论上来说，它们不应被老师干涉。

这个异想天开的观念来自两个人。他们 1989 年在耶鲁相遇，在过去二十五年里彼此的人生道路经常有所交集。其中一位致力于写作、政治和外交，另一位则是商人。每隔几年，其中某位都会聘用另一位。他们最近一次合作开始于 2008 年，极为偶然地创建了安普利菲的教育游戏项目。这个项目看起来不切实际，即使是参与其中的工作人员都经常怀疑它最终是否有效。公司的最高领导一开始提供的最乐观预测是，他们所有的游戏创意中，只有10%可能会产生点影响。如果能取得这样的成效，他就已经满足了。

1992年，来自曼哈顿上西区的耶鲁大学哲学系毕业生贾斯汀·莱特斯被朋友邀请去给比尔·克林顿的总统竞选活动做志愿者。他因此认识了布鲁克·希勒，一名曾经的记者，也是克林顿家族的朋友，并曾担任希拉里·克林顿的助手兼私人顾问。在竞选期间，莱特斯曾一度担任蒂珀·戈尔的私人秘书——这位来自河滨大道的犹太青年代写了无数致谢函，代替这位南方政要的妻子发声。竞选结束后，莱特斯回到了耶鲁教书，但不久后又接到了希勒的电话。希勒当时正在主持白宫学者委员会的工作，为政策专家们提供颇为高层的实习岗位。她问莱特斯愿不愿意来白宫工作一段时间。

莱特斯在耶鲁所教的班上，有一名个性强硬的大四学生，名叫拉里·伯杰，来自上纽约州，一头棕发，脸上总是洋溢着微笑。伯杰在来纽黑文上学之前就已经小有名气了。四年前在伊萨卡岛高中，他曾说服两名同班同学协助他编写了一本美国高考（SAT）指导手册：《提高分数：高考秘密指南》(*Up Your Score: The Underground Guide to the SAT*)。这本书于1987年问世，当时伯杰只有19岁。在随后的二十五年里，该书每年都在更新重印，从未停止出版。如今伯杰年近五十了，但封面上还印着他十几岁时候的照片——那时的他身穿紫色牛津衫和蓝色牛仔裤，是五个"美国高考状元"之一。

伯杰回忆说，莱特斯是个了不起的思想家，也比许多著名的耶鲁大学终身教授都更有挑战性。那年秋天，莱特斯离开耶鲁去为克林顿工作了，而伯杰申请到罗德奖学金去了牛津大学继续深造（伯杰当时的室友之一大卫·科尔曼后来成为"美国大学委员会"的主席）。后来，莱特斯建议伯杰申请成为白宫学者。伯杰当时的申请书的题目是《信息高速公路上的儿童车道》(Lanes for Children on the Information Superhighway)，并认为自己的想法很适合去美国教育部。不过，美国宇航局（NASA）负责人丹尼尔·戈尔丁（Daniel Goldin）读到这份申请后，对伯杰说："如果你申请去教育部，他们会让你谈谈这个想法。如果你来我这里，我会让你将其付诸实践。"

伯杰用一年时间开发出了《原生粒》(BioBlast)，这是一门较早的基于电脑的生物学课程。他说："我敢说，纳税人和我都从中受益良多。"接下来的五年里，他同时涉猎写作和教育技术，并在 2000 年和一名合伙人共同创立了"无线一代"公司。其创业的想法很大程度上来自艾伦·凯在 1972 年发表的一篇晦涩难懂的文章。这位技术先驱在文中将电脑比作钢琴。凯当时是施乐公司帕洛阿尔托研究中心（简称施乐 PARC）的一名研究者，他构想了一种名为"DynaBook"的设备。这种设备售价 500 美元，是"给所有年龄段儿童的个人电脑"。在他的设想中，这种计算机是扁平的，可手持，可"随身携带去任何地方"，形状大小类似于某座小镇的电话黄页——其描述的外观或感觉，都超像后来苹果公司的 iPad。要知道，那时大多数电脑都有"一百多磅重，使用打孔卡片"[4]，而凯却设想了一款轻薄的设备，有压力感应键盘和电视一般的视觉外观，"但是由孩子们掌控，而不是由电视网来控制"。无线互联网在三十年后才会初露端倪，而凯却在当时就期待这个设备可以存储和查阅书籍。他写道，图书馆"非常有用，但是对于那些想要随时随地查阅所有的内容的人来说，却没有什么帮助"。[5]

尽管凯一直在坚持从事计算机研究（要知道施乐 PARC 就是这样了不起的实验室，24 岁的史蒂夫·乔布斯在 1979 年从这里窃取的点子，成就了后来麦金托什电脑优雅的用户界面和鼠标设计），但是他对教育也有着对硬件一样高涨的兴趣。他和那个年代的许多教育理论家一样，持有"结构主义"的观点，就像最著名的那位，麻省理工学院的西摩·帕佩特一样。帕佩特将个人电脑称为"儿童的机器"，而凯则把 DynaBook 看成是某种多媒体的、跨学科的钢琴，能让孩子们"玩"作业。1972 年，凯写道："如果想让孩子学习某一领域的知识，那么显然，我们需要为他们提供一些真实而又有趣的东西去'做'，让他们去磨练技巧与艺术，以臻完美。"他还认为，学校通常不会这么做，尤其在诸如数学等学科中，孩子们能"做"的，几乎是完全通过死记硬背和枯燥重复来学习。不过幸运的是，"孩子们不必像这样去学习母语"。

伯杰也想发明一个类似 Dynabook 的产品。但是，他在和老师们合作的过程中意识到，首先要为**老师们**设计一种特殊的设备，提高文书工作的效率，节省分析学生学习程度的时间。如果能发明一种老师们乐于使用的设备，再以此为基础设计学生的应用程序就轻松多了。他发现，关于学生的数据到处都是，但是学校并没能有效利用。学生们每天都做阅读测试，但是测试结果散落在学校每个角落的不同文件夹之中。如果学校能够提高数据收集的效率，让老师们可以随时按需查看，那么"对老师来说，一切就突然变得更有价值也更有趣了——而对教育系统的整体而言，其价值和趣味则更为显著"。当时各个学校里广泛使用的是台式电脑，它们太笨重，无法让老师们在工作时随时查阅。即使笔记本电脑也不太合适。伯杰说，老师们"根本没时间坐下来，怎么能使用'膝盖'（laptop）*呢。"

---

* 译注：因为笔记本电脑的英文单词是 laptop computer，意为"膝上型电脑"，因此伯杰的话提到老师们都没机会使用他们的膝盖。

伯杰及其团队从投资者那里募集到 1700 万美元。他们最早的投资人之一，欧文·雅各布当时担任圣地亚哥高通公司的首席执行官。雅各布听了伯杰的想法，几天后就寄来了一张 25 万美元的支票。同时还付上了一张便利贴，上书："请告知我能持有贵公司多少股份。"[6] 伯杰承认，在公司成立初期，他们不得不与那些运营多年的大出版公司争夺市场份额，因此"极其渴望扩大规模"。伯杰说，他和一位副总裁在夜间航班上玩过一个小游戏，感觉很爽：在舷窗外每看到一束城市灯火，就为它匹配一个数字。他回忆道，在一次飞行途中，他们给左窗外的城市的数字是"37"，而飞行一小时后出现的另一个河滨城市则是"54"。落地后，伯杰查看了谷歌地图：第一个城市是小岩城，有 40 所小学；第二座城市是威奇托，有 51 所小学。[7]

2002 年 1 月 8 日，小布什总统签署了《不让一个孩子掉队法案》，再次大力强化了《联邦初等和中等教育法案》的权威。联邦政府对公立学校的资金支持，大部分承诺都列举在《初等和中等教育法案》中。议会随后给教育事业拨款近 500 亿美元。当晚，伯杰的员工们仔细阅读了这份颇具力度的法案，希望找到潜在商机。伯杰后来写道，他们确实发现了"一个难得的机会"：法案中规定，每年应为"阅读优先计划"（Reading First program）拨付 10 亿美元。虽然其中 80% 的资金拨给了学校，但其余的钱直接拨给了各州，而"这笔非比寻常的现金集中在各州，但各州政府却没有专门机构来负责花掉这些经费"。[8] 他们意识到，"无线一代"可以直接拿下整个州的阅读测试合同，而不必逐一拜访上千个学区、各个击破地签合同了。他们只需游说几位掌控此项资金的州政府官员购买其产品就可以了。通常，大型出版公司直接面向学区销售产品，因而保持着上千人的销售团队；但"无线一代"不一样，伯杰一只手就能数出公司在全国的所有销售人员。这项法案最终给他带来了 18 个州的合同。

"无线一代"的第一款突破性的产品是一种低价掌上电脑，内装"早期读写能力动态指标"（DIBELS）——这是一种为学龄前儿童设计的广为流行的阅读水平测试。没过多久，伯杰已经把这种电脑卖到了几千个学区，还收集了海量的学生测试结果的数据。2007 年，"无线一代"已有 300 名员工，已收集了超过 250 万名学生的测试信息，其中包括纽约、芝加哥、迈阿密、休斯顿、华盛顿特区以及其他一千多个小一点的学区内，从幼儿园到小学三年级的大部分学生的测试结果。按照合约，"无线一代"能够利用这些信息，于是他们很快开始着手对数据进行分析。伯杰意识到，他急需能够解读这些数据的人才。

莱特斯当时正在找工作。他为克林顿政府工作了七年，但其中只有一年在白宫。1994 年 2 月，克林顿提拔了自己在牛津时的室友斯特罗布·塔尔博特为副国务卿。塔尔博特是希勒的丈夫，跟她一样曾当过记者，并很快就将莱特斯招至麾下。从此莱特斯不再照管白宫实习生，转而成为国务院撰稿人，致力于在海外推行民主理念。克林顿于 2001 年离任后，莱特斯回到纽约，在科菲·安南领导下的联合国发展署工作。在那里，他帮助一名丹麦同事创建并执行了一项大胆的计划，来推动发展署信息技术系统的现代化。有顾问估算，新软件将需要 200 名技术人员全天候地提供技术支持。联合国无法承担此项开支，因此莱特斯建立了在线用户群组，将所有办公室连线。他决定让用户们成为彼此的技术支持。

为什么这些公务员愿意花费晚间和周末的时间，互相帮助学习一套新的电脑系统呢？莱特斯知道，他们选择在联合国工作有一个共同的理由：希望投身于一些大型的、国际化的、重要的事件之中，成为其中一份子。因为他们也参与了软件的设置,他们会感觉这也是自己的一项成果。莱特斯说:"他们的想法不是'哦,这就是行政管理部门给我的破软件',而是'好吧,这是我们自己的糟糕软件,咱们得想办法让它变得更棒'。"这就是自我决定论中最重要的原则:找出那些值得做的事情,让人们有机会在其中成就专家。"我们回家睡着之后,在越南、南非、巴西、俄罗斯办公室的同事们仍在互相帮助,"他说,"他们确确实实地感觉到自己归属于专业社群,因此成效非常显著。"

2006年,安南不再担任联合国秘书长之后,莱特斯陷入了恐慌。突然间,一切不再围绕着"合作",而变为"遵从"。他开始上网玩幻想体育游戏来打发工作时间。他很喜欢棒球比赛能提供的丰富数据——本质上,每场曾经举行过的棒球赛都可以通过一张电子表格来描绘——他也很快成为全球最顶尖的幻想棒球经理。与此同时,他打电话给朋友们,想找一份新工作。当他联系曾经教过的学生伯杰时,伯杰立刻决定雇佣他。莱特斯后来坦白说:"我当时几乎都不知道他在做什么。"

他开始跟伯杰最大的客户(华盛顿特区、芝加哥这样的学区)展开合作,帮助他们了解学生的表现情况,探索老师应该如何提高教学质量。他认为,如果学校真的想要作出改变,就必须想办法促使老师们渴望看到学生成功。他开始钻研那些关于教师效率的研究,而他的发现让一切都不一样了:那些教学表现最优秀的老师,总是会给学生布置更多的功课,包括更多的阅读材料、写作或数学题。研究还表明,一些老师能够劝服其学生完成其他班级学生两倍的作业。他十分好奇这些老师究竟是如何做到的。

此时第一代iPad问世了。伯杰立刻想起了艾伦·凯。伯杰认为平板电脑"将成为最有魅力的学校教学设备",还构想了一种基于新型课本的新型课程体系。这可不仅仅是把纸质教材转化为触屏上的 PDF 电子文档,伯杰想要的是一种类似 DynaBook 的设备,并开始招募能创造出此类设备的人才。几年来,曾有许多出版商来跟伯杰商谈收购的问题,他始终没有答应出售公司。很多公司都有雄厚的资本,但没有一家"愿意在未经证实的项目上投下一大笔赌注"。在某次与一家出版公司的谈话中,伯杰得知新闻集团正在计划进军教育出版行业。新闻集团的首席执行官鲁伯特·默多克曾说过,学校仍是数字革命尚未攻克的一处壁垒。"如果有人沉睡了五十年后醒来了,他将完全不能相信今天所发生的一切。不过教育却是个例外。"[9] 新闻集团想要打破教科书的垄断地位,而"无线一代"恰好需要开发数字化课程的资金。

2010 年 11 月,在几个月的谈判之后,新闻集团以 3.6 亿美元的现金买下了"无线一代" 90% 的股份。收购完成不久,伯杰就开始召集头脑风暴研讨新型的课程体系。在其中一次会议上,莱特斯主动发言,如果安普利菲能够让孩子们通过玩游戏而花更多时间在教学内容上,并且还因此兴奋不已的话,老师们也会同样兴奋开心的。莱特斯说自己有过游戏开发的经验——在初中和高中时,他曾为纽约的一家小型桌游公司"仿真出版公司"(Simulations Publications Inc.)工作,制作了《北非战役》(*The Campaign for North Africa*)、《血腥城堡》(*Citadel of Blood*)、《剑气逼人》(*Terrible Swift Sword*)等游戏。高中毕业后,莱特斯没再从事游戏方面的工作,但是在过去三十年包括结婚成家的历程中,他一直保持着对游戏产业的关注和了解。莱特斯坦言,市面上大多数教育游戏都是垃圾,而他自己倒是有不少想法。

伯杰感到十分惊讶。"很显然,贾斯丁真的是部活生生的游戏百科全书，"他回忆着那次会议，"他开始承担这项任务，而且做得很顺利。"没过多久，莱特斯开始领导新成立的游戏部门开展业务。

莱特斯和伯杰都认为，游戏的最佳时段是在初中，因为许多孩子自此丧失上学的兴趣。他们开始考量，要怎样才能达到新上司克莱因寻求的那种"重大突破"。如果希望孩子们每天放学后都在教育游戏上花半小时到两小时的话，游戏需要包含多少内容呢？一学年差不多有 180 天，但是如果想要孩子们在暑假还玩游戏的话，难度就更大了。游戏必须要包括阅读、数学、科学、历史等多个学科。不同的内容须得以和谐的方式呈现出来，去强化孩子们跨学科的综合能力。莱特斯说，有点讽刺的是，安普利菲公司及其他一些类似的努力，总是致力于教给孩子们所谓"21 世纪的技能"，比如批判性思考、团队协作等；虽然这些技能的确重要，"但我真正想要做的，却是教孩子们掌握 19 世纪的技能"。如果你有幸身为一名 19 世纪的富裕白人青年男子，你很可能会得到包括阅读、写作、数学、科学研究在内的完备的传统教育。"这些技能都不是最近才出现的，"莱恩斯说，"但我们想让更多人掌握它们。我们不希望整个社会中只有 1% 的人拥有这些技能。"

莱特斯坚持认为，不同的玩家需要不同的游戏。只要有空就在卧室玩《魔兽世界》的人，跟在公交车站拿出 iPhone 手机玩《割绳子》的人，当然是大为不同；但是这两类人会在校车上并肩而坐。只有发掘出各种孩子的潜能，安普利菲的游戏才算是成功。他们最终决定至少要开发 40 种游戏。为了达到这个目标，他们需要帮助。于是，莱特斯给杰西·谢尔发了封电子邮件。

他们从未见过面，但是莱特斯知道，谢尔是游戏产业中最具创新精神和独立思考的思想家之一。谢尔当时领导着自己在匹兹堡的游戏工作室，同时还在卡内基梅隆大学教授游戏设计，写过一本极具影响力的教科书——《全景探秘游戏设计艺术》(*The Art of Game Design: A Book of Lenses*)。谢尔比谁都明白教育游戏设计面临的挑战。他曾经写道，学校就是游戏；整个教育体系其实就是一场游戏，那些截止日期就是倒计时装置，考试成绩就是游戏得分，期末考试则是关底终极大怪兽。成绩光荣榜不就是得到认可的游戏排行榜吗？[10]谢尔认为，学校与游戏不同的唯一原因在于，传统教育总是"缺乏惊喜、缺乏规划、缺乏愉悦、缺乏社群，因此总是让人提不起兴趣"。[11]

谢尔的声名远扬，或许也是因为曾发表过的那次饱受批评的演讲。那是在2010年"设计、创新、交流、娱乐峰会"(Design, Innovate, Communicate, Entertain Summit，简称DICE)上，他在演讲中告诫人们要警惕游戏化过于泛滥的危险，还要小心许多休闲游戏的心理伎俩。比如，像《企鹅俱乐部》(*Club Penguin*)这类免费游戏总有一条"弹力天鹅绒绳索"，能够哄骗父母们为孩子的网游行为习惯花钱，从而收入好几百万美元。他警告人们，无数成本低廉的传感器以及"积分"体系汇聚起来，必将开启一个反乌托邦的世界。在这个世界里，我们所有的行为几乎都会被考核和奖励。谢尔设想，在不久的将来，传感器能够监测我们生活的方方面面——包括我们花多长时间刷牙、走路时心跳有多快——并为每项成就授予积分。这个有点半开玩笑半认真的演讲广为流传。几个月内，在线看过这段视频的人就超过了百万。"这太令人震惊了，尤其是对我来说，"谢尔后来说道，"因为我是个大学教授，我其实挺不习惯别人会倾听我在说什么。"[12]就像许多聪明的游戏设计师一样，莱特斯也喜欢这个演讲，并且对把牙刷和午后散步都游戏化感到深恶痛绝。他认为如果谢尔能够加入团队，招募其余的成员就会简单得多。

谢尔并没有回复第一封电子邮件，于是莱特斯开始给他打电话。"就好像是一次六到九个月的求偶经历一样，"莱特斯说，"因为他总是问：'你从**哪里**来？你想要**什么**？你有**钱**吗？'"最终，莱特斯和伯杰坐飞机去了匹兹堡。谢尔回忆这次见面时说道："他们非常认真。他们有愿景，而且从一开始就坚定地相信着自己的愿景。当时我的第一想法是：'你们究竟知不知道自己正打算踏入什么领域啊。'"

莱特斯告诉谢尔，他最了不得的设想之一，是一个开放世界式的多玩家阅读游戏，可以命名为《图书馆探秘》(*Librariana*)。在游戏中，玩家们可以跟许多经典名著中的角色互动，比如汤姆·索亚、化身博士、柴郡猫、科学怪人弗兰肯斯坦创造的怪物等等。玩家们还能和他们一起去探险。其核心在于，有上千本经典或现代的电子读物与游戏无缝衔接在一起，孩子们随时都可以阅读。《图书馆探秘》能够记录下玩家读过什么书、读到什么地方、理解得如何。如果计划进展顺利，莱特斯希望这款游戏能让孩子们能从六年级开始，一直玩到高中。他希望由谢尔担任首席开发员，在故事主线中穿插几十个小游戏，由不同的工作室来设计开发。

"他们向我描绘了想要实现的宏大图景，"谢尔说，"但是我们想的是，'这可是个大项目，而且非常费钱。'我们也曾经跟很多人聊过，这些人都有着宏大而烧钱的梦想，却无法提供支持。"但谢尔不知道，关于开发《图书馆探秘》所需的条件，莱特斯已经同其他游戏工作室的开发人员讨论过几个月了。莱特斯已经得到了克莱因的支持，对花费有了大致的估算。

谢尔之前被一家大型教材公司放过鸽子。该公司雇他开发一款新的历史游戏。但是后来公司高级管理层发生了变动，这项计划就永久搁置了，再未重启。但是这一次，谢尔从莱特斯的一系列想法中，也从《图书馆探秘》显而易见的实验性品质中，看到了希望。他尤其赞同安普利菲将重点放在初中阶段。谢尔认为："正是在这一时期，孩子们经历变动，形成了将会长期遵循的行为模式。"也正是在这一时期，许多孩子迷失了方向。

谢尔最终与安普利菲签约了。莱特斯仍然记得他和匹兹堡团队在"了解彼此"阶段的一次会议。谢尔的设计师大多是二十几岁的年轻人。他们问莱特斯喜欢玩什么游戏。莱特斯有点尴尬地说他喜欢《龙与地下城》——这款奇幻主题的角色扮演桌面游戏已经问世快四十年了。"我有点不好意思承认这一点，"他回忆道，"因为这会让我成为一个地道的老古董。这款游戏可是1974年推出的！而这里的年轻人正在制作最新潮的游戏。"短暂的沉默之后，一名设计师说："嗯，在工作之余，我们每周也还会玩两次《龙与地下城》。"

与谢尔的合作关系立刻给莱特斯带来了信誉，使得他能招募到其他的游戏工作室。"我有底气对别人说，我不是来自某家不知名公司的无名氏。"他动作很快，不久就拥有了一支游戏设计的跨国梦之队，所有成员都主动提出自己的想法，而不是被动地接受安排。来自德克萨斯州奥斯丁市的设计师亚当·萨尔茨曼（Adam Saltsman），曾以他在2009年设计的《屋顶狂奔》（*Canabalt*）开创了"跑酷"的游戏类型。他与莱特斯签约，要把他设计的 iPad 游戏《圆点100》（*Hundreds*）改编成一个适宜初中生的版本。英国的"预先加载"工作室推出了一款以蚁群为背景的科学游戏《蚁王》（*TyrAnt*）。旧金山的"非对称出版"公司（Asymmetric Publications）曾因休闲小游戏《讨厌的王国》（*Kingdom of Loathing*）而拥有一票狂热粉丝，现在为词汇学习推出了一款徒手格斗游戏《词汇之国》（*Word Realms*）。

谢尔虽然签了合同，但还是对新闻集团旗下这款大型图书馆游戏——已更名为《词汇探秘》(Lexica)——表示怀疑，不相信其开发计划能如愿进行。他说，有一阵子，这款游戏在公司内部被戏称为"独角兽"。他对同事们说："类似的计划压根就不应该存在。但是如今真的有一个，而且就在这里。如果我们悄无声息地踮着脚尖走路，或许能抓到这玩意儿。但也可能独角兽的伪装掉了下来，出现两个壮汉，拿棍子把我们胖揍一顿。"[13]

在发表那段关于游戏化的"恶名远扬"的演讲三年后，正投身于安普利菲紧锣密鼓的游戏开发中的谢尔，再次登上了DICE峰会的讲台，对之前的观点做出了解释——只是澄清，而非道歉。他说，在那段演讲之后，涌现出了几十家公司，其中至少有三家开发了游戏化的牙刷。他对听众说："有许多人跑来对我讲：'因为你的演讲，我创办了自己的公司。'我总是回答：'伙计，那就是段胡话，别怪我。'这种事情我半点儿也不想让它们发生。"

不过，在这三年里，谢尔还发现对游戏化的追求也并非毫无用处。有一个人曾经找到谢尔，感谢谢尔拯救了他的人生。他曾重达350磅，听了谢尔在2010年的演讲后，用积分体系来帮自己减肥。最终他成功减掉了200磅体重。

谢尔终于意识到，人们想要的游戏，是那些能帮他们成为更好的自己的游戏。"人们玩完了游戏之后，觉得'好，我离理想中的自己又近了一步'。如果能达成这样的效果，那我们的方向就对了。"同时他认为，游戏设计师必须认真用好手中的力量，来说服玩家**行动**起来："如今我们正在转向一种基于享乐的经济，而没有谁比游戏设计师更理解享乐了。"他觉得，整个世界"好像都在期望着在我们引领下进入乌托邦"。[14]

在接下来的几个月之中，还将有一千多个孩子就跟朱利安和约翰那样，进行安普利菲的游戏测试任务。他们不仅会改变一些游戏的设计方向，还中止了部分游戏的开发。《食物网》就经历了好几次修改。马里奥的团队还给游戏换了一个名字，叫做《习性攻略》（*Habitactics*）。因为学生们抱怨说不喜欢狐狸吃掉兔子。马里奥说："这总会让孩子们不舒服。"

马里奥回忆道，当他们最终把关于牛的授精的虚拟4-H游戏《繁殖英雄》拿到孩子们面前时，孩子们的反应与预期完全不同。年轻的游戏测试员们"全都沉默了——他们看也不看彼此，感到十分尴尬难受"。

七年级的学生或许时时刻刻都对异性充满了幻想，但让他们真正去模拟授精——即使是高度抽象化的牛的授精过程——都太难以接受了。"有点太过头了。"马里奥说。他们最后无限期地中止了这个游戏的开发。

第九章　林中漫步

由梭罗《瓦尔登湖》改编的第一人称视角
游戏如何让超验主义和阅读再次变酷

　　你从湖畔旁的野花中醒来，身边是一座尚未完工的小屋，一堆尚待切割的木材。屋前几英尺，燃着一堆噼啪作响的篝火。你孤身一人，赤手空拳，饥肠辘辘。小屋还没有墙壁，篝火得继续燃烧，因此你必须开始干活了。你先从附近树丛中摘了一些浆果填肚子。然后为了给小屋造墙，你锯了些木头。你走到小湖边，搜集漂来的木头作为燃料。又或者，此刻你暂时还不需要燃料。你可以在无边无际的森林中漫步，欣赏眼前如梦似幻的美景。这精心渲染的风景恰似一副三维蛋彩画。或许你会随性走上山脊，沿着铁轨走进小镇。又或许，你只是坐在篝火边，伴着鸟鸣声阅读《伊利亚特》。这是 1845 年的夏天，你 27 岁，名叫亨利·大卫·梭罗。这个小湖就是瓦尔登湖，此刻你是这里唯一的居民。

　　如果像设计师席德·梅尔（Sid Meier）说过的那样，一款好的视频游戏要包含"一连串有趣的选择"；那么《游戏：瓦尔登湖》（*Walden, A Game*）就是极好的游戏了。这款主要由志愿者团队历经七年开发的独立游戏，完全围绕着"选择"展开。但是其中的选择却跟多数视频游戏大不一样。这里没有被囚禁的公主等待解救，也不需要击退入侵地球的外星人，没有僵尸来袭的灾难，没有某个虚构的中东国家里的战火纷飞，没有任何真正的冲突。严格地说，该游戏中全无权力斗争，除了玩家脑海中的角力。因此，你在其他游戏中所遭遇的许多动词都不会在这款游戏中出现：战斗、飞行、跳舞、驾驶……这些行动在游戏中通通没有。取而代之的是，你将在游戏中采集、捕鱼、缝补衣物、建造房屋、闲逛、探险、思考、交谈、观察、倾听、阅读、休息。失败也不会带来死亡，只会"晕倒"，而且几乎一瞬间就能康复。不需要选择不同的门锁，也不用花心思解谜。游戏中没有不同关卡，只有阳光灿烂的白昼，星光普照的夜晚，泾渭分明的四季，以及一本记录着梭罗警句的日志。游戏中也没有武器，不过你可以从朋友兼资助者拉尔夫·瓦尔多·爱默生那里借到一把斧子。他住在邻近的马萨诸塞州的康科德，经常热情地邀请你去他的树林中小住。但是斧子只能用来劈柴，游戏中不允许杀戮，尽管梭罗本人常说"同伴会让你发疯"。

适用于笔记本电脑和家庭计算机的《游戏：瓦尔登湖》并不仅仅是一款游戏。它邀请人们阅读并思考《瓦尔登湖》这本书，理解书中表达的世界观，亲眼看看梭罗所谓的"从容不迫的生活"是什么样的。该游戏的策划人兼主要开发者，同时也是资深设计师与教育工作者，特蕾西·富勒顿（Tracy Fullerton）称其为"我对《瓦尔登湖》的改编、翻译及理解"。就像许多同行一样，富勒顿近年来开始着手商业游戏之外的创作，探索游戏的潜能，让它为那些经典作品注入新生命。马克·吐温曾评价那些备受推崇的经典作品，"每个人都希望自己读过，但没人打算真去读"。[1] 富勒顿等人将游戏看做一种途径，借此可以"重新发明"阅读，使之成为更为积极主动、更加内化和社会化的任务。

你也许还记得，你此刻正在阅读的本书，开篇就在探讨阅读在美国发生的变化，包括短信、社交网络、游戏等各种技术形式，都在让书籍渐渐被淘汰。运动的影像、丰富的音乐与音效、触摸控制的屏幕——区区的白纸黑字,哪怕是电子阅读器上的数码文字,又怎么能与这样的**奇观**竞争呢?二十年前,评论家斯文·伯克茨就曾写道:"电子脉冲所违背和抵触的,是阅读带来的持久的遐想。不论用多少其他的信息媒介来讲述故事,试图加以弥补、挽回残局,我们还是终将失去沉思的场域。"[2] 起初,每当我读到类似的话时总是会感到极其灰心丧气。我还记得在洛杉矶会展中心参观 E3 电子娱乐大展时的情景。在这场视频游戏产业年度贸易秀上,我站在震耳欲聋的场内,身处无数屏幕之间,灯光、音乐、枪战和爆炸声不断向我扑来——记者乔纳森·劳赫曾称其为"我曾去过的最喧闹地方之一"。[3] 当时我的想法就是:**全完了,书籍要完蛋了,沉思默想要绝迹了。**

不过,在我几乎就要失去希望的时候,我开始听说类似《游戏:瓦尔登湖》这样的项目。我惊讶地发现,就像富勒顿,我遇到的每个游戏设计师几乎都跟我有一样的想法。他们中的大多数都很爱读书、好奇心强烈,但他们许多人在学校的成绩却并不好——也许这才是最耐人寻味的地方。实际上,大多数人尽管在正规教育中表现不太好,但却事业有成。许多人都是通过自学获得了所需的绝大部分知识。

他们中的许多人,也在思考书籍的未来。

我认识了纽约的游戏设计师卡拉·恩格尔布雷希特·费希尔。她是哥伦比亚大学师范学院的博士,2013 年 10 月曾在苹果应用商城发布了自己设计的"跑酷类"游戏,售价 1.99 美元。这款游戏有点像《神庙逃亡》(*Temple Run*)的简化版。最大的不同之处是,在费希尔的游戏中,有一个像素化的伊丽莎白·贝内特又跑又跳,穿越了共计 121873 字的《傲慢与偏见》一书完整版全文。随着她的跑动,书中的字句一个接一个地从屏幕上流过,就像一个自动提词机,但是来自英国摄政时期。这款小游戏旨在让读者关注书中的文字;但是它不能暂停,因此很难对阅读起到实际促进作用。它更像是玩耍炫技,展示一下智能手机上不同阅读方式的可能性。费希尔说,她突发奇想,给这款应用起了个名字——《遨游与偏见》(Stride and prejudice)。"我喜欢这里的语带双关,"她对我说,"为了寻找其他的教育方式,我们恰恰需要这样的趣味性。"[4]

我遇到了一位爱尔兰编剧奥恩·基德尼。他曾计划将詹姆斯·乔伊斯的小说《尤利西斯》改编成一个虚拟现实作品,并在2014年7月成功地以众筹方式实现了第一部分。这个项目名为《在尤利西斯中》(In Ulysses),观众戴上特殊的眼镜,就能够感觉自己身处场景之中。《尤利西斯》这部1922年的现代主义史诗"被彻头彻尾地误读了",而基德尼的项目旨在帮助读者更好地理解它,让读者沉浸在交互式数码化演绎的1904年6月16号(书中故事发生的那天)的都柏林。这个模拟版本最终将呈现小说的全文。基德尼对潜在投资者们说:"《尤利西斯》是部伟大的著作。好吧,至少别人都是这么对我们讲的。"在交谈中,他向我坦承,虽然他"从很小的时候"就知道乔伊斯的这部史诗,但是直到两年前才读了这本书,而且是在大量的注释和讲解视频的帮助下。他说,绝大部分爱尔兰学生"**从未在学校读过乔伊斯**"。基德尼告诉我,即使是资助这个项目的那些成年人也承认,他们喜欢这个想法是因为,"这可能是一个督促自己**阅读**乔伊斯的好机会"。"我得到了很多类似的反馈。好多人跟我说'没错!好啊!赶快把它做出来吧!'"[5]

我还认识了新泽西州的一位小学图书馆员劳拉·弗莱明。她正努力在教师群体中推广一部名为《虚拟爱丽丝》(Inanimate Alice)的系列数字小说。这部小说由英国小说家凯特·普林格（Kate Pullinger）和英国、加拿大双国籍的多媒体艺术家克里斯·约瑟夫（Chris Joseph）共同创作，特别加强了小说的奇观式表达方式——它能闪烁发光，发出嗡鸣，能够歌唱，有吉特巴舞，包含一些互动游戏，偶尔还会下雨或下雪。每当我向弗莱明咨询这部小说，她都能谈上半个小时，随后还会发来电子邮件看看我是否还有疑问。她说，她的学生们对《虚拟爱丽丝》"深深地着了迷"，都开始在网上聊天群组里展开讨论了。对他们来说，这种沉浸式的故事是学校中完全没有过的体验。小说的第一部分让他们理解了，读者可以如何通过书中角色的视角来观察生活。评论家无法确定这样的作品属于什么类型，于是把类似《虚拟爱丽丝》的作品叫做"跨平台连载系列故事"或"多媒体网络小说"，以及"副文本"（paratext）、"科技文本"（technotext）等。有人甚至建议称之为"弗兰肯小说"这一名字，然而这常常会让人误以为是指的类似"洛基恐怖秀"（Rocky Horror）那样的"跨媒体"作品。数字科技先驱、《连线》杂志联合创始人凯文·凯利将此类作品称为"我们观看的书，我们阅读的电视"。[6] 弗莱明不太在意别人如何称呼《虚拟爱丽丝》。她说："它就是本书。"学生们阅读它，也喜欢它。对学生们来说，不同媒介之间的界限"本来就十分含混"，不值得去讨论。在她看来，《虚拟爱丽丝》中的世界，正是"孩子们身处其中、长大成人的那个世界"。[7]

我很快发现，在这场拯救阅读的战役中，早就有人战绩卓著了；而且令我羞愧的是，我其实是很晚才加入这场战役的。许多游戏设计师，也包括普林格等重要作家，不仅在思考书籍的未来，而且已经用了多年时间来运筹帷幄、推动实践。当我开始以微薄之力拨弄着想象中的阅读的尸骸时，这些人早已设法将其搬上台面，捆上束带，并用电流刺激这头可爱的老怪兽，让它起死回生。在他们看来，游戏绝不是书籍的死对头，而是拯救书籍的好方法。

早在 2004 年，主营儿童读物的出版商学乐集团就进行了一项实验，在编辑主任、青少年小说作家大卫·利维坦的带领下，一些编辑和游戏设计师计划推出十本书作为一个系列，把在线游戏、卡牌交换同小说情节交织在一起。利维坦及其同事认为，现在人们对儿童的媒体使用习惯有误解，而这项实验正是对此的回应。他说："一般来讲，人们会用'读者或是玩家'的眼光来看待孩子，两者必居其一。但大部分的孩子其实身兼读者与玩家。二分法在此并不适用——孩子们并不觉得自己必须在二中选一。"[8] 学乐曾在美国出版了"哈利·波特"系列和《饥饿游戏》系列小说，如今正在进行一项新的实验。利维坦率领的作家们以及学乐集团自己的游戏设计师和程序员们共同组成了"非正式学习实验室"（Lab for Informal Learning）。利维坦说："我们所做的一切都在拉着孩子们回归阅读。"《39 条线索》（The 39 Clues）系列的第一本书于 2008 年问世，由《波西·杰克逊》系列的作者雷克·莱尔顿（Rick Riordan）担纲写作。莱尔顿在《纽约时报》的采访中如是说："总有些孩子喜欢游戏更甚于书本。但是，如果你能够用小说触碰到孩子的内心，给予他们一种体验，让他们意识到'啊，阅读可能是另外一种冒险'，那就太棒了。这就是我所做的事情。"[9] 这个书系在青少年中十分流行。利维坦备受鼓舞，将最初的想法扩展成了三个系列、几十本书。最终，"非正式学习实验室"并入了编辑部门。"现在，游戏玩家们更加了解叙事了，"利维坦说，"而讲故事的人对玩游戏也知道得更多了。"

第九章 林中漫步

❉❉❉

2013年夏天，我认识了小说家马修·罗斯。当时，他正在自己位于布鲁克林的八楼小房间里工作，为汤姆·索亚写对白。这个角色与马克·吐温笔下的男主角同名，也是个闯祸精，出现在安普利菲公司推出的基于平板电脑的阅读游戏《图书馆探秘》之中（本书第八章曾简短地介绍过这款游戏）。罗斯说："我太喜欢汤姆·索亚了。"但他也坦言，自己有些难以进入这个角色。他总是刚写下几行对话，就立刻删掉重写。"这个角色的设定是，他总想用出乎意料的方式搅乱现状，"罗斯说，"而当你要设计一款游戏时，你最不想发生的，就是出乎意料的方式。"[10] 罗斯出生于费城，时年35岁，是虔诚的哈西德派犹太人，留着长长的胡须和头发，两鬓扎成传统的发卷。他向我解释，自己的名字这种不寻常的拼法，是他在19岁时开玩笑式的创造，20岁时他还买了个域名，"www.matthue.com"。"从此这个拼写好像就有点变成真的了。"在为安普利菲公司工作之前，他已经是一个小有成就的青少年小说作家，还是两个孩子的父亲。罗斯近来发现自己唯一的写作时间居然是在通勤的地铁上。但他的写作策略还颇有成效：一个月前，他出版了个人第一本童书绘本《我的第一本卡夫卡》（*My First Kafka*）。这是'一本关于存在主义的图画书"，是罗斯为他四岁的女儿写的。罗斯说，女儿现在已经五岁了，她"对死亡特别着迷，并不害怕死亡，而是被它深深地吸引了"。罗斯和身为布鲁克林餐厅经理的妻子伊达·维尔迪杰·罗斯正在等待第三个孩子降生，他还在写作自己的第一本面向成人读者的小说，讲述"一群拥有海盗秘密身份的70岁犹太老人"的故事。他说，这部小说可能和之前他常写的内容相去甚远。"不过，从另一个角度来讲，我觉得它们讲的也都是

同一件事。"¹¹

罗斯的第一本青少年小说《别在意＜戈德堡一家＞》（Nevermind the Goldbergs）出版于 2006 年。他开玩笑说，对于"正统派犹太教青少年朋克摇滚"这个人口统计学分类来讲，自己算是第一个着力写作此群体的作家。他当时已经出版了《摇滚的赎罪日》（Yom Kippur a Go-Go），这是关于一名正统派犹太人成长经历的回忆录。他的第二本小说《失败者》（Losers）于 2008 年出版，罗斯的出版商学乐公司推广这本书时，将其称作"约翰·休斯（《小鬼当家》的导演）执导的喜剧片《波拉特》"（罗斯在学乐公司的编辑正是利维坦）。2012 年春天，罗斯从两个朋友那里得知了安普利菲公司。这两个朋友分别是汤姆·比塞尔和罗博·奥丁，都是住在洛杉矶的作家，围绕一些顶级制作的知名游戏的主题，写过一些此领域的奠基之作。比塞尔和奥丁联合创作了游戏《战争机器：审判》（Gears of War: Judgment）的脚本。比塞尔写的书《额外的生命数》（Extra Lives），可能是视频游戏批评领域迄今最佳的著作。比赛尔尤其喜欢推动读者从不同视角去看待游戏。他最近写道："周末躺在床上阅读琼·迪迪昂的文集，或者窝在沙发上玩环洛斯桑托斯大赛车游戏，这是完全不同的思维活动。人类大脑完全能够同时容纳这两种体验。不幸的是，不玩游戏的人并不太重视玩游戏所发生的心智活动。其实，在美国文化中，玩游戏的价值总是很难被重视，除非它能让你得到 130 万美元的奖金。"¹²

当时，比塞尔和奥丁正在着手《图书馆探秘》的前期工作。不过他们发现，游戏需要有一个声音来对孩子们讲话。他们推荐了罗斯，而罗斯第一次来到位于敦博的安普利菲总部时，都不知道这是一次工作面试。"我不知道他们是想雇用我，还是仅仅想向我展示他们的计划。"他回忆道，"其实当时是在规划我接下来一年的生活啊。"

《图书馆探秘》的核心创意正是一场纯粹的英雄之旅：在一个想象中的隐秘的图书馆内部，有一千多部经典书籍，是真实存在的电子书，但没人阅读它们。一个由图书馆员组成的古怪团体认为，为了确保这些书籍安然无恙，他们必须阻止来自几乎所有人的肮脏双手的触碰。除非是那些聪明到足以欣赏书中真谛的读者，才能不受限制——不过在他们看来，似乎没人能达到此标准。然而，如果没人阅读这些书，书中的角色就会死去。因此这些角色开始从书中跳出来寻求援助。在游戏中，玩家很快就会遇见一些最著名的文学形象——汤姆·索亚、朗·约翰·西尔弗、柴郡猫*。随着一系列任务的完成，玩家不仅可以解锁更多的任务，还会遇到更多愿意加入团队一起玩耍的文学形象。每个文学形象都能给玩家带来不同的特殊能力，可以在游戏的关键时刻派上用场。你认识越多的文学人物、阅读越多的书籍，你就会变得越发强大。这样的奇思妙想来源于斯坦福大学的研究者卡罗尔·杜威克（Carol Dweck）的"心态"（mindset）研究。杜威克发现，如果总是赞扬孩子们的努力，会让他们受到激励，更加努力；而如果只是赞扬孩子们有多么聪明，则会适得其反。他们会因此而不敢在学习中冒险，害怕学业上的失败会有损于自己"聪明"的头衔。正如该公司平板电脑上的其他游戏一样，是否玩《图书馆探秘》对孩子们完全是非强制性的。设计师希望，孩子们在玩了游戏读了书之后，会和朋友们分享自己的体验，并围绕自己喜欢的游戏或书籍创造出亲密无间的团体。

罗斯说："玩家们每周都和这些文学人物碰面，因此会逐渐爱上他们。"他认为，这种关系类似于年轻人和他们追捧迷恋的电视剧角

---

* 译注：这三个角色分别来自《汤姆索亚历险记》、《金银岛》和《爱丽丝漫游奇境》。

色之间的关系，这样的角色包括"吸血鬼猎人巴菲"或是神秘博士。这些角色富有魅力，亲切熟悉，让观众们会一直持续观看这些剧集，关注接下来发生了什么。罗斯说："我希望书籍能够重新回归到这种备受关注的地位——但愿这句话听起来不像写下来那么糟糕。"

罗斯还记得，小时候自己就被罗伯特·路易斯·斯蒂文森"吓坏了"。《金银岛》这样的书看起来都是又大又重，斯蒂文森笔下的角色又总是"说点让我理解不了的话"。而《图书馆探秘》的要义，则是让玩家去跟朗·约翰·西尔弗等文学角色展开无数次互动，直到他们的言谈变得熟悉亲切，他们的性格特点变得鲜明动人，他们的生平经历开始栩栩如生。最终，成年人可以放手不管，学生们自己就能与书籍紧密相连。他说："孩子们总是具有令人难以置信的强烈好奇心和高度创造力。"从某种意义上说，他们正在编写的游戏脚本相当于原著的同人小说（fan fiction），这是种感染学生们的策略。他说，随着游戏进程的发展，《图书馆探秘》将允许玩家们亲自为角色编写剧本，这将让游戏成为完美的循环。

在一家犹太餐厅共进午餐时，我担心地问罗斯，《图书馆探秘》中的汤姆·索亚是否会像迪士尼的小熊维尼那样，一味迎合现代流行口味，成为一个简化的商业产物。我跟他说，也许这只是我的想象，但我还记得好多年前曾和女儿一起坐在沙发上，看小熊维尼玩滑板。我拜托他千万不要做这种傻事。罗斯笑了，说他们并没打算让**任何**角色玩滑板。不过他补充道，设计团队并不惮于运用了一些可能会惹恼评论家的方式来重新诠释一些角色。为了解释他们计划实现的目标，他引用了一个不常见的希伯来语词"Gaiva"。他说，在哈西德派犹太人中，这是个极其贬义的词，意味着"骄傲"、"自负"。罗斯说，当自己坐在电脑前，就常有这样的感觉。他们的使命是让孩子们对经典作品产生兴趣，让他们去关注那些在日常媒体大餐中接触不到的、几乎完全陌生的东西。罗斯将自负与傲慢之感带入了这项任务。他想，如果批评家会因此而大发雷霆，就随他们去好了。这恰好证明他们的成功。罗斯说："对作家来说，最糟糕的事情是读者漠不关心的态度。有时你宁愿他们怒气冲天。"他认为，孩子们的主要活动场所——学校，更是如此。"我们将要走进的正是这冷漠的诞生之地。"

纳撒尼尔·霍桑曾这样写道："他是个奇特的人，是一个保有许多原始野性冲动的年轻人。他虽然处事圆通，但是待人接物的方式独具一格。他奇丑无比，长着长鼻子、歪嘴巴。他的言谈举止虽然谦恭有礼，但却笨拙粗野——这一点恰好与其外表相称。不过，他的丑却透露出一种诚恳、亲切，显然比美要更适合他。"[13]

1842 年，霍桑同他的新婚妻子索菲亚搬到了康科德。他与亨利·大卫·梭罗初次会晤，就对这个年轻人印象深刻。梭罗为这对夫妇准备了一份乔迁兼新婚礼物——一座曾亲手种植的菜园。当时，25 岁的梭罗寄居在爱默生家，为爱默生打杂和做园丁，同时还辅导爱默生的四个孩子学习。梭罗是个古怪的人。他毕业于哈佛大学，父亲是铅笔制造商。他头脑聪明，博览群书，尤其喜欢诗歌，但是不善交际。他主动照看镇上的树木，把自己看作"自封的雨雪巡视员"，有点期望能够因此谋到一份公差。据霍桑写道，他和"云亲密无间，能够预知风暴的到来"。[14] 1845 年他建造了自己的林中小屋。当时他因两件事而出名：其一是因为他拥有一种神秘的能力，能够在一块开垦过的土地上轻易地找到印第安人的箭头；其二是，上一年的四月，他和一位朋友在瓦尔登湖畔做鱼杂烩汤的时候，不小心烧毁了三百英宙的树林。换言之，梭罗可能是视频游戏史上最不像动作英雄的人物了。

但是，他却是特蕾西·富勒顿心目中的英雄。虽然富勒顿生长在洛杉矶市郊，但是她的家族可以一直追溯到美国独立战争时期的波士顿。在那里，她的一位祖先，小约翰宝宝·富勒顿在12岁时离家出走参加军队，最终成为马萨诸塞州海军。1779年，保罗·里维尔领导了佩诺布斯科特远征，希望能够从英国手中收回如今的缅因州地区。不过，这次远征损失惨重，富勒顿等士兵也同保罗·里维尔一起受到了军事法庭审判。战争之后，英国人最终还是归还了这块土地。富勒顿也从收复的疆域里获得了一块土地，并开始从事海上贸易。富勒顿家族"并不是所谓的波士顿勋贵家族，但无疑是彻彻底底的新英格兰人"。

富勒顿第一次读到《瓦尔登湖》时，还是个12岁的孩子。时值暑假，她在马萨诸塞州的姊姊家度假，正泛舟在离瓦尔登湖只有几英里远的一个池塘上。她的父亲是一名工程师，非常喜欢读书。他要求四个孩子每年夏天度假时，都要读一些和旅行目的地相关的书。她对我说："度假时，我们家能听到的就是翻动书页的声音。"[15] 当时，富勒顿正沉醉在梭罗对蚂蚁战争的悲壮描述之中。"我把它当做一本故事书，就像我读过的其他故事书一样。"

富勒顿是长女，1965年生于洛杉矶，在市中心以西的玛尔·维斯塔长大。她还记得自己小时候，"总是在造东西"。富勒顿和朋友们打劫了父亲的工具箱，建造过堡垒、剧场、宇宙飞船等一切看起来值得建造的东西。他们在社区里安装了一批木头做的邮箱，创建了自己的地下邮政系统。他们还造了一台电池供电的电报机，安装在厨房里，这样富勒顿的妈妈就能知道他们是否在车库中。她说："不知道为什么,我们就是觉得它是最棒的东西。"我跟她说,这大概是因为有助于妈妈了解他们的动向。她笑着说:"不管怎样,她一定会知道我们在哪。"

后来他们造够了东西,开始尝试演戏。他们成立了"业余明星夏季剧团",还用来自汽水易拉罐的镍片制作了铭牌。富勒顿成为了一名电影制作者,给她的超8毫米摄像机邮购了一个EWA倒带器。这件设备能够将相同长度的胶片曝光两次,从而实现许多自制特技效果。她说:"我觉得这太神奇了。"她和朋友使用定格拍摄的方法完成了一个关于《星球大战》的衍生短片,还有过一批付费观看的观众。后来,他们长大了一点,对科幻题材不太感兴趣了,"于是我们就开始拍摄经典名著"。富勒顿和姐姐曾将《伊利亚特》改编成一部影片,特洛伊城大火那一幕就是在她姐姐的卧室中拍摄的,因此还把地毯烧焦了。她说:"最后我们只能裁开地毯,把它藏起来。"这部影片让富勒顿赢得了许多称赞,她也因此大受鼓舞,进入南加州大学电影学院就读。在富勒顿观看了《战争游戏》(*WarGames*)之后——这部1983年的惊悚片以核战争为主题,由马修·布拉德利克主演——她用一台Commodore 64游戏机开发了自己的第一款电脑游戏。这是一款类似井字棋的游戏,如果玩家输了就会出现一朵蘑菇云。富勒顿回忆道:"这个画面就是对玩家最大的报偿。"富勒顿后来意识到这个设计太糟糕了,因为没有什么鼓励玩家获胜的机制,只有对失败的展示。她还重读了《瓦尔登湖》,这次她看到的不光是蚂蚁间的战争了,而是更宏大的东西:梭罗那辛辣的政治雄辩。

富勒顿和她同辈的许多年轻人一样,在电脑上玩过早期各种版本的《龙与地下城》游戏,也非常喜欢它们。不过,真正触动她的是一款开创性的以冷战为主题的电脑战略游戏《权力制衡》(*Balance of*

Power），这也是最早的"严肃"游戏之一。这个游戏"困难得叫人发疯"，也十分扣人心弦。当时正值冷战高峰期，富勒顿最爱游戏中暗含的挑战：阻止核战末日的来临。"如果你想让世界陷入战争，游戏中的一切都会爆炸，"她说，"当然，你总是会选择这么做。"20 世纪 90 年代初，她住在纽约市，担任创业公司"联盟影业"（Interfilm）的创意总监。这家公司致力于游戏和电影的结合，最为知名的产品是一部"电影游戏"《策马奔腾》（Ride for Your Life）。这部影片仅在 47 家影院上映，由《蝙蝠侠》的前任男主角亚当·威斯特主演。剧院每个座位的扶手上都安装了一种特制的三键键盘，请观众投票选择影片剧情应该走向何方。

没过几个星期，《神秘岛》（Myst）和《毁灭战士》这两款电脑游戏问世了，那是 1993 年末，由此整个游戏行业出现了两条分支。这两款游戏在技术上都有极大飞跃，但二者又截然不同。《神秘岛》节奏缓慢，气氛沉郁，画面逼真，谜题重重。有评论家认为它"有点达利的味道，也有点像凡尔纳的《神秘岛》"。[16]《神秘岛》由斯波坎市一位部长的两个儿子设计，它邀约玩家在其中探索、阅读、四处摆弄，琢磨该如何解开荒岛神秘家族的秘密，全程伴随着繁复华丽的管弦配乐。《神秘岛》的游戏类型是一种基于文本的冒险，将许多故事分成无数片段，然后将之配上音乐、音效和画面。设计师们藉由这个游戏创造了，或者至少是普及了激荡脑力的视频游戏新类型。评论家乔恩·卡罗尔在 1994 年写道："玩家在《神秘岛》中不会遭遇死亡，也不需展开杀戮。但它有时还是个很吓人的游戏。《神秘岛》里没有迷宫和陷阱，却总能在不经意间引发玩家的惊恐与不安。玩这个游戏就像在树林中漫步，几乎毫无危险，但危险却似乎随时会发生。"[17] 与之相反，《毁灭战士》是一场毫无歉意的地狱远征。在重金属音乐伴奏下，这场惊悚可怕、鲜血淋漓、生存至上的激战给予玩家强烈的感官刺激。一支临时拼凑的程序员团队在达拉斯郊区的高层建筑里开发了这款游戏，团队负责人之一约翰·罗梅洛，正是后来为斯坦福大学的基思·德夫林开发数学游戏提供指导的那个人。《毁灭战士》开创了第一人称视角射击游戏的类型。它的缔造者们甚至决定，以弗洛伊德所谓的人格中最原始、最卑劣的部分——"本我"（id），来将公司命名为"本我软件"（id Software）。

富勒顿和同事们非常喜欢这两个游戏，只要有机会就要玩一会儿。她说："我还记得，为了制造气氛，我玩《神秘岛》时会把灯都关掉。"《神秘岛》是一个栩栩如生、仿若电影般的天地，令人愉悦又发人深省。后来《毁灭战士》的开发者们发布了一款特殊软件，允许玩家自己创造游戏场景。于是富勒顿和同事们就在游戏中再现了他们的纽约办公室。她觉得《毁灭战士》就像一项体育赛事，一种"社会化的体育"，是有史以来人们在计算机屏幕上见过的最为迅速的东西。从那以后，大部分风靡一时的游戏在视听感受或玩家体验等方面，都跟《毁灭战士》非常相似。富勒顿也产生了好奇的念头：如果游戏世界更多传承的是《神秘岛》的基因，那么情况会是怎样呢？

富勒顿创办了一家开发互动式电视游戏的公司"蜘蛛之舞"（Spiderdance），为全球音乐电视台（MTV）、全美广播公司（NBC）以及历史频道（The History Channel）等电视网开发过多款现场直播的多人游戏。但发生在2011年的"9·11"恐怖袭击严重影响了各大电视网能投入互动内容的资金预算，"蜘蛛之舞"也因此在2002年关门大吉。富勒顿爬上自己的切诺基吉普车，寻思着一次长达一万英里的环美公路旅行，也希望在路上思考一番未来的人生规划。

她去了瓦尔登湖。当时正值夏天，本是游泳者云集的好时光，不过她到达的那天在下雨,因此只有她一个人。有一堆石头标示着梭罗小屋的原址,其中每块石头,都是由1872年以来络绎不绝来此的朝圣者放置的。沃尔特·惠特曼也曾在1881年造访此地。富勒顿就坐在梭罗小屋原址旁,读着《瓦尔登湖》。此刻她意识到,梭罗在告诉她怎样才能过一种均衡的生活。她说:"他一直在谈论,人们是如何工作至死的。"

1845年,当梭罗走进树林之后,整个世界都变快了。铁路在一年前穿过小镇,而工人们很快就会在全美铺设成千上万英里的电报电缆。"如此快节奏的生活,如此迅捷的传播,使得梭罗这样的人想说:'嘿,等一等,我们需要调整一下自己的生活,想一想什么才是真正重要的事情。我们需要做出选择。只有这样,在生命终结之时,我们才不会因生命被时代的快节奏一带而过而感到遗憾。'"她坐在小屋旁,想着梭罗的话:"我突发奇想,如果能**在游戏中体验他的经历**,应该是很赞的吧。因为我们绝大多数人都不能像梭罗那样,拿出生命中的两年时间来遗世独立。那么如果能够在游戏中实现这个愿望,不是很有意思么?"

因此,在其他设计师基于马基雅维利、孙子以及安·兰德的著作来设计游戏的时候,富勒顿则花了十年的时间研究梭罗的作品,从这位主张"像培育花园中的鼠尾草那样去培育贫困"[18]的作家身上汲取游戏设计的灵感。

大多数游戏都是围绕着玩家的获取与成就来建构的,而这些事情正是梭罗所憎恶的——按他的想法,人们应该在安息日工作,其余六天则全部休息。他曾写道:"无论是衣服还是朋友,不要为了得到任何新东西而给自己找麻烦。衣服都卖了吧,自己的想法自己知道就行了。"[19]与梭罗的想法一脉相承,富勒顿的游戏鼓励玩家活得简单,工作量只要能提供生活必须品就足够了，剩下的时间要用来欣赏大自然、享受人生。2009 年，在游戏的研发阶段，富勒顿诚恳地告诉"小宅游戏网"（Kotaku）："我们要做的是打破玩家的期待。"[20]

我认识富勒顿是在 2012 年春天。当时她正在把自己编写的教科书《游戏设计梦工厂：以游戏为核心的创新型游戏设计路径》（Game Design Workshop: A Playcentric Approach to Creating Innovative Games）修订到第三版。她还是南加州大学游戏设计专业的学科带头人、互动娱乐系的"电子艺界荣誉教授"。她的团队刚刚获得了一项四万美元的国家艺术基金来推动游戏开发，而此后诞生的《游戏：瓦尔登湖》已经受到了不少关注，褒贬兼而有之。《时代》周刊曾发表过一篇文章，写到国家艺术基金，也提醒读者："做好准备，来尝试点儿 19 世纪超验主义的行动吧！"[21] 而在偏保守主义的 CNS 新闻网上，一个评论家质疑道："政府怎么会支持这样的东西呢？正是他们让梭罗的所作所为变得不可能实现。梭罗会被罚款的——我的意思是，因为没上医疗保险，他得交税。去读一读他的书吧，这样才能领略到真正的自由。"[22]

2013 年 4 月，富勒顿再次改变了对《瓦尔登湖》的感受。她被诊断患有乳腺癌，要动手术，接下来还要接受放疗和化疗。除了修订教科书和开发游戏，她停掉了其他所有工作。"我的身体努力告诉我要慢下来，这些时刻我感觉自己领会了《瓦尔登湖》的要旨。"她说，"不过，往往是人们向我的血管里注入药品的时刻，我才会神游物外。"她每天都要健步长走、读书、种西红柿、听音乐、花时间陪伴家人。"我自己照顾自己。这有点儿奇怪，很多事其实本该是我做的，只不过之前忘了要在这些事上花点时间。"

✻ ✻ ✻

2014年2月，我来到南加州大学，在富勒顿工作室的一个角落里首次见到了《瓦尔登湖》的游戏原型。游戏复现了马萨诸塞州康科德市昔日的情景。艺术指导卢克·彼得森正引导着屏幕上的化身走过市区内的一排房子，富勒顿坐在旁边，双眼盯着屏幕。"梭罗并不是隐士，"富勒顿说，"《瓦尔登湖》一书中大量写到了社会。"她说，梭罗每周都会有一两次步行到镇子上去吃晚餐。富勒顿指向屏幕："这栋房屋可以进去。"[23] 彼得森操纵化身进入了梭罗家人的家。在长达两年的离世实验中，梭罗会定期回来换洗衣服。富勒顿话音刚落，屏幕上就弹出一个窗口："这是你父母的家——屋子里也许会有馅饼。"彼得森拐了个弯进入客厅，果然窗台上有一个还热乎的馅饼。

此时，在几乎所有视频游戏中，玩家都应该不假思索地走到馅饼旁，将其收集起来存在某处。馅饼是不错，但是《瓦尔登湖》要求玩家养成遇事三思的习惯。对饥饿的梭罗来说，馅饼是一种绝佳的食物。但是对于自力更生的梭罗来说，馅饼就是不劳而获之物，这就不大好了。彼得森将鼠标指针移到窗台边，点击了左键。一个弹窗信息跳了出来："这是一份馅饼，我想它很美味。"

等一等，我说。**别太着急**。

富勒顿咧嘴一笑："梭罗到镇子上去换洗衣服，找东西吃，这也是种生存的方式。这种方式本身并没有什么错。不过，往返行程也得花时间，这就占用了找寻灵感的时间。那么问题来了：你想过怎样的生活？你想让妈妈给你洗衣服、做馅饼么？"富勒顿开发这款游戏的时候，朋友们无一例外都会问她："你妈妈帮你洗衣服么？"她决定将这个问题作为游戏中的一个选项。"人们通常会觉得，梭罗的这种举动是对他实验的否定。但是实际上，他要做的实验并不是荒野生存，不是《幸存者》真人秀。"她说，梭罗想要的是简化自己的生活，并不是逃离社会。他只不过是站在社会的边缘，以便把社会看得更清楚。

梭罗写道："我住在树林里时，来拜访我的人比任何其他人生阶段都要多。"他说，他的屋子里有三把椅子："寂寞时用一张，交朋友用两张，社交时用三张。"他还写道，"有一天，在我的屋檐下，来了二十五至三十个灵魂，外加上他们这许多个身体；然而，我们分手的时候似乎并不觉得我们曾经彼此接近过。"

其实，玩家可以在镇子上消磨大量的时光，可以演讲、写文章，也可以呆在爱默生卷帙浩繁的图书馆里。富勒顿说，读书和写作能给予人灵感，但是过头了也会损害人与自然的关系。梭罗主张，生命不仅是工作，也不仅是玩乐，应该在两者之间找到一个融洽的契合点。

彼得逊回到湖边，走到梭罗的豆田之中。梭罗在瓦尔登湖独居期间，在小屋近旁种了两亩半的豆子，最后收获了420多公升。他在日记中写道："这比我想要的多多了。第一年的夏天，我压根没有读书，而是在种豆子。"他也通过这番劳作获得了8.71美元的收益。玩家在游戏中也可以尝试这么做。据富勒顿所言，其实玩家想种多少豆子就可以种多少。收获的豆子可以卖掉，用来购买漂亮衣服或是升级房屋。"你可以通过玩这个游戏，成为瓦尔登湖的百万富翁。"但是要实现这个目标，会占用你每天绝大部分时间。你不得不定期犁地，否则田里就会长满杂草。你还必须找到一个地方用来贮藏收获的豆子。就在她向我介绍的时候，游戏世界中的太阳落山了，然而彼得森仍在豆田中耕作。富勒顿说："很显然，卢克晚上也得在外面种地了。"

彼得森回答："如果你想成为百万富翁的话……"

"那么你就只好加夜班了。"富勒顿大笑着回应彼得森。

几个月后，我打电话给富勒顿，说服她寄给我一份游戏试玩版，想在家尝试一番。开场教程后，这场实验开始了，接下来出现的是梭罗著作第一章《经济篇》中几行表明主旨的文字。梭罗的话开宗明义，指出人必须的四种基本生活用品是食物、燃料、住所和衣服。富勒顿说："一旦人们拥有了这些东西，就可以用生命中剩下的全部时间走出家门、体验自然，体验人生中更能满足精神需求、更能给予人灵感的那些事物。"玩家必须通过工作来满足自己的基本生存所需，但是在此之外，游戏鼓励他们四处闲逛，按自己喜欢的方式消磨时光。不过，如果小屋没有修建好，那你就要开始受罪了。背景音乐因此改变：几分钟前还是一曲由钢琴和大提琴二重奏的田园牧歌，突然就变成了死亡进行曲般的钢琴独奏，似乎有个演奏者总是在固执地按键盘上最低的几个音。行动变得更为吃力和迟缓，画面的颜色也开始消失。富勒顿说，虽然她刚开始设计这款游戏的时候没有意识到，但是"现在回想起来，《瓦尔登湖》这本书之所以吸引我，很重要的一点是，梭罗的实验就像一套有趣的游戏体系"。

玩这个游戏要花好几个小时。设计师将梭罗的"两年零两个月零两天"压缩为24"天"，每"天"15分钟、6"天"组成一个季节。游戏令人惊叹地真实再现了瓦尔登湖的风貌，其设计依据是美国地质调查局发布的数据以及梭罗自己的草图——除了人所共知的身份之外，梭罗还是一位勘测员。游戏从夏天开始，到春天结束，每时每刻都呈现出大量令人叹为观止的景色——显然，很多视觉效果是直到最近才得以在家用电脑上实现的。画面中的大部分物品都"可点击"，点击后会出现一些关于瓦尔登湖的简介，通常出自梭罗本人的文字。

在一个盛夏的下午，我打通关了整个游戏，然后给亚历克斯·马修打了个电话。他是富勒顿的研究生，也参与了《游戏：瓦尔登湖》的研发。高中时，他在 PlayStation 游戏机上玩到了《旺达与巨像》，因而与游戏设计结下不解之缘。这款游戏颠覆了战斗类视频游戏中"终极头目"战的典型范式，玩家需要杀死一连串的巨人，从而让心爱之人复活。马修说："你要去杀死这些巨大的怪兽，它们其实没对你做过任何坏事。"这是他第一次在玩视频游戏时感到内疚。因此他想了解这一奥秘，如何让其他玩家也感受到强烈的情感冲击。"这个游戏改变了我的人生。"

马修让我在捕捞鲈鱼时注意观察瓦尔登湖。他骄傲地对我说，只要我的游戏化身一靠近岸边，鱼群就会在波光粼粼的湖面之下游来游去。我试了试，发现果然如此。当我离开后，鱼群就消失了。他说，他还负责设计狐狸、野兔、野鸭、貂、还有无数的鸟，确保它们出现的时间以及行为方式准确无误。他得知冠蓝鸦（blue jay）一直象征着智慧，就在游戏中设计了这种鸟，指引玩家找到游戏中散落的书籍。他还为猫头鹰的眼动追踪编写了程序。他说："我觉得'这个游戏世界好像还不是太认识你'。所以，我让猫头鹰在你路过时看着你，认出你，一直盯着你看。此设计之中自有深意。"[24]

此游戏的作曲家和音效设计师迈克尔·斯威特（Michael Sweet）建议我在玩游戏的时候戴上耳机。斯威特说，你在游戏中听到的声音都是来自瓦尔登湖的真实的声音。他住在湖边，花了两年时间录制一年四季中鸟类、昆虫及其他生物的声音。他和富勒顿是在 90 年代中期认识的。他最著名的作品是热门游戏《美女餐厅》（Diner Dash），还给微软 Xbox 360 游戏机制作了独具特色的声音"标识"，每次开机时都能听到的"啾"的一声。斯威特任教于波士顿的伯克利音乐学院，在那开了一门视频游戏配乐的课程。他和其他的团队成员一样，也是在完成本职工作之余，义务地投入时间精力来制作这款游戏。他加入团队是在三年前，在旧金山的游戏开发者年会上听到富勒顿提起《瓦尔登湖》这个项目之后。他主动问富勒顿自己能不能来帮忙。

"如果我们所有人都是全职投入这个项目的话，一切肯定早就搞定了，"斯威特说，"但我同时也认为，时间更长，我们就能将游戏打造得更为精致，跟那些速战速决的作品完全不同。我可以仔细地聆听季节如何变迁，聆听身边的野生动植物如何改变。如果只给我三个月，我绝对做不到这一点。"有一个例子恰好能做证明：斯威特咨询了当地的养鸟人，得知北美红雀（cardinal）是在梭罗的时代之后才向北迁徙到瓦尔登湖一带的，于是他最终舍弃了所录制的北美红雀叫声。

斯威特在康科德定居其实出于偶然。他本来想住在波士顿，但是他的妻子更喜欢乡下。每次他们搬家时，妻子都会说，"**太近了、太近了、还是太近了**"。"如今我更加算得上是这方面的专家了。由于我住在这里，我可以用这样的慢节奏体验周围的世界。这也让我更贴近梭罗所谈起的一切。"[25]

所有这些细节叠加到一起，呈现出完美的结果，为玩家带来身临其境之感。我对此深有体会。在玩这个游戏大约半个小时后，我办公室的电话铃突然响了。我惊愕地看着电话，足有一秒钟，不明白这个奇怪的声音究竟是什么。然后，我因为被迫脱离了19世纪的田园生活而感到十分恼火。我把电话铃声掐掉，然后继续玩游戏。

我也开始阅读《瓦尔登湖》这本书，因为意识到自己其实并没有完整地读过它。就像其他每个人那样，高中时我也被指定阅读其中的一些章节。不过我认为，其实大多数人都没有真正理解这部作品。我发现，《瓦尔登湖》比我想象的更丰富、感情更充沛，是一次发自内心的冥想，挑战了大多数人采用的那种上书"另类鼓手节奏"的冰箱贴一般的简化主义。我担心，从长远看来，一个游戏还是难以超越冰箱贴的层次。不过富勒顿让我不必担心，因为人们总是能逃避自己设下的圈套。她说："事实上，你当然可以把它看得很简单——如果他们希望如此的话，这就是一次愉快的林中散步。"但是，如果玩家更深入地探索，测试游戏的系统，"如果多花点时间和精力想一想为什么梭罗这么做、为什么游戏是这样的方式，如果玩家允许游戏体验影响自己，他们就能从中得到更多收获"。

第十章 用你的意念投掷卡车

如何用游戏帮助治疗心理疾病
并让孩子们放松

天气晴好，艳阳高照，道路绵延仿佛没有尽头。一条单行小径在色彩缤纷的风景中盘旋，深蓝色的海洋在远方闪耀。此刻的音乐是一种轻快的卡利普索小调，萦绕在我脑海中，挥之不去，就像很多视频游戏的配乐那样。我和往常一样，凝视着笔记本电脑屏幕，但双手放在膝头，既不碰键盘也没摸鼠标。我戴着一根黑色的塑料头带，上有若干传感器，监控着我大脑前部的电信号活动，并通过蓝牙无线传输到笔记本电脑。看起来，我有点像某项心理学实验中的一个被试。在屏幕上，道路正中央，站着一只三维动画小鸡，还穿着一双牛仔靴。

我从上方略微偏后的角度看着她，就像我们在第一人称射击游戏那样。姑且让我叫它"第一鸡称射击游戏"（FCS, First-chicken shooter）吧。几乎难以遏制地冒出几个念头，比如编造几个有关小鸡过马路的愚蠢笑话——每个碰到这只小鸡的人都会体验到这种发自内心的冲动。等到终于克服了这种情绪，我开始玩游戏了。深呼吸，摒弃各种杂念，把精力集中在那只小鸡身上。我并不确定该怎么做，也没人详细指导我。我只是对自己说：小鸡，跑起来！

突然，就像魔法显灵，它开始动起来。现在我真的全神贯注了。于是很快从踱步变成了小跑，脚爪踢起一溜儿小烟尘，还边跑边咯咯叫唤。我正在用思维驱动小鸡奔跑！天气甚好，小鸡很赞，我们一同跑在路上，我们的思维相互锁在一起。当道路向左转弯，小鸡也随之左转，现在的位置正好可以俯瞰大海。看看这阳光照耀的……啊等等，为什么它停下来了？是因为我在看着大海吗？我把凝视的目光拉回到小鸡身上，于是它又开始动起来。

为了确定是怎么回事，我做了一个小实验：当小鸡再次顺利奔跑，我开始回想几分钟前的那杯奶油拿铁，它就在我来时路上，第二大道那家法国咖啡馆。我知道那只是家连锁店，但那个粗壮魁梧、身上穿孔打洞的年轻服务员，倒真是冲了一杯好咖啡。奶泡甜而轻柔，甚至还被他轻轻旋转成……啊，我的小鸡停下来了。当我走神三秒钟以后，它不再奔跑。卡利普索式音乐还在回响，而小鸡耐心地停在路中间，等着下一步指示。

简言之，我的"拿铁白日梦"模拟了一种注意力缺陷多动症（ADHD），这是一种神经行为学上的症状，至少有 600 万患儿。[1] 我正坐在邱吉尔学校图书馆旁边的一个小房间里。这是一所私立走读学校，位于曼哈顿东区基普湾分部，以教育那些注意力方面有问题的孩子而著称，而上述这款由马萨诸塞州公司 Atentiv 开发的游戏，就是他们正在探索的疗法之一。合作方还包括杜克大学的神经科学家兰加·克里希南（Ranga Krishnan）。这是一个叫做治疗式神经学游戏（therapeutic neurogaming）的新兴领域，将数字游戏的机制应用于实际的治疗中去。按照其倡导者的说法，这样的疗法可以让孩子们平静下来，集中注意力，并且有助于他们克服诸如 ADHD、焦虑症、情绪低落等不良状况，甚至在不远的将来有望治疗某些类型的自闭症。那么这些孩子就可以专心地在学校学习了。它基于两个基本的观点：首先，大脑具有"可塑性"的时间远超科学家们曾经的认知，因此所有年龄段的孩子都可以在无药物的情况下，通过基本的神经反馈疗法获得治疗。第二，该种疗法并不会一举成功，而是需要下功夫、耐心和定期的练习。该理论认为，由于游戏能激励人们花时间去玩，玩家们也会定期地重返游戏。比起那些枯燥乏味的常规疗法，病人们在治疗式游戏中更容易取得进展。从医学角度来讲，那些正玩着引人入胜游戏的病人，愿意服下他们的所有药剂。

　　风险也是不小的。2011年，据美国疾病控制与预防中心估计，被医疗机构诊断为ADHD的孩子在学龄儿童中占比超过十分之一，在高中男生中甚至超过五分之一。据其家长们报告，正在服用ADHD药物的儿童数量，每年增长大约7%。2011年大约有350万孩子正在服用治疗ADHD的药物，比2003年大概多了100万人。[2] 美国食品与药物管理局（FDA）曾发出警告，最常用的ADHD治疗药物利他林有不少副作用，包括增高血压、中风、心脏病发作，对于有心脏问题的患者甚至可能导致猝死。FDA还表示利他林会阻碍孩子的生长发育，让他们视力模糊、头痛、心脏病发、食欲不振、恶心、失眠；对于青少年男性则可能导致"痛苦而持久的勃起"。它还可能引发包括躁郁症在内的精神问题。[3] 不难理解，父母们都会愿意不惜一切地给孩子们寻找非药物的舒缓解脱方法。因此在过去几年间，有一小群精神病学家、科研工作者、教育者、游戏设计师，已经悄悄而紧锣密鼓地开工了，想做出首个被FDA批准的、有疗效、可以成为处方的视频游戏。这并不是一个比喻的说法。他们正在给一个游戏争取审批，让它成为医生可以开具的处方。

　　研究者们认为，类似利他林或安德拉（Adderall）这类药物的问题还不仅仅是有副作用。它们要么生效，要么完全无效。它们会"用一种极为粗暴的方式，激活你的整个大脑"。亚当·加扎利博士是一位精神病学家，也是加州大学旧金山分校神经科学畅想中心

（Neuroscience Imaging Center）的创始人兼主任。他说："我们实际上并没有什么好办法来测定其效果，因此我们不得不将其剂量增加到非常高的水平。"[4] 大部分药物处方给医生的指导信息完全是非个性化的，出发点是人口数据，而非坐在医生眼前这位活生生的病人的需求。他还说，病人拿到了药之后，即便在病人服药和医生看到疗效之间，始终还有个固有的延迟。加扎利说，"我们是一个非常开放松散的循环系统，我觉得这真的不够好。"几年前，他开始寻找一种新的方法来治疗病人，寻求更加紧凑的反馈回路，并且是"目标明确、个性鲜明、多种模式的密闭循环"。

加扎利开始对视频游戏产生兴趣，是在阅读了一些医学文献之后。这些文献反映了第一人称射击游戏可以改善玩家的认知能力，不论他们是专业水准还是新手级别。他了解到，当我们年岁越是增长，就越是难以在不同的任务之间直接跳转切换，这和被他称作"感知粘度"（stickness of perception）的现象有一定的关系。[5] 我们上了年纪的大脑就像那些铰链生锈的房门，难以从一个任务"转动"到另一个任务，这不仅是由于难以跳转到新任务，也是因为难以脱离旧任务。加扎利于是开始考虑，是否可能开发一款游戏，来增强人们的任务转换能力呢？当时他有些朋友正在游戏开发公司"卢卡斯艺术"（LucasArts）工作，于是他请求他们施以援手。而这些朋友表示深受启发。"他们的看法是，在过去十五年里，他们一直在教青少年如何杀死外星人，这几乎是他们职业生涯的绝大部分时光，而今他们也期待有机会致力于开发一些产生不同影响的游戏。"加扎利的团队做出来的游戏叫《神经赛车手》（*NeuroRacer*），一款沉浸式的三维立体训练游戏，在很多方面都类似于 Atentiv 公司的小鸡游戏，当然加扎利的游戏出现得更早。《神经赛车手》游戏要求玩家驾驶一辆逼真的赛车沿着一条蜿蜒的道路行驶，同时还要对沿路出现的不同颜色作出反应。如果玩家看到绿色符号，需要按下某个按钮。如果看到红色或蓝色符号，那就应当什么也不做。当他们的多任务处理技能得到提升之后，游戏会变得更加有难度；但是如果玩家搞不定同步出现的多任务，游戏则会变得简单一些。加扎利说，这就是游戏的"特殊调味料"。跟现实世界有所不同的是，在现实情况下，如果你处理某个任务越拿手，那么它就越容易处理；但在《神经赛车手》里情况恰好反转过来了，以科学的名义。

假如游戏是一剂药品，不仅病人们愿意照单全收，而且药品本身也会自动调整，每时每刻，适其所需：当你做了某个决策，游戏就会受到影响。游戏产生改变，反馈给你新的挑战，你再来应对它。反馈回路就此紧密咬合。"挑战的等级总是取决于你的技能水平，于是它就牢牢地把你拴在最佳状态，也就是咱们的游戏设计师认同的'心流'状态。"加扎利引用了米哈里·希斯赞特米哈伊的概念。大脑科学家们也许会叫它"最大化大脑可塑性"，或者简言之，更有效率地进行"脚手架式学习"。加扎利说："你要不断地推动这个体系变得更有难度，具有让人改变的能力，但并不是要让它的难度高到令人望而却步。"实际上，一个精心设计的游戏能够做得更好，通过这样的反馈来清楚了解你认知上的长项与弱点，并回馈给你恰当的挑战，给你刚刚好的压力。

《自然》（*Nature*）杂志在 2013 年发表了一篇颇为创新的论文，加扎利及其团队报告了他们通过《神经赛车手》游戏获得的发现。他们发现，那些 20 岁出头的被试者是最佳的多任务工作者，但经过训练后，60 至 70 岁的老人们表现得就跟 20 多岁的人一样好，哪怕是在训练结束后一个月依然如此。年长者们被强化的多任务能力可以持续六个月之久。⁶ 当科研圈子里的很多人都来追溯其想法的时候，发现大脑训练的积极效果还有一项始料未及的好处，年长者们的工作记忆也得到了改善。加扎利说，这就好比你走进健身房锻炼了一个月，但半年以后依旧能保持强壮一样。

　　加扎利乘胜追击，开始设计一款关于专注力的游戏，并得到了美国国家卫生研究院（NIH）的资助；他还通过自己参与联合创建的公司"阿基利互动实验室"（Akili Interactive Labs），研发另一款适用于小学生们、可以治疗 ADHD、抑郁和其他疾患的游戏。实验的初始投资者之一是一家爱尔兰医药公司夏尔制药，也是安德拉的制造商。"我们所希望的，是在五年之内真真切切地降低这些药物的使用剂量，甚至在一些情况下完全不用药物，代之以一款游戏，有选择地激活你大脑中的某个回路。"加扎利如是说。⁷ 他也开始跟加州大学圣地亚哥分校的研究者们合作，开发一款混合了核磁共振及脑电图（MRI/EEG）的大脑影像设备，它能够与游戏相连，并将玩家的实时大脑影像反馈给游戏的引擎。他说，想想看，看到你的大脑细胞在屏幕上以三维动画的方式火力全开，观看的时候还能变化不同模式。终有一天，这个设备能让研究者们和游戏开发者们不断调整刺激方式，真正治愈玩家的认知缺陷甚至是创伤。"视频游戏真的是一种改变大脑的强力方式，因为它们能激活大脑回路，"他说，"没有什么药物可以做到这一点，不能靠药物来达到这种高度的选择性，但游戏就能做到。因为你在有目的地和环境互动，你的大脑的行为就是选择性的。"

　　尽管听起来很科幻很超现实，但是这样的发展趋势是不可避免的。虽然视频游戏的源头是几乎彻底围绕着快速反应和手眼协调的街机游戏，四十多年来计算机技术的高速发展，再加上两个世代里充满想象力的游戏开发者，已经将游戏推向了过去通常属于医疗的领域。

2014年，一家荷兰公司"玩好"开发了《思维之光》(*MindLight*)，这是一款脑电波驱动的游戏，瞄准的就是那些年仅八岁却罹患焦虑症的孩子。一系列解谜与休闲练习，将教给孩子们如何面对"恐惧事件"，并最终克服它们。在旧金山，创业公司"迷之盒"(Puzzlebox)在2012年就开始销售一款通过脑电波控制的玩具直升机，只有用户们心态平和、全神贯注时，它才能飞行。这是其创始人多年来研究中小学生专注技巧的一种延续。

另外一家旧金山创业公司 Emotive，开发出一款脑电波头带，带有14个大脑感应触点，通过让用户学会催开栩栩如生的数字花朵来进行用户指导。在2014年的一次游戏大会上，我来到 Emotive 的展位，一位员工在每个感应触点上喷了含盐溶液，再由其同事帮我戴在头上。我被告知："你会感到有点儿凉。"他说对了，确实有点儿凉。屏幕上有支白玫瑰，花蕾紧闭，几乎认不出来是支花。当我集中精力在花朵形状之上，心中默默祈愿它绽放，甚至念叨起"开花，开花……"它薄如纸片的花瓣开始一点点开放，首先是缓慢而犹豫的，然后更为坚决地开放。几秒钟之后，它在我面前完全开放了。或许是我的大脑正在偷着乐，因为不一会儿，花儿就迅速地收拢了花蕾，仿佛感受到了什么危险。我告诫自己放松下来，别再沾沾自喜，它又重新开放了。很快，我就目睹着它伴随我的呼吸节律一开一闭。玫瑰与我同呼吸。

游戏设计师罗宾·汉妮卡曾参与过多个跨类型的游戏制作，她认为类似上述技术为游戏指出了一个新方向。她说："在我们如今身处的位置，这种媒介获得了剧烈而令人震惊的扩展机遇，如果你是设计师，我衷心期待你能开疆拓土，而非固步自封，不能只是为了挣钱而制作游戏，而是真的要精益求精地去创造新东西。"[8] 她还说，技术进步真的提高了开发者的资本,也让他们觉得对玩家的福祉担负极其重大的责任。"你不能只是去制作那种对着别人脸上来一枪的游戏了,因为如今你能看到人们到底有怎样的感受。"[9]

有一些独立开发者已经回应了这类呼吁,创造出了一批游戏来探讨家庭暴力、酗酒、癌症、痛失挚爱及其他令人忧虑的主题。英国游戏批评家安迪·罗伯特森甚至提议通过游戏来敬拜神灵,他说精心设计的好游戏具备某种近乎神秘的品质。它们能超越单纯的娱乐,是因为将玩家置于一种能掌控自身命运的情境之中。他说,"游戏跟娱乐有关,但这是某种特定方式。游戏与娱乐的关联方式,就好像绘画与在页面上添加像素的关系那样。它们与愉悦的关联方式,好比祈祷者与将词语串联在一起。"[10]

冒险类独立游戏《风之旅人》在2012年首度发售时,还是PlayStation平台上的专属游戏,并很快成为了该平台上最畅销的游戏。[11]在游戏中,玩家们沉默地旅行,有时还会在空中飘浮,从大风呼啸的荒原到若隐若现的山脉,没有地图,没有指导,没有真实的背景故事或叙事在讲述,但始终伴随着丰富优美的交响乐配乐。游戏创造者之一陈星汉(也曾是富勒顿的学生),认为《风之旅人》这款游戏探索的是"我们人生中的转变,以及我们生命的跨越与交织"。[12]该游戏获得了不少奖项,包括好几项"年度游戏"的荣誉,它的配乐还获得了一项格莱美奖提名——最终惜败于电影《龙纹身的女孩》的原声音乐。一位惊喜的评论家将《风之旅人》誉为"游戏叙事中的珍稀品种,在引导你和允许你发掘自己的故事之间找到了完美的平衡"。[13]

尽管此游戏创作初衷并非为了治疗,《风之旅人》的开发者还是很快就收到来自玩家的邮件,说在游戏中度过的时光不仅仅是欢乐的,而且还有轻微疗效,有助于缓解他们的"创伤后压力心理障碍症"。汉妮卡在《风之旅人》的开发中负责配乐,她说设计团队得知玩家们表示游戏体验具备"让人转变的力量"。一些玩家还表示游戏适用于家庭成员近日逝世的那些人,可以帮他们度过最初的痛失之感。她说,"在完成游戏叙事后他们能感受到明显的放松感,在游戏历程中的抗争也反映着他们在生活中的抗争。"[14]

这是个难忘的瞬间,陈星汉站在2013年的一次游戏设计大会的论坛上,诵读了一位15岁女孩的来信。她跟饱受癌症折磨的父亲一起玩了《风之旅人》游戏。"自从他被确诊以来,这是我跟他一起做过的最开心的事情,"她写道,"我父亲在2012年春天过世了,确诊后只有几个月时间。他去世后几个星期,我终于能够重返游戏。我尝试重玩《风之旅人》,却在开始画面处就泪如雨下,几乎难以继续。在爸爸和我对这个游戏的体验之中,这是关于他,关于他走向生命终结的旅程,我觉得我们在最为恰当的时候遇见了你们的游戏。"她说自己在继续玩这个游戏,"永远记得它曾带来的快乐,以及它将继续带来的欢乐"。[15]

1995年,耶鲁大学精神病专家布鲁斯·韦克斯勒(Bruce Wexler)成为了第一批通过"计算机辅助认知矫正治疗"(CCRT)来帮助精神分裂症患者的研究者。他在1997年发表了自己的结论,他的方法有些出人意料:不是去试着从整体上治疗这种疾病,而是专注于强化某些特定的认知功能,例如布置记忆和注意力任务,这些功能的不足被很多人认为是其他问题的成因——在某种意义上,就像是一种核心状态的养生之道,一种大脑的综合训练法。有22位精神分裂症患者在10周的时间内每周练习了5次,任务难度逐步加大。在10周过后,其中 16 位患者在感知与记忆任务上的表现，可以媲美甚至超过了健康人群控制组的成员；11 位患者在一项开车的任务中的表现，与控制组被试者的表现相当。在后续研究中，训练任务变得更加复杂和精细，韦克斯勒和同事们发现，患者们在训练完成 6 个月之后仍能保持同样高超的认知水准。研究者还发现，一年以后，这些受试者比起具有同样疾病状况的人来说，平均工作时间更长，赚的薪水更多。因此韦克斯勒和同事们下结论，精神分裂症患者"比起通常被认为的那样，具备远远高得多的神经认知改善潜力，和远远高得多的被雇佣工作的潜力"。[16] 此时韦克斯勒意识到，如果你能从那些患有"显著脑部疾病"诸如精神分裂症的成人那里，得到如此前景大好的结果，那么想象一下，你能给孩子们怎样的认知治疗方案！孩子们所处的生命阶段决定了他们的大脑要具备高得多的可塑性。他告诉我："如果在孩子身上未能取得成功，那只是因为我们没做对。"[17]

十年之后，韦克斯勒执教于北京大学，他遇到了董进霞。董曾是一位国家级体操运动员，现担任北京大学体育研究中心主任。他们合作开发了一套针对 ADHD 的程序，结合了认知疗法和体育锻炼，来改善孩子们的"思考、专注、学习及社交互动"能力。他们的首次实验发生在 2010 年的北京，第二年他们获得了来自 NIH 的从事"转化型研究"400 万美元资助，并用来完成了两个随机控制的实验，一个在北京，另一个在耶鲁附近康涅狄格州的哈姆登。就像本领域中的许多人那样，韦克斯勒也抱怨有太多恶意满满的产品，其设计动机就是为了赚钱。"从结果来看，这就是个参差不齐的大杂烩，我们有太多东西要学习。那些有志于尽可能谨慎而严肃地从事这种研究的人，还有漫长的道路要走，必须不断改进优化。我有时也很好奇，成果将是什么样子的。"[18]

当我在 2014 年 10 月跟韦克斯勒面谈时，他的实验已经扩展到 200 所学校、学习中心与诊所。在布鲁克林，一所小学将自己的转变首先归功于这项实验。他说，那些接受了 25 次及更多训练的学生，在三个月里就完成了一年的阅读量。韦克斯勒也开始跟位于华盛顿特区周边、弗吉尼亚州费尔法克斯郡的五所小学的老师合作。他刚刚从超过 1000 名学生身上得到了前景喜人的结果，在其中的两所市区学校里，首次有超过一半的学生在阅读和数学的标准化考试中，得分超过了该城市其他学校的学生。或许是出自他那洋溢的激情，他竟然将这种疗法称为"大脑的学校午餐计划"*。类似于自从 1946 年以来，联邦法律向数以百万计的低收入家庭儿童提供免费午餐那样，韦克斯勒表示自己的疗法能够弥补贫穷孩子生活中的一项关键缺失。不论在家里还是在学校，这些孩子并未得到足够的激励来发展常规的决策功能，因此他们就更不容易在精确的学术工作中获得成功。"他们被丢到这样的情境之中，自己并没有犯错，只是没能从神经认知方面做好准备，来应对他们自身的需求。"

当他们第一眼看到《星球大战》系列电影，大多数小朋友会沉浸其中，痴迷于这个陌生而新鲜的世界中的景象与声音。那些擅长讲故事的人甚至会感觉自己人生中真正的使命正在召唤，想象着长大后有一天也能执导属于自己的、史诗般恢弘的暑期票房爆红大片。拉

---

* 译注："学校午餐计划"（National School Lunch Program, NSLP）是一项由美国联邦政府支持、在公立学校及非营利的私校及儿童保育机构中推行的餐饮项目。它在每个上学的日子里向儿童提供营养平衡、价格低廉或免费的午餐。该计划源自 1946 年施行的"国家学校午餐法案"（National School Lunch Act）。

特·韦尔第一次看《星球大战》时才六岁，但他的职业道路似乎已经一目了然：他将成为一个绝地武士。至于他住在北卡罗来纳州的教堂山小镇，这又有什么要紧呢？韦尔想用意念来移动物体，就像绝地武士在电影中干的那样。

等他上了学，哦，尽管他的年纪还在"替补绝地武士"的阶段，他在集中注意力方面出现了问题，很快被诊断为 ADD 患者，这是比 ADHD 略轻微一点但从神经病学上来说几乎一致的一种疾病。就像此前上百万个孩子一样，在非常小的年纪，韦尔就不得不在每天早晨上学前例行服药。"在我童年的大部分时间里，我都处在某些种类的兴奋剂治疗中"。[19]他告诉我。首先是利他林，随后是安德拉。"利他林有效果，但它并不让人舒服，带给我差不多每月一次的偏头痛。安德拉要好一些，但还是让我深受其苦。我吃完药，是可以集中精神，完成功课，但药劲儿一过，我就会崩溃。"他转而使用一种缓释效果的安德拉，发现自己不会崩溃得那么厉害，但还是很痛恨每天行将结束时的感受。他说："我想要控制自己的 ADD 的主要原因，就是想摆脱这些药品。"

那时，就像许多孩子一样，他已经花了好几千个小时玩视频游戏，并且开始认真思考自己开发游戏。他想成为绝地武士的梦想渐渐被年岁消磨，但他仍然不断想起绝地武士的力量，尤其是他们如何通过意念去移动物体。在他 13 岁的某一天，父母带他去参加一个当时算是挺跨界的治疗活动：神经反馈疗法。医生给他看了一个耸立了许多电极、通过电线与一台脑电波仪器相连的头盔。他们一直监控他的脑波信号。医生说，他只需要凝视着一个小小的电子计量表，努力去控制信号的强度。技术人员在头盔的触点上厚厚地抹上凝胶，将头盔戴在他头上。据他回忆，这玩意儿"挺烦人的，又粗陋又无聊"。但他还是很努力地完成了任务，基于一个完全不同的理由。他很快发现自己正在使用自己的意念，控制某种原始的视频游戏。"孩子们总是有办法从任何东西里找到乐子，"他说，"而我那次得到的乐趣跟本来的用途并不相关。"

韦尔被要求尽可能地集中注意力，来让计量表的数值达到最大并且保持住，可是，据他说："我在那消磨时光，没有人冲我吼叫，但我就是不能想象他们居然没有留意。"这或许是种开创性的替代疗法——他仅仅尝试了几周的时间，就乐于承认自己从中获益良多。而更加重要的是，他发现它正是自己需要的那种硬件，可以拿来制造自己开创性的、前所未见的绝地武士游戏。

就像许多超级聪明的年轻技术总监那样，韦尔说话速度很快——有时甚至是太快了。他右眼前面永远有一绺蓬乱的棕黑卷发，他说话时也从不把嘴张得太大，从嘴唇间喷涌而出的音节，似乎还来不及融入他思想的聚合。"很重要的一点是，"他说，"我总是那种'古怪的小孩'。"念完高中之后，韦尔去了位于华盛顿州雷德蒙德的迪吉彭理工学院（DigiPen），一家专长于视频游戏设计与研发的私立大学。他惊喜地发现，迪吉彭的学生中有大量跟他相似的人：聪明、有创意、深谙流行文化、痴迷视频游戏。"从'古怪小孩'到普通人，这感觉还挺奇怪的呢，"他说，"最开始这是种美妙的体验，'耶，我再也不孤单啦！'接下来我开始更加强烈地意识到自己的人格缺陷。"有生以来第一次，他开始思考自己是否可能真的是个与众不同的人。

到了18岁，韦尔仍然在每天服用ADHD治疗药物，但他开始主动地管理自己的思考与感觉。当你面前并未随时都摆着个电子计量器的时候，自我监控和随时留意并不是件简单的事情，但他逐渐学会了聚精会神和自我平静。为了避免分心，在电脑实验室里，他在头顶撑起巨大的雨伞——他称之为"我的小小移动编程洞穴"——还戴着静音耳机。2005 年，在他大二那年的春天，他和大多数同学一起去旧金山参加游戏开发者年会。业内人士济济一堂，交流着这个领域里最新鲜、最炫酷、最跨界的东西。迪吉彭理工学院总是要为了这个盛会安排春假。某日，韦尔来到了加利福利亚圣何塞的硬件厂商 NeuroSky 的站台前，这里正在展示最新的脑电波头戴设备。他们将其头戴设备与一款流行的第一人称射击游戏《半条命 2》(*Half-Life 2*) 的引擎相连，而这一演示视频展示了该硬件的能力，那就是允许玩家……用意念来移动物体！

韦尔立刻注意到几件事。首先，该头戴设备并不让人难以忍受，不用接触式凝胶。其次，它不仅测量脑部功能，而且更擅长关注用户有多么平静或专注。不像当时的其他一些脑电波头戴设备，它仅仅使用了两个头部接触点。在演示视频中，玩家们通过使自己平静，来举起大件虚拟物品，例如汽车、椅子或档案柜，并通过让自己专注来拖动它们。韦尔被震撼了。"我问他们，'你们什么时候会发售这款游戏啊？'他们说，'永远不会。'于是我说，'我能来做这款游戏吗？'他们说如果那样他们会很高兴。"当他们告诉他，开发者套件售价是 5000 美元的时候，他的心凉了半截。他返回雷德蒙德，灰心丧气又下定决心地要开发自己的游戏，只等价格降下来。

韦尔 2007 年毕业了——他回忆了两次到底具体什么时间——并且搬到了森尼韦尔，硅谷的心脏地带，从事科技行业的工作。最终他还是来到了 NeuroSky 的地盘里。2011 年，该公司终于以 100 多美元的价格发售了头戴设备的一个商用版本——韦尔下单买了两个，开始编程，一边开发游戏，一边投身于有关 ADHD 的最新研究发现之中。"我的首要目标并非真正的治疗方案。"他说。要找到某种"可专精的技能",这既能够改善玩家的心智能力,更重要地,也能形成一个有趣游戏的核心。"说到底,产品是否真有疗效并非最关键的。如果它没什么意思,就没人会使用它。"韦尔花了两年时间,盘踞在帕洛阿尔托(Palo Alto)一家菲兹咖啡店的小桌上,用一台笔记本电脑开发了这款游戏。带着笔记本电脑和蓝牙头戴设备的奇怪年轻人,在硅谷并非难得一见的景观;下面这一幕也算不上奇怪:他经常去询问店里的顾客:"你是否愿意用你的意念去投掷卡车?"他说,所得到的反馈总是普遍积极的,于是很快地这款游戏的名字诞生了。

《用意念投掷卡车》(Throw Trucks with Your Mind)的玩法相当简单,注意了:平静——举起,专注——投掷。有点原始的键盘指令使得玩家不得不围着键盘转,调整自己的能力——比方说要去拉物体而不是推物体——但大多数重要的功能并没有键盘指令。不断变化的红色条与蓝色条,分别显示着玩家的平静和专注程度,而保持住某种状态的能力决定了你能否成功。"你有块肌肉,但你自己并不知道你有它。如今我通过视频游戏给了你一次清晰的展现"。[20] 韦尔如此说。尽可能地让自己平静下来,你可以激活一个力场。而当你足够努力地集中注意力,你可以隐身,或者获得比平时高好几倍的弹跳能力。

在试玩过程中,韦尔发现自己关于游戏的最初直觉是对的:对于许多玩家来说,竞争比起自我完善来讲,是一种远为强大的动机。因此他开发了一个强调多玩家共同游戏的版本,身在其中,你举起和投掷物体的主要目的,就是为了打击你的对手。"人们真的喜欢那种比别人强的感觉,所以把所有关于治疗的事儿先藏起来,只是告诉你,这就是个关于用你的意念去击败别人的游戏。它变得好接受多了吧。"他说。《用意念投掷卡车》的基础剧情,就是一系列卡通式的角斗士的决战——角色要面对形形色色的古怪玩意,包括一只控制着巨大机甲的虐待狂猫咪。玩家们奔跑、跳跃、飞翔，动用他们不断被开发的平静力与专注力作为武器，通过散布在场景里的各种物体来打垮彼此。韦尔将之称为"唯一一款可以通过想想小狗来杀死你的朋友的游戏。"[21]

我们的思维是奇怪而又复杂的处所，因此或许通过经年累月的细微调整及无休止的游戏测试，它真的能做到呢。韦尔发现他这款"击败一个朋友"的小小游戏，同样擅长于缓解抑郁症。29岁的韦尔遭受着周期性的抑郁症折磨，他说这款游戏已经帮助他控制了所谓的"焦虑螺旋"或"忧虑螺旋"。在这种螺旋式的心理机制中，一个负面的念头，将导致另一个更大的负面想法，接着是一个更加大的，一直到一系列"如果这样，那么会怎样"的念头积累成压垮人的东西。他发现该游戏可以迅速将这类循环消灭在萌芽状态，方式是让玩家看到自己专注力的减少，将其疑虑的负面效果视觉化展现出来。"你会看到游戏中自己的力量在减弱，呈几何级数地减弱，如果你让'忧虑螺旋'继续下去的话。"你玩得越多，就越擅长于阻止这种模式发生。"对许多有抑郁症的人来说，这可以带来极大的疗效。"

为了找到资金来招募几个艺术家和开发者，韦尔在2013年初举办了一次《用意念投掷卡车》众筹活动。他打算募集4万美元但实际拿到了4.7万美元。或许更为重要的是，他获得了一大群游戏记者的青睐。其中有些人简直欣喜若狂。在2012年2月玩过一次游戏试玩版之后，科技网站"风险节拍"（VentureBeat）的一位作者鲁斯·麦克劳林叫喊着："我就是一个绝地大师！"[22]另一个游戏试玩者乔纳森·尼尔森，也是硅谷创业孵化机构"黑客与创始人"（Hackers and Founders）的创办者，则直接给韦尔扔来了真金白银。韦尔回忆说，尼尔森玩了这款游戏，跟另一台笔记本上的对手对抗，他"面露喜色,带着这种表情转向我:'哦天哪,你实现了我全部的童年梦想。'"韦尔还没想好怎么回应,尼尔森已经打开钱包,掏出100美元扔了过来,说:"闭嘴,拿上我的钱。"这是韦尔从这款游戏乃至任何游戏上挣到的第一笔钱。直到今天他都不愿意花掉这张钞票。

众筹活动让韦尔能够雇佣一些真正的员工,于是他从迪吉彭毕业生里召集了一批精兵强将,"个个是牛人,只不过正在换工作的间隙"。韦尔的公司"歪脖树工作室"(Crooked Tree Studios)在2013年4月1日开始了研发,并于11个月之后向市场抛出了精雕细琢后的个人电脑版本游戏。2014年5月,我在旧金山玩到了这款游戏。它就是那种韦尔的粉丝们会爱上的样子:搞笑而有挑战性,且有点脑洞大开的幻想,但是还真的挺有效。当时我坐在一张摆满笔记本电脑的桌子旁边,韦尔的一位同事帮我戴上一套头戴设备——没有恶心的接触凝胶了!韦尔亲自引导我学习基本的键盘指令,差不多遵循着典型的第一人称视角射击游戏的惯例——例如用几个方向键控制你的游戏人物的运动——但游戏最核心的部分**的的确确**就在你头脑中发生。脑电波头戴设备严实包围着我的头部,据韦尔说,我必须要摒弃所有杂念,努力平静和保持专注,否则就死定了。当我在一个类似角斗士竞技场的地方游荡时,我练习了好几回,惊奇地发现自己还挺能聚精会神的。通过方向键我锁定了一台废旧汽车,双眼紧盯那个"平静/专注"的度量表,深呼吸。汽车带着某种充电似的颤动开始升起,在半空盘旋。我轻而易举地将它抛向远方,制造了一起令人满意的大碰撞。

我又投掷了几个超大金属块,觉得已经找到了窍门。就在此时,韦尔向前一步,指着远处的一个轮廓,问我是否留意到屏幕上还有其他角色。就在那个角落里,他说,那个角色属于正坐在我右边两英尺外的一位活生生的老兄。此人一直在这儿，是一个跟我一样的中年白人男子，或许是另一位坠入韦尔魔力之网的记者吧。他正戴着和我一模一样的头戴设备，面对一模一样的笔记本电脑而坐，进行他自己的练习。我们彼此点头问候，韦尔宣布是时候让我俩彼此冲撞、不死不休了。因此而开始的这场奇怪的意念之战是我从未体验过的。我们无法彼此射击、劈砍、戳刺、拍击、缠斗、踢踹、拳击、踩踏，或使用其他粗暴肢体动作。用严格的视频游戏术语来讲，我们几乎完全无能为力了。除了一些最基本的奔跑、跳跃、转身外，我们唯一能做的，就是坐下并往后靠去，保持放松。

战斗是短暂的，因为还有其他人排在我们后边，叫喊着要玩韦尔的这个游戏试玩版。但我们还是各自迅速行进到竞技场的两端，在场地中央一辆巨型车上集聚注意力，开始努力让它飞起来，同时还咯咯傻笑。我重复那咒语：**平静是举起，专注是投掷……平静是举起，专注是投掷**。几秒钟后，我俩共同的努力让车辆飘浮起来，但接下来就是真正的考验了：谁才是更专注的那个人？是我。我强有力地打击了他，2000 磅重的注意力击中了我的对手，将他狠狠击碎在远处的墙上。随后他重生了，并用一块庞大骇人的金属块对我还以颜色，一记悄无声息、出乎意料的重击把我打傻了。当我站起身来，摘下头戴设备，我感到某种精神上的澄明，就像在一次轻快的散步或一堂瑜伽课之后所感受到的那样。

《用意念投掷卡车》还没有做出医疗方面的宣传，但韦尔已经在推进一系列临床实验，希望某天它能被保险所覆盖。"如果我的游戏真正有效，这对于一家保险公司来说可能是个好消息。"他说。自从 2011 年他购买第一副头戴设备以来，价格已经一降再降，只要 99 美元，包括了游戏与头戴设备，如今这已经比一个月的利他林处方药更便宜了——实际上，他想把两者打包的价格降低到 60 美元。但是 FDA 的批准可能要花费十年甚至更长时间。"说到底这也是为了利益最大化，"他说，"因为我们不想要市场上那些骗人的万金油。"[23]

我 2014 年 6 月底跟韦尔对谈时，他正同一家香港公司合作测试《用意念投掷卡车》对于 ADHD 的疗效，并与加州大学圣地亚哥分销合作测试其在自闭症倾向的受试者那儿的效果。就像韦克斯勒一样，多年来他也看着其他神经游戏宣称其在健康方面有疗效——他说自己原本也可以迅速地刺激销售增长，如果仅仅是把这款游戏当成一个似乎有点效果、让人感觉还行的替代疗法去兜售的话。"我的确喜欢这样的市场卖点，可是科学的精确性十分重要。"他说。当时他生活在红木城，就在森尼韦尔北边大约一个半小时路程的地方，但他说 7 月就会回到帕洛阿尔托。他在那找了个新的公寓，他正在当一名沙发客。

在我坐在纽约的邱吉尔学校开始玩小鸡游戏的试玩版之前，我已经看过两名九岁的学生向我展示它是如何真的生效。他俩都很擅长让自己的小鸡用一种稳定的节奏奔跑，始终保持着一种轻松而可持续的注意力，而这是 ADHD 的患儿通常无法做到的。迄今为止，Atentiv 公司在邱吉尔学校及其他学校开展的研究的结果显示，那些经历了一个精心策划的、共八小时长度的系列游戏的孩子们，显示出在数学与阅读上更高的流畅度，在数学和语法考试中更优秀的表现，更能坚持执行计划，更好的家庭作业完成度，完成课堂书面作业方面更强的能力，以及其他技能方面的长处。据其父母报告，他们在家里也能更好的专心致志和控制冲动，他们也能更好地控制自己的情绪。游戏的发明者相信如此多的改善要归功于一种被他们称为"前馈"（feed-forward）的现象，这恰好与"反馈"（feedback）相反。最基本的想法是，这款游戏没有那么积极响应你，而是等着你推动它的发展。你做得越多，你变得越有效率。"你正在试图管理专注力，在某段持续的时期内，它显示出你实际的注意力水平，最高级别的注意力。"埃里克·戈登（Eric Gordon）如是说。他是 Atentiv 公司的创始人之一，也是医疗设备行业的资深人士。他早就确信游戏可以像任何药物或者昂贵的治疗方案一样行之有效。当我试玩游戏时他就坐在我身边。不止一次地，当我试图在小鸡身上保持专注时，他就轻轻发问："你正在进行前馈吗？"

过了几分钟，我很清楚自己压根没有得到任何"馈"，我那可怜的小鸡看起来都对这个过程有些厌倦了。它穿着牛仔靴站在那儿，耐心地等着我的专注力回归。在我三心二意的那些时刻，屏幕底端的动画进度条可以告诉我，我的"专注力"低得有些危险了。当这个进度条反复几次掉到零时，屏幕上会打出："请专心移动。"感谢这个建议！

问题的部分原因，大概是我太想向戈登和他年轻的助理解释我自己。这两位就像那只小鸡一样，都耐心地等在一旁，听我找出各种借口。我说：我有些紧张，我真的累了，我的咖啡瘾上来了……我尝试着放弃专注，看看会发生什么。他们倾听了我的每一个借口。他们既没有责怪我，也没有安抚我，只是建议我保持前馈。

我开始游戏后的 6 分零 4 秒，得到了结果：我的"专注力"平均水平是百分之四十七。也就是说，我并不太专心。戈登说，这对新手来说也不算糟糕。我还尝试了一次在教室里玩这个游戏，并在莫名其妙传来的婴儿啼哭声中结束。直到游戏玩完，我也没法清楚地指出这个或那个瞬间，我到底哪里做得对，或者做得不对。有些情况下我明明感觉自己聚精会神在小鸡身上，但它就是停在那儿不走。另外一些时候我走神了——为什么棕榈树会是蓝色的呢？——然而它却撒着欢儿地跑开来，身后留下一路小烟尘。我认为最有效的是深深呼吸，专注地假想自己就是那只鸡，而并非是专心地让它移动起来。关掉意识，放松，想象顺流而下的飘浮，想象我就是那个无尽奔跑的英雄，拥有自己并无意义的故事。《禅与摩托小鸡维修的艺术》和《长跑鸡的寂寞》。* 我就是"鸡蛋人"，永远在前馈。这真的挺有效的。

---

* 译注：《禅与摩托车维修艺术》（*Zen and the Art of Motorcycle Maintenance*，中文名又称《万里任禅游》）是 1974 年出版的畅销书，在全世界售出千万册，曾被《时代周刊》评选为 20 世纪 70 年代十本最有影响书之一。而《长跑者的寂寞》（*The Loneliness of the Long Distance Runner*）是 20 世纪 60 年代一部著名的英国电影。此处作者将 Motorcycle 替换成 Motorchicken，将 Runner 替换成 Chicken，是想达到戏仿式幽默的效果。

第十一章 打斗的对立面

暴力视频游戏究竟在如何影响孩子?

某日,22 岁的亚当·兰萨持枪冲进桑迪岬小学,射杀了 26 人。八个月后,2013 年 8 月 12 日早晨,康涅狄格州州立警察局的迈克尔·穆德瑞侦探开车去不远处的丹伯里,试图挖掘案件背后的秘密。警察们曾在凶手兰萨家中找到一个 Garmin 的全球定位系统(GPS)设备,上面的记录显示,他曾于 2012 年 4 月、5 月和 6 月接连九次开车去同一个地方,每次都在午夜时分到达,随后停留五小时。

穆德瑞侦探跟随这一 GPS 记录来到位于 84 号州际公路旁的一个郊区购物中心的巨型停车场,这里离兰萨的家大约 14 英里。穆德瑞四处打量后断定,如兰萨曾在此地逗留,他只可能光顾过这三处:百思买超市,劳氏家居用品商店,或者"AMC 洛斯·丹伯里 16"电影院。穆德瑞向百思买和劳氏家居的雇员们出示了兰萨和母亲的合影,没人认出兰萨来。等穆德瑞去到电影院,电影院的工作人员立刻认出了照片上的兰萨。他们告诉这位侦探,兰萨经常来这里玩,但从不看电影,只去影院大厅玩街机,一遍又一遍地玩同一个游戏,一玩几个小时,直到离开。

枪击案发生后,警察已经彻底搜查了兰萨的家,并很快拼凑出了一幅校园枪击案凶手的典型画像:着迷于枪支、谋杀、伤害,并有充足的时间和空间培养这样的嗜好。警察在兰萨的电脑硬盘中找到了有关武器杂志的信息、科伦拜恩中学杀手埃里克·哈里斯和迪伦·克莱伯德的图像、暴力电影《血腥星期三》和《狂暴》，以及制造 TNT 的配方。和许多其他青少年一样，兰萨的电脑里也有一些典型的第一人称射击游戏和动作类游戏，如《使命召唤》、《生死格斗》和《侠盗猎车手》。

但和这些游戏相比，电影院的那款街机游戏看起来更令兰萨着迷。根据警察记录，他在家里的 Xbox 上还有该游戏的家庭版本；他的电脑硬盘里也存有视频显示他在一步步磨练游戏技巧。电影院一位名叫科里·戴维森的主管告诉穆德瑞，他在"过去四年中几乎每个周末"都能看到兰萨[1]。曾有位姑娘和兰萨一起出现过，后来姑娘消失了。也曾有位亚洲男孩和兰萨一起来玩，后来也不再来了。但兰萨固定在每个周五、周六和周日前来，逗留四个小时，反复玩同一个游戏，挑战其他人和他对战。据另一位电影院雇员达伦·普莱斯说，兰萨从 2011 年 8 月起开始花费更多的时间来玩这个游戏，一个晚上能玩 8～10 小时。

是什么游戏令这位"桑迪岬杀手"如此着迷？它是——《劲舞革命》(*Dance Dance Revolution*)。

《劲舞革命》简称 DDR，是一款日本进口游戏，十五年来占领了商场街机的主要地盘。州警在报告中将这款游戏描绘为"一个音乐视频游戏，玩家站在跳舞踏板上，一边观看屏幕一边跟着视频上标示的方向箭头移动"[2]。在电影院，普莱斯告诉穆德瑞，大家都管兰萨叫"劲舞男孩"。他总是穿着相同的衣服：灰色帽衫和工装裤，精力充沛。有目击者称，从来不见兰萨累得气喘吁吁，除非他实在是精疲力尽。而那位曾在一段时间内和他一起出现的女孩被大家称作"劲舞女孩"。

穆德瑞据实填写了报告，警方随之停止了调查。主流媒体也沉默了。尽管对这样一个大新闻来说，任何导语都会吸引读者，但几乎每个人都知道，在四年的时间内沉迷于踩彩色方格、跟随亚洲电子流行乐跳舞并对战，并不会将一个二十出头的年轻人打造成冷血杀手。并不会因为 6 英尺高、112 磅重[3] 的兰萨，在四年的时间内无休止地"劲舞"，就能说明这个游戏和他最终的过激行为有多大的关系。

尽管以上或许可被视为一种认知上的巨大进步，我们还需要将同样的认知应用到那些更令人困扰的视频游戏上去。我们需要明白，对于将玩家打造成杀手这件事，射击虚拟敌人和在彩色方格上跳舞的概率是类似的。兰萨通过学习熟练地掌握了《劲舞革命》的技巧，但并未在《使命召唤》中学习杀人。他最多只是在学习射击；而数百万其他玩家每天都在"射击"且没有任何恶果。这说来话长，且与我们的直觉相悖，需要详细解释，但我想指出，理解这一点是非常重要的。视频游戏和图书、杂志、漫画、YouTube 视频、流行音乐和 Tumblr 帖子一样，它只是一种媒介。我们错误地理解了孩子们和他们使用的媒介之间的关系，认为这种关系是危险的，现在我们需要重新思考这个问题。

在很长一段时间以来，这种质询似乎超越了我探索的界限——毕竟，我是在关注教育游戏，而很多教育游戏是由教师设计的，绝大部分教育游戏当然也获得了教师们的赞同和许可。像《侠盗猎车手：罪恶都市》这样的具有开放世界特点、评级为成人级的游戏，很少会有老师布置学生们在课上玩或者留作课后作业。但当我告诉别人我在写一本关于游戏的书时，他们总希望我谈谈游戏暴力，以及他们看到的自己孩子沉迷于某个游戏的现象。他们想要我谈谈《杀手》、《光环》、《生化危机》或《行尸走肉》。他们想要我谈谈科伦拜恩和弗吉尼亚理工大学的枪击案，以及为什么他们的儿子那么不情愿停下《我的世界》游戏[4]，先去完成家庭作业。家长们想要知道，他们纵容了自己孩子对游戏的热爱，其中还有些暴力游戏，这是否让他们成为了坏家长？

对此，一个简单的答案是"不"。一个稍微长点的回答是"看情况"。一会儿我还会再做解释。但此时此刻，我觉得需要记住的最重要的事情是：几十年来，研究者们都没能在玩暴力游戏和表现出真实暴力行为之间找到可信的因果关系。一些统计学研究事实上还发现，加入暴力视频游戏的因素后，暴力行为呈下降趋势。这并不是说游戏没有影响。正如我们所看到的，游戏是被设计来产生影响的。只是这种影响并不是绝大部分人认为的那种影响。

暴力媒介和暴力行为之间暗含的行为联系，长久以来便存于我们脑海中，如跗骨之蛆般难以剔除。这个观念至少产生于一百五十年前的维多利亚时代，当时的教育家、品位锻造者和牧师们开始对一种粗俗的流行文化进行批评。届时，暴力的、色情的"一角钱小说"和"便士杂志"在社会上极为流行，定位高雅的《哈泼斯》杂志和《大西洋月刊》则不惜笔墨地遣责前者。在某期社论漫画中，一名出版人将垃圾小说递给了孩子们，他背后的标牌写道："一把不错的手枪！如果每年都订阅的话。"[5]作家和批评家哈罗德·谢克特曾在2005年写过一本关于暴力娱乐的社会历史学书《野蛮的消遣》(*Savage Pastimes*)。他指出，这种潮流甚至将文学圈一分为二。拉尔夫·瓦尔多·艾默生抱怨他那个时代的国民"每天都在便士报纸上读谋杀和铁路事故"；但纳撒尼尔·霍桑却非常喜欢这些东西，当他在海外担任美国领事时，他甚至请朋友将一摞摞的报纸船运到利物浦去给他看。艾米丽·迪金森热爱读"那些因铁路撞到一起而导致的搞笑事故，或者工厂里的绅士怎么一不当心把脑袋切掉的故事"。⁶ 在英国，读者们激动地等待阅读"舰队街的恶魔理发师"史威尼·陶德的连环凶杀故事。1979 年，理发师陶德的故事被史蒂芬·桑德海姆搬上百老汇舞台，成为一部音乐剧；2007 年，导演蒂姆·伯顿又将之搬上大银幕。但据谢克特说，在 1846 年，寻求复仇的伦敦理发师陶德的故事首次在一本流行杂志上亮相时，目标读者为"包括儿童在内的全家老幼"。谢克特为了点明这意味着什么，进一步建议读者"想象一下，贺曼频道用连环杀手杰弗里·达默的每周秀取代了福音节目《与天使有约》。"⁷

进入 20 世纪，更多批评纷沓而至。1936 年，天主教学者约翰·莱恩罗列了他称之为"美国儿童、年轻人和老年人的精神食粮"，这些精神食粮是从消费媒体中获得的。名单很长，包括如下："虐待、食人、兽行。原始性冲动。折磨、杀戮、绑架。怪兽、疯子、半兽人。耸人听闻的情节故事；犯罪和罪犯的故事；在陌生之地和其他星球上的疯狂开发；海盗的故事；男英雄和女英雄的狂野的、令人毛骨悚然的冒险故事；关于丛林野兽和人类的图文并茂的、惊心动魄的描绘；关于魔法和伪科学的奇妙之事。粗俗、廉价的幽默和更加廉价的智慧。为智商低下者的平均水平设计的伤感故事。思想与表达的丑陋。"⁸ 他谈论的是日报上的四格连载漫画。

1947 年，批评家和演员约翰·豪斯曼，也就是后来在《平步青云》(*The Paper Chase*) 一片中定义了古板的学术界形象的演员，对大部分孩子在电视上看的卡通片提出了类似的指责。"我们孩子满心欢喜看的那些奇幻故事里充满着可怕的野蛮行径，"他写道，"现在的动画片变成了一个血淋淋的战场，脑子里只有一条筋的野人和永不退缩的野兽在其间互相追逐、撕咬、啃啮、扭斗，最后以残虐的狂暴将

对方撕个粉碎。"⁹

斯坦福的心理学家艾尔伯特·班杜拉也加入了这场论战（在我写作此书时他已快 90 岁）。他在上个世纪 60 年代开展了一系列实验研究，并为限制儿童对暴力媒体的接触奠定了理论基础。在做这些研究前，他已对儿童的暴力行为苦心孤诣研究了近二十年。通常来说，在孩子们表现出暴力行为后，对他们进行惩罚或奖赏会产生效果。1961 年时，班杜拉想通过研究了解，观看别人在暴力行为后得到惩罚或奖赏，能否对观看者产生同样的效果？这个想法在当时是革命性的。B.F. 斯金纳及其同僚已经向世人展示，人们对正面的强化和负面的强化的反应都是可预料的：如果我揍自己的妹妹，就会被家长吼，所以也许我不应该揍妹妹。但如果我只是看别人因同样的行为受惩罚呢？那也会对我产生约束吗？更重要的是，如果别人没有因此受到惩罚呢？

班杜拉在斯坦福大学的附属幼儿园找到了 72 名学前儿童，最小的 3 岁，最大的 5 岁 9 个月，年龄中位数为 4 岁半。¹⁰ 班杜拉的实验室助理一次带一名儿童进入游戏室，安排他们坐在小桌子前，教他们用土豆章印图画。随后一名成人进入游戏室，待在对面角落，带着一套万能工匠玩具套装、一根木槌和一个五英尺高的充气小丑不倒翁"波波"。这个不倒翁的底部是加重的，因此被击倒后会自己再竖立起来。这名成人要么对"波波"置之不理，以"安静、柔和的态度"拼装玩具套装；要么对充气小丑持续"施以暴力"：拳击充气小丑、把它打倒并坐在它身上、击打它的头部、把它踢得满屋子打转，同时嘴里说着"对鼻子一击"、"把它打倒"、"踢它"和"俘虏"之类的话。¹¹ 十分钟后，每个孩子都被带离去到另一个房间，那里有"相对更具吸引力的玩具"，例如一部救火车、一个火车头、一个彩色陀螺，以及一整套娃娃玩具。孩子们受邀玩这些玩具，但只玩了两分钟，就有一名实验室助理前来宣布所有这些玩具都是"她的最好的玩具"，不允许别人玩，并表示决定将这些玩具收起来给其他小朋友玩。之后，孩子们被带到第三个房间，这里有更多的玩具，有的"具有攻击性"，有的"不具攻击性"，它们包括：一组茶具、蜡笔、飞镖枪、一根木槌……和一个三英尺高的充气小丑。现在你知道这个实验要走向何方了。

刚刚玩到有趣的新玩具，玩具就被人抢走，这种沮丧感使得那些目睹了"波波"被暴力对待的学前儿童，比那些没有看到暴力行为的儿童，更容易把气撒在小号"波波"身上。如果在前一个房间里打充气小丑的人是男性，男孩就会有两倍的可能性表现出暴力行为。班杜拉在1963年重复了这个实验，加入了暴力击打充气小丑的电影版和卡通版材料，并得到了同样的结果。结论看起来很明确：在真实生活、电影或卡通中观看不受约束的暴力行为，会使我们变得更暴力，因为它们提供了"社会脚本"（social scripts）来指引我们的行为。班杜拉的研究打开了"媒体效果"研究的大门，这类研究延续至今。

但问题在于，许多这类研究的结果是误导人的，更糟糕地说还是危险的。批评家杰拉尔德·琼斯在2003年的《杀死怪兽》（*Killing Monsters*）一书中，写了一个令人信服的案例，提倡让孩子接触"奇幻、超级英雄和虚构的暴力"。他这样来看待"波波"："没有证据表明，击打充气小丑与现实生活中的暴力有任何关系。"他写道，"没有证据表明，喜欢击打充气小丑的孩子更可能在操场上有暴力行为，或者更容易在青少年期犯罪。"倒是有道听途说的证据表明，打小丑反而是有益处的。然而，打小丑中发生的事情被一代代研究者记录下来，当做"被强化的攻击性"的证据。[12] 琼斯以及其他人还说，在许多案例中，研究者挖掘的是实验对象暂时的攻击性，但却给它贴上了错误的标签，认为它可能导致暴力行为；而在另一些案例中，他们挖掘的是天性中的竞争性，却也称之为攻击性。还有一些案例中，他们只是将所发现的不快和不安解读为攻击行为。在班杜拉首次充气小丑实验十多年后开展的一项研究经常被人引用。在这个研究中，研究者们发现，观看了《罗杰斯的邻居》(Mister Rogers' Neighborhood) 的学前儿童，比其他儿童表现出三倍的攻击性。琼斯认为，该实验强制儿童在规定时间看电视，因此实验本身可能已经让儿童感到焦虑或者愤怒。"我喜爱弗雷德·罗杰斯，"琼斯写道，"但我怀疑，如果我更想出去玩的时候，却被迫坐在一个陌生房间的硬塑料椅上盯着罗杰斯，那我也会表现得有攻击性。"[13]

儿童心理学家劳伦斯·库特纳和媒体研究者谢里尔·奥尔森写道，媒体暴力和现实世界暴力之间的关联是从"差劲的或者不相关的研究、稀里糊涂的思考和简单化的新闻报道中"得出的。[14] 在某个案例中他们发现，曾发布理性媒体使用指南的美国儿科学会（AAP）在2001年断言，"超过3500个研究调查了媒体暴力和暴力行为之间的关联，"其中只有18个研究没有找到两者之间的正相关关系。[15] 这个数字被当做媒体研究的真理。但当库特纳和奥尔森搜索这个数字的来源时，他们发现这并不是来自于某项研究，而是来自一本1999年出版的名叫《停止教孩子杀戮》的书的脚注里。这本书将暴力电影、电视和视频游戏和军队在越战时期的脱敏训练相提并论。本书的作者是退休的美国军队中士戴夫·格罗斯曼，他以称视频游戏为"凶杀模拟器"而闻名。他在一篇1998年发表于瑞典的文章中找到了这个数据。文章署名是联合国教科文组织。该文章并没有提供有关"正相关关系"断言的任何信息，或者是谁如何取得 3500 这个数字的信息。[16] 直到今天，当你用 Google 搜索"3500 个研究"时，你仍会得到 25 万的搜索结果，其中绝大部分都不加批判地提供了美国儿科学会的声明。

谢克特回溯了便士报和理发师陶德的历史后说道，婴儿潮这代人幼年时在电视上看了如此之多的暴力内容，你简直可以推测他们长大后都会成为杀手。他发现在 1958 年，黄金时段的电视节目中有不下 17 个西部电视剧，所有这些剧都"充斥着枪战"。[17] 在为写书做研究时，谢克特找到了一张 DVD，是 1955 年迪斯尼系列节目《戴维·克罗克特在阿拉莫》(*Davy Crockett at the Alamo*)，这个节目中"屠杀的程度在儿童娱乐节目史上无出其右"。在几乎五十年后重看此片，谢克特回忆道："我为其中战斗场景的纯粹残暴而感到震惊，其中因剑、刺刀、刀、手枪和来福枪所致的死亡不计其数。"[18] 当下的批评家们警告道，谢克特这代人如果看了所有这些暴力内容，会变成反社会者。"相反的是，我们成为这样一代人：鼓吹（也许有些伪善）和平、爱和鲜花的力量，相信通过围住五角大楼并吟唱'Om'便可终止越战。"[19]

1999 年的科伦拜恩校园枪击案使得许多美国人开始关注暴力视频游戏。在枪击案后，受害者的家庭起诉了二十几个游戏制造商，称类似《毁灭战士》这样的第一人称射击游戏使得两名枪手对暴力脱敏，将他们送上了暴力之路。一位法官驳回了这起诉讼，因为游戏不适用于《产品责任法》，它们不会像一个接线出错的烤面包机或一瓶使人体中毒的阿司匹林那样是"不合格"产品。但是这些诉讼和科伦拜恩案之后国会的骚动，推动了游戏行业采取和电影业类似的分级体系；据杜克大学的研究者凯茜·戴维森所言，这也有效地中止了针对所有游戏的认知研究。戴维森说，从此以后，对视频游戏的恐惧使得

"教育家们止步游戏,尽管他们曾经从中收益良多"。[20] 相反,研究者们开始以班杜拉的方式细致解剖游戏,寻找暴力行为的根源。在 2010 年的一项实验中,英国萨塞克斯大学和德国慕尼黑大学的研究者们让参加实验的被试每人玩 8 分钟游戏。游戏有三种:一个"亲社会的"、一个"暴力的",以及一个"中性的"——俄罗斯方块。8 分钟后,实验人员伸手去拿一沓问卷,但"一不小心"打翻了一筒铅笔,摔掉在地板上。研究者发现,玩亲社会游戏的被试和玩其他两种游戏的人相比,更有可能帮助实验人员捡起铅笔来,可能性是后者的两倍。在 18 个玩亲社会游戏的人之中,12 位帮助捡铅笔;在 18 个玩中性游戏的人之中,只有 6 位帮着捡铅笔;而在玩暴力游戏的人之中,只有 5 位帮着捡铅笔。[21]

在 2012 年的研究中,卢森堡大学的研究者发现,没有经验的游戏玩家感觉有必要在玩了暴力视频游戏之后"清洁"一下自己。这正是莎士比亚戏剧中的"麦克白效应",来源于麦克白夫人令人难忘的那场"去掉该死的血迹"的独白,她在跟踪丈夫并看到他的杀戮之后陷入了疯狂。在这项实验中,研究者请被试玩 15 分钟游戏,玩一个驾驶游戏,或者玩《侠盗猎车手》,然后请他们从 10 个礼物中挑出 4 个,这 10 个礼物中一半是"清洁用品"(例如沐浴啫喱、止汗露、牙膏等),另一半是非清洁用品(小熊糖、报事贴、一盒茶叶等)。在玩了《侠盗猎车手》的人中,没有经验的玩家比经验丰富的游戏玩家更有可能挑选清洁用品。他们和玩了普通驾驶游戏的经验欠缺的玩家相比,也更有可能挑选清洁用品。[22]

这真是够了,英国媒体研究者盖伊·坎伯巴奇(Guy Cumberbatch)这样写道。他说,"当注重数据重要性的测试成为社会科学的关键工具时,这些测试看起来更可能被用作折磨数据的方式,直到数据招供出一些什么来，足以让研究者在科学期刊上发表文章"。"如果在此可能有一个结论，那么这个结论就是：陪审团仍未出局。它也从不在场。媒体暴力已经蒙受暴民思维的折磨，任何证据都可以被用来证明它有罪"。[23]

在科伦拜恩案后一年，美国特勤局和美国教育部开始研究41位校园枪击案杀手的行为习惯，其中包括哈里斯和克莱伯德。他们发现，杀手中有五位对暴力视频游戏感兴趣，但有两倍于此的人更喜欢暴力电影和暴力书籍。而超过三分之一的人，表现出对于另一种不同类型的暴力媒体的喜爱：他们自己的书写，如诗歌、散文或者日记。[24]

好吧，这是当时的情况。视频游戏已经在过去几年中获得了爆炸式的增长，自1996年以来销售已经翻番。随着游戏的愈发流行，青年中的暴力是否也同步翻番了呢？事实上，正好相反：根据官方数据，从1994年到2010年，青少年犯罪的数字减少了一半多。[25] 德州大学阿灵顿分校的经济学家迈克尔·沃德认为，如果短期攻击性行为是个问题，它就应该很快在犯罪率上表现出来。沃德在2011年提出，随着国内视频游戏商店的增多，犯罪率和犯罪致死人数上都出现了"显著的"减少。而与此相比，他发现体育用品店或电影院的新开张，对于减少犯罪率和犯罪致死人数来说，要么效果更小，要么毫无效果。[26] 沃德及其两位同事研究游戏的规模时，还发现暴力游戏的高销售率事实上对应着犯罪、特别是暴力犯罪的下降。在另一方面，非暴力游戏的销售对犯罪率并无影响。[27]

是的，但每个人都知道美国有枪支问题。那么视频游戏肯定是在让情况变得更糟，不是吗？《华盛顿邮报》一项2012年的分析发现，美国涉及枪支的凶杀率是发达国家中最高的，为平均水平的20倍。[28]

但美国的人均视频游戏开销低于其他大部分国家。而这些国家中的每一个，不管是在游戏上花钱更多的，还是花钱更少的，涉及枪支的凶杀案都比美国少。《华盛顿邮报》的马克斯·费希尔总结道，对视频游戏的假定"看起来和枪支暴力的增多全无相关性"。他写道，那些视频游戏很流行的国家，"也倾向于是世界上最安全的国家（很可能因为这些国家本来就社会稳定、经济发达，并不是因为他们都在玩游戏）"。[29]

那么美国军队及其越战时的"脱敏训练"又是怎么回事呢？他们确实花了数百万美元研发复杂的视频游戏和模拟游戏，让战士们得到实战训练。——那类似的商业游戏怎么会**不是**"谋杀模拟器"呢？媒体研究学者亨利·詹金斯是这样来认识这个问题的。他写道，军队使用游戏"作为特定课程的一部分，有着明确定义的目标，学生们所处的语境是想要也需要积极地学习从中传递出来的信息。如果不掌握这些技能，会有不好的后果"。[30] 军队本身也总结过，在玩视频游戏和杀戮冲动的增长之间并没有直接的相关关系。记者希瑟·卓别林和亚伦·鲁比提出，对于不太需要面对面肉搏的现代战争来说，"杀人的狂怒并非必需"。事实上，他们发现，军队在 2003 年的《为未来冲突而训练》的手册上声明，"简言之，每个人必须思考"。[31] 十多年前，美国海军陆战队在第一人称射击游戏《毁灭战士》的基础上，改编了一款《海军陆战队毁灭战士》（*Marine Doom*）的游戏，来训练四人战斗小组（fire team）。你一定还记得，科伦拜恩枪击案中的两位杀手，玩的就是《毁灭战士》。军队表示，《海军陆战队毁灭战士》远非用以煽动人的愤怒，而是在"教这样一些概念，如战斗小组成员彼此之间的团队支持，对机枪兵的保护，攻击的正确顺序，弹药的规则，以及战斗领导权的更迭顺序"。[32]

但如果媒体能教我们成为更好的人，难道它不会教我们成为更差的人吗？这不可能是一条单行道吧？爱荷华州立大学的心理学家道格拉斯·A.金泰尔写道，不管我们反复练习什么，练习的东西都会影响我们的大脑。如果我们练的是攻击性的思维方式、感觉和反应，"那么我们就会更擅长这些"。[33] 他说，尽管很难归结于直接的因果关系，但当我们"练习对敌人保持警惕，并对潜在的攻击威胁做出迅速反应时，我们正在演练这一脚本"。在2008年的一项研究中，他和同事发现暴力视频游戏"看起来是攻击行为的模范教师"。他们发现，玩大量暴力视频游戏的人，和同时玩暴力和非暴力游戏、或只玩非暴力游戏的人相比，"看起来能更好地转化攻击性认知和行为"。他们还发现，八年级和九年级的学生中玩暴力游戏频率更高的人表现出更多的"敌意归因偏差"，即对敌人很警惕，并和老师产生更多的口角。[34]

认知科学家达芙妮·贝弗利尔和心理学家C.肖恩·格林在这一点上有所让步，但他们更为全面地看待这一问题。单单暴力视频游戏本身"不太可能将一个没有其他风险因素的孩子转变为一名狂热的杀手"。但是在那些拥有其他许多风险因素的孩子身上，暴力视频游戏的效果"可能足以产生实际上负面的后果"。[35] 在这里，一个更重要的问题可能是：为什么我们不停止担心孩子们的媒体使用，而去处理那些风险因素？

事实上，几十年来的研究都指出，有一种类型的媒体**的的确确**导致了更多的校园枪击案，那就是对校园枪击案的报道。美国公共卫生部长在1999年的报告中指出，既然绝大部分这类案件中的凶手都是自杀型的，"密集报道"普遍意义上的自杀和特别报道校园枪击案，可能会"打破平衡，并使正处危险中的潜在凶手感觉自杀是一个合理

的、可以接受的、在某些情况下甚至是英雄的决定"。³⁶

游戏研究学者詹姆斯·保罗·吉认为，游戏本身并没有好坏之分。一切取决于你如何使用它们。如果适度玩游戏，并得到成人的指导或者朋友的协助，游戏就是有益的，具有持续的认知效应和社会效果。"在暴力的家庭里把游戏当保姆用，游戏就是坏的。"³⁷他说。当被问到，究竟有多少人被杀害的原因与视频游戏有关，他给出了最好猜测：没有，或者五、六个。我们真的无从得知，因为几乎所有的年轻人都在玩视频游戏，这真是太神奇了。同时，数以亿计的人因为书中所写的东西而被杀害，但除了那些极端狂热的人，并没有人想要禁止出书——而书可是比视频游戏"强大得多的、同时服务于善与恶的技术"，吉说。"世界上有无数的人相信上帝写了一本书，只是没有就究竟是哪本书达成一致意见。但没人认为上帝设计了一款视频游戏。"³⁸

詹金斯可能提供了这个谜题的最佳答案。"当媒体在强化我们已有的价值观时，它是我们生活中最强有力的，"他写道，"当与我们价值观不符时，则最无力。"³⁹如果我**确实相信**我需要对真实生活中的敌人保持高度警觉的话，玩过的游戏就会有效地作用于我。如果我不这么想的话，游戏的作用微乎其微。游戏不会改变我的人格。詹金斯写道，事实上，如果一个孩子对视频游戏的反应和他或她对真实世界的创伤的反应方式一样的话，那这个孩子所表现出来的就是情绪障碍的症状。在这个意义上，一个暴力游戏实际上可以被用作一种负担得起的、有效的诊断工具（本书下一章对此有更多阐述）。但除此之外，用充气小丑玩具来标记真实生活中的暴力行为的媒体效果研究，是有问题的。"孩子们去击打一个本来就是用来被击打的玩具，此时他们仍旧处在游戏的'魔圈'之中，也仍然要从这样的角度理解其行为，"

他写道，"这样的研究只能向我们展现出，暴力游戏会带来更多的暴力游戏。"[40]

20 世纪 60 年代，当班杜拉展开媒体效果研究时，伟大的英国民俗学家艾奥娜和彼得·奥佩夫妇花费数年去观察和研究孩子们的户外游戏。他们观看孩子们玩游戏，这些游戏大多有《地下触碰》（Underground Tig）、《煮锅里的女巫》（Witches in the Gluepots）这样的名字。他们总结道："一个真正的游戏是能够释放灵魂的。它没有温情脉脉，只有游戏本身能触发的想象中的人物。"当儿童痴迷于这些游戏时，他们退出了俗常的世界，"他们生存的界限变成了邮筒这边的两条人行道，他们的现实变成了躲避追逐者触碰的激动。"[41] 尽管这项研究似乎是一种延伸，但我们也应当把同样的规则用于青少年玩的第一人称射击游戏。"在一个孩子能够全心投入而无需向他人解释的游戏中，"奥佩夫妇写道，"他能成为一个好的玩家，无需思考自己是否是一个广受欢迎的人，他发现自己成为别人的有用的拍档，哪怕那个人是他平时害怕的人。"[42]

最后我要清楚地说明，从外部看起来似乎是杀戮的事情其实并非如此。知名游戏理论家布莱恩·萨顿-史密斯说，从某个角度看，正好相反。无论是在现实游戏中还是视频游戏中，孩子们玩耍时的打斗，都常常只是一种模拟，效果可控，不想要伤害真实生活中的对手。"这也许是一种打斗的展示，"他写道，"但它也是**打斗的对立面**，因为参与者们不是彼此的敌人，也不想互相伤害。游戏者们总是会使用特殊的面具或者标志来代表不同的种群，其传达的信息是，自己的目的只是玩耍。相比真实的打斗，打斗游戏只是一种模拟和类比，而且它更多地是在展示打斗的意义，而不是一场真实战斗的演练。这更多地关乎意义，而非攻击。"[43]

从某种意义上来说，我们的手指指错了人。当我们担心暴力游戏会将我们的孩子变成杀手的时候，难道不正是**我们自己**，才是那种没法分清幻想与现实的人吗？孩子们早已知道这个区别。我们才是不能区分两者的人。

第十二章 玩乐回路

如何跟你的孩子谈论玩游戏的习惯

那孩子 23 岁了,一直住在家里,长期不去工作。他从高中开始玩在线角色扮演游戏,尽管他也能跟上学业任务,但玩游戏对他来说始终是压倒一切的。他曾经在一家软件研发公司找到了一份工作,但仅仅三个月后就离开了。"我现在没去找工作,"他对父亲说,"是想花点时间找到真正适合自己的。"这位来自中国陕西省的父亲开始想方设法,想让儿子讨厌游戏,最好再也别玩游戏。于是他在儿子玩的好几个网络游戏中雇佣了一些高级别玩家作为"打手",专门寻找儿子的在线游戏角色,一旦找到就杀掉它。[1] 一位研究赌博成瘾的专家听到这个故事后评论道:"这对于家庭关系来说并无益处。"[2]

父母们理所当然地会对孩子在电脑上花掉的大块时间感到忧虑,而游戏又占据了屏幕时间中的大头。我们是否可以用类似"成瘾"这样的词语来描述在孩子身上发生的情况?毕竟,如我们所见,游戏的设计初衷就是让我们不断去玩,去进入某位学者所谓的"玩乐回路"(the ludic loop)——一种无止境的玩耍的进程。但这里既有玩耍,也有扮演。游戏常常要求玩家测试并改进自己的各种技能,遵循某个叙事,参与团队协作,跟其他玩家互动,但有时候游戏也不尽如此。在此意义上,那些把我们从他人身边拖开,独自花费大量时间、不间断地玩的游戏——尤其是那些对玩家技巧要求并不高的游戏——

就会被看做是跟拉斯维加斯的吃角子老虎机有类似神经学机制的东西。"只有你自己，你跟屏幕互动。"专门研究老虎机的社会学者娜塔莎·道·斯卡尔说，"你不用等待其他人。就是纯粹的重复，纯粹的程序。"[3] 所以，当你和一群朋友玩《舞力全开》（*Just Dance*）的时候，跟在房间里一个人玩《糖果传奇》（*Candy Crush*）（或者在旅馆房间里独自玩《牛顿的万有引力》）的时候，其间的差别就好比吃一个新鲜苹果跟吃一个苹果味棒棒糖的差别。两者都是甜的，但后者是一种更为提纯、更加浓缩的甜，它更直接地给我们带来愉悦，更加有效而快速地激发我们的多巴胺反应。

不论如何，除了那些最最糟糕的案例，"成瘾"或许并非一个恰当的术语。毕竟，最近有调查发现，8 岁到 18 岁的孩子们，如今每天要在屏幕前度过大约 7 个半小时，但只有大约 80 分钟是在玩游戏[4]。当我们使用类似"成瘾"这样的词语时，其实说错了在大多数玩家头脑中发生的情况——我们也没能把他们的玩耍与具体语境相联系。

游戏媒体记者汤姆·查特菲尔德说，其他的媒介极少遭遇类似的病理学描述："一本书被描绘为'令人难以释卷'，这可是高度赞誉。一部电视剧集被描述为'叫人欲罢不能'（compulsive viewing）——这个术语借自一种行为失调——则是其高品质和创作者高超技能的证明。大多数人压根不会担心书或者电视剧太引人入胜，会给消费者带来某种灾难。"[5]

斯坦福大学的研究者尼克·余曾致力于研究大型多人在线游戏，最近提出了这样一种思维训练：想象有一个多人社交游戏，发生在一个"被隔离的部分现实"之中，是一个应用了不同规则的虚拟世界。玩家们扮演幻想角色，其仅仅具备游戏世界中的功能性意义。而关键是随心所欲地定义赚取积分的任务，以及兼具团队协作与高度竞争。当然，这个游戏就是足球，但它也完全可以是魔兽世界。[6] 他还说，然而在足球这个游戏中，当事情出了岔子——例如有球员受伤，甚至因心脏病而濒死——我们倾向于整体性地思考问题，"在所有的反思中从来没有人提出足球是令人上瘾的，也没有人为足球去创造一种新的疾病名称"。[7] 余认为，召唤出"成瘾"这样的词语往往具有一种功能：终止对更广泛议题的讨论与对话。它是一种"修辞学花招，让我们忽视那些真正的心理问题"，而这些诸如抑郁症或是社交焦虑的问题或许正在折磨着玩家们。他写道，抛弃科技，"不能解决业已存在的心理问题"。[8]

如上一章中所述，玩带有攻击性的游戏，有助于削弱现实生活中的攻击性能量。同时游戏也可以帮助人们降服自己的恐惧。经历那些经由媒体呈现和传播的恐惧，"让我们有机会体验以某种方式受控的恐惧，于是在此处，至少我们可以用现实生活中无法实现的方法，去掌控我们的恐惧，去控制威胁"。[9] 印第安纳大学的安德鲁·韦弗这样写道。将某人置于一出暴力幻想戏剧的中心，通常还是以另一个身份角色——例如一个15岁男孩扮演一位女性的身份，反之亦然——这可以成为一种有益健康的锻炼。《杀死怪兽》的作者杰拉尔德·琼斯写道："带着愤怒去玩游戏，对于削减愤怒的能量是行之有效的。我们所有人在成为一个好人的道路上总是被野性所包围，而在想象中变得邪恶和四处搞破坏，则是对这种野性的虚拟补偿。"[10]

琼斯发现，我们害怕自己孩子很有攻击性，是由于我们对现实生活中暴力的焦虑，这无可非议。但这也带来了损失。我们正在扼杀孩子们关于力量的幻想，而如果他们的幻想与金钱、情爱、冒险之类的东西相关，我们则熟视无睹。"我们并不常追问，电视竞赛真人秀是否让我们的孩子们变得贪婪，又或者情歌是否增加了在糟糕恋爱关系中无法自拔的可能性。但当主题是攻击性的时候，我们却努力把上百万的游戏、梦想及生活故事搅拌成一锅粥，对其开展统计学研究。"[11]

他总结道，"在直面一个恐怖、无法控制的世界时"，儿童需要觉得自己是强大而充满力量的。他写道：当某些事物困扰着他们，"他们不得不与之玩耍起来，直到感觉到它是安全的。"媒体（暴力、露骨以及反面的）有助于此。"超级英雄，视频游戏里的战士，说唱歌手以及电影里的枪手，都是力量的象征符号。通过假装成为这些人，年轻人变得真正强大起来。"[12]

康涅狄格州的心理学家埃里克·施莱弗尔的专长是治疗十多岁的年轻男孩。他说他的很多病人都是重度游戏玩家，很多人正在同焦虑做斗争，他们焦虑的是这个世界以及自己所身处的位置。他告诉我，他们越是焦虑，就越对暴力内容感兴趣，这几乎成为一种考验自己勇气的方式。当谈到有关暴力游戏或电影的消费时，他们总是试图表现得高出施莱弗尔一筹，问他是否看过他们看过的所有的恐怖电影，或者是否玩过他们玩过的那些第一人称射击游戏。有个男孩对他的妈妈怀有严重的焦虑，他痴迷于《大白鲨》这部恐怖电影。在一次治疗中，他表示完全不害怕屏幕上发生的一切。然而当妈妈到了约定时间还没来接他，这个男孩确信她一定是出车祸了。这次治疗的时间恰逢一场大雷雨，仅仅等待了五分钟，他就坚持认为妈妈是被闪电击中了。施莱弗尔回忆，一阵呼啸而过的急救车警笛声，就被男孩当成了妈妈受伤的充分证据。"就是在同一个疗程中，他给我讲述了自己看过的所有恐怖电影。一方面，他不断告诉我，'我什么都不怕，我才不像你那么害怕'。另一方面，他又表现出了真真切切的惊恐的一面。这是一场围绕着那些事物的持续不断的对话"。[13]

他说，大多数成年人不曾意识到，今天的孩子们正在应对着之前的几代人不曾有过的焦虑。施莱弗尔说:"我们正暴露在发生于世界各地的事物之前。而一百多年前,儿童还仅仅需要面对发生在自己街区的事物,不过街头巷尾之隔。或许邻里之间会有些糟糕的事情发生,但是,如果不是发生在邻里之间,那就等于什么也没有发生。"而现在呢,孩子们能接触到来自世界的新闻,接触到发生在每个角落的糟糕事情。"一个孩子的头脑每天被诸如海啸一类的东西包围着,会怎么样呢?你会怎么应对这种情况?对于成年人来说,也没什么好办法来应对处理。"

施莱弗尔的确在使用游戏开展诊疗。"如果我偶尔遇到某个真心迷恋暴力内容的男孩,那么几乎可以确信有什么事情发生过,而他正在同这些事物斗争,他存在高度的焦虑。男孩们越是对暴力内容感兴趣,就越是在努力地想处理他们的焦虑感——或是更为焦虑。他们正努力通过这种办法去解决它。所以对父母来说这真的是个很好的提示:如果你发现孩子正在不断地游说你们'其他所有小孩都在玩这个',并且他全情投入的游戏恰好又是最为暴力的那种,那么这很可能提示你有事情发生了,你的孩子对此感到害怕惊恐,并且正努力地去摆脱这种感觉。"

一位游戏设计师,或许想朝那些因为孩子流点儿虚拟的血就担惊受怕的家长们发问:你们是否曾经想过,鲜血也是种反馈?自从第一人称设计游戏诞生,二十年时间过去了,设计师们已经成功地让人们把屏幕上的红色像素(鲜血)看成一种占位符。"游戏里之所以有那么多枪,是因为枪提供了一种非常抽象而有效的简单方法,可以将力量进行远程投射,"设计师克里斯·赫克尔说。用虚拟枪支射击,创造了一种高效的反馈回路。"如果你没打中,你立刻就知道,尤其是如果墙上还会出现弹孔。"[14] 如果你的孩子正在玩一款需要枪支——或是长矛、刀、链锯、弓箭——的视频游戏，那他／她判断是否击中目标，就是看目标是否流血了。

如前所述，不管你的孩子喜爱什么游戏，在很大程度上是因为游戏会对他／她的每一次输入做出即时的反馈，会展示他／她的进步和提高，并鼓励他／她——实际上是要求他／她去改进提高各项技能。当生活中的其他时刻并不令人满意、平平无奇、甚至是糟糕的，而存在这样的事物，可以回应他／她的任何手势并且输出相应结果，想想孩子们能从中得到的愉悦吧。雅达利公司的创始人诺兰·布什内尔在五十年前初次玩《太空大战》时所感受到的愉悦，时至今日也几乎没有改变。心理学家杰米·马迪根写道，这种愉悦是立竿见影、清晰明确的。在射击游戏中，"你看到敌人一个踉跄，看见他们出血，最后看到他们倒下。"[15]

瑞格比和瑞恩写道，在一个又一个紧密相接的瞬间里，游戏使用了三种类型的反馈。他们按照三条线索将之分解开来：颗粒态能力，例如你脱离了应走的路线，游戏手柄就会震动，又或者你向远处的敌人发射了一枚火箭弹，它飞到空中去了，说明你错失了目标；持续态能力，例如你会变得越来越擅长于保持在正确路线上或是掌握如何用火箭弹击中敌人；累积态能力，例如你今天在路上已经走了三英里，你的火箭炮已经击中过 47 个敌人。[16]

然而，尽管今天的父母们自己成长在游戏机的黄金岁月，现当代游戏的精密复杂甚至是残酷，仍然令他们始料未及，大吃一惊。当我碰到这类家长时，通常要问他们两个问题：

1. 你是否曾坐下来和你的孩子一起玩过游戏？
2. 你是否曾问过他／她，到底从游戏中得到了什么？

这种想法是从产生于 20 世纪 70 年代早期的一个概念改造而来。

当时面对儿童的媒体都倡导，和孩子们"共同观看"（co-viewing）电视，有助于他们从节目中获得更多东西。研究表明那些和父母一起观看《芝麻街》、并围绕所看内容展开讨论的孩子，对节目更为理解。在一项早期研究中，那些和母亲一同观看节目的低收入家庭的以色列儿童，可以和独自一人观看节目的中产阶级儿童获得同样好的教育效果，甚至有时效果还会更好。[17]

此观点的倡导者们，如今在呼唤另一种不同的"共同观看"，是针对视频游戏的，被称作"联合媒体参与"（joint media engagement）。本质上，它是个蛮酷炫的概念，说的是坐在沙发上和你的孩子一起玩游戏，并且"讨论屏幕上正在发生着什么事情"。尽管你并不需要成为最棒的视频游戏玩家，你还是应该思考你要做哪种类型的玩家。如果有个坏家伙，一次又一次地在同一个地方干掉你，你该作何反应？你会接着尝试下去吗？你会从容应对失败，还是发出诸如手柄一定是坏了、游戏一定有错误或这个任务太蠢了之类的抱怨？你是沉默的玩家？还是边玩边喋喋不休？你会寻求帮助吗？当你赢了，你会来一段小小的胜利之舞吗？你会沾沾自喜吗？在现实生活中，你的孩子们一直在观察，尽管他们并不总是像在观察你的样子。不管你是成功了还是失败了，他们都能从中有所收获。所以失败也是好的。

父母们还应该意识到，那些游戏被评级为"成人"级别是有原因的。和其他玩家的在线互动完全有可能是成人级的。作家罗莎琳德·怀斯曼在写作她出版于2013年的著作《智囊与幕僚》（*Masterminds and Wingmen*）时，研究了男孩们并了解到这一点。她了解到，视频游戏并不会引发暴力，但它们可以"将羞辱、堕落和毫无意义的暴力变得正常化——就像我们文化中很多被我们心照不宣、全盘接受的东西那样"。[18]

2013 年 9 月，在连续玩了四天最新版的《侠盗猎车手》游戏后，批评家汤姆·比瑟尔下了结论，称 GTA 这个游戏"本质上就是一个有史以来最为精心设计的混蛋模拟系统，一个建立在伤害他人和为所欲为基础之上的游戏"。[19] 如果你的孩子花了很多时间玩 GTA，那么也许，仅仅是也许，他想尝试做个混蛋是什么感觉。或许你应该在旁边陪他一起玩。

如果你的孩子还十分年幼，你应当三思，是否要带给他/她任何种类的屏幕。美国儿科学会（AAP）守则里说，两岁以下儿童不应当接触任何屏幕——iPad 不行，iPhone 不行，PlayStation 游戏机不行，电视机也不行。事实上，最新研究表明，即使是当有儿童在场的时候观看电视，或者在无人看管儿童的情况下开着电视，都会影响儿童的成长。儿科医生们表示，所谓的"二手电视"会损害儿童的语言发展，打扰他们的自然玩耍。这个警告被写在了 2011 年关于儿童媒体使用的实践指南中。它提到了几个研究，包括一项从 2008 年开始的研究，发现作为背景的电视减少了儿童们玩耍的时间，并且让他们玩耍时精神不能集中。最近的调查发现，有近三分之一的家庭大部分时候都让电视机开在那儿，即使电视已经阻碍了小孩子们和父母的互动时也是如此。而这种互动，众所周知，是儿童积累上学时所需的词汇的关键途径。"假如你努力想和你的孩子产生联系，就应当关掉那些屏幕"。[20] 来自德克萨斯州奥斯丁的儿科医生阿里·布朗（Ari Brown）说。他也是儿科学会建议的首席作者。

另一些儿科医生们则正在开始准备推进像 iPad 之类的触屏设备，认为它们对于学习或者是儿童与父母的共同参与，都开启了新的可能。但对于非常年幼的孩子，现实生活的互动仍然应当是必要的。这是《儿童科技评论》（*Children's Technology Review*）编辑沃伦·巴克莱纳的看法。"我真的花了二十年来理解互动媒体与儿童。我的底线是，如果你的孩子还不到两岁半，那还是找只猫来陪玩吧。"[21]

但对于一些玩家来讲，成瘾是真实存在的。爱荷华州的研究者道格拉斯·金泰尔在2009年使用了被普遍用于诊断赌博成性者的标准，来判断游戏玩家是否对游戏产生了"会导致问题的关系"。他调查了1178名在8岁到18岁之间的年轻人，发现其中8.5%的人符合六条甚至更多的"关于玩游戏的病态的行为模式"的标准。[22] 有五分之一的人承认，自己在学校作业或考试中表现得糟糕，是因为他/她"花费了太多时间玩视频游戏"。近四分之一的人承认，为了玩游戏有时会不做家庭作业。另一项研究则显示，重度游戏玩家在家庭作业上花的时间更少——但经常只是因为他们比非玩家写作业写的更快。"游戏玩家实际上会更有效率地完成家庭作业，结果就导致他们用来写作业的时间更少。我们需要更深入地观察情况究竟如何"。[23] 密歇根大学的侯普·卡明斯这么说。

心理学家斯科特·瑞格比和理查德·瑞恩指出了游戏更为重要、且极具吸引力的一大贡献之处：游戏带来的体验的密度之高，是其他互动方式所未有的。就像简·麦克高尼格发现，《魔兽世界》是"有史以来最强力的生产力注射剂"；瑞格比和瑞恩则发现，相比真实生活中的相对匮乏，"游戏提供给我们密集的体验和即时的反馈，让我们感觉自己更有效率，也更加举足轻重"。[24] 作为结论，他们发现那些在真实生活中并不拥有这类反馈回路的人，有时候从其陪伴家人所花的时间，或是对这个"分子世界"中面临的更为困难的挑战或问题的处理情况来看，可能容易显得"过度沉迷"于游戏。有个玩家曾对他们讲："因为游戏,我错过了孩子童年中最初的五年,我再也不想这样下去了。"[25] 他们建议,一旦玩家跨越了"每周玩游戏 25 小时"的界线,可能就有点问题,需要慎重对待了。

心理学家希拉莉·卡许和金·麦克丹尼尔,专长是治疗那些因视频游戏行为习惯而对生活造成极大困扰的年轻人。他们说任何每天玩游戏超过两小时的孩子,都已经进入一种"滥用的滑坡"中,可能滑向真正的成瘾。[26] 他们还说,所有的孩子都需要感受到"家庭中的安全与依赖。当安全感缺失,孩子会对所缺失的关爱产生近乎绝望的渴求。当一个人在情感上缺乏安全感与爱,在屏幕上度过的时光将为之提供某种转移与替代。在线社群将替代真实生活中的社群。兼具刺激和疗伤功能的视频游戏,将缓解他们在真实生活中因求之不得而来的痛楚"。[27]

美国儿科学会（AAP）如今推荐儿科医生们要关注患者详细具体的"媒体使用史"——尤其是那些展现了侵略性行为的人；肥胖超重者；吸烟、喝酒及使用药物者；或是上学有障碍的人。该学会还说,儿科医生应当在每一次儿童健康随访中都询问家长们两个重要问题："你的孩子每天要花费多少时间来观看屏幕,进行休闲娱乐？在孩子的卧室里是否有电视机或者可以上网的设备？"AAP 还推荐儿科医生审视自己的媒体使用情况,因为医生自己电视看得越多,就越不乐意建议这些家庭去遵循 AAP 的准则。[28]

最后,至关重要的是,帮助孩子获得一种平衡感,别让游戏成为他们生活中唯一一个安全、值得依赖和获取奖励的地方。传奇的日本游戏设计师宫本茂,曾为任天堂公司创造了《超级马里奥》。当孩子们问他要签名的时候,他通常会写下："如果是晴天,请去户外玩耍吧。"[29]

后记　无处不在的游戏

当莫扎特曲风的歌剧序曲奏响，镜头掠过一片末世之后的地下世界景象，然后从奇高无比的塔顶俯冲而下，穿过荒芜的街道，冲进一间被壁炉中熊熊火焰照亮的居所。在那里，一对兄妹正在咏唱他们失散多年的父母，他们十一年前逃离这里去了地表，去探索人们曾经栖居的大地。兄妹渴望与父母重聚，但一位邪恶的国王将所有人禁锢在地下。因此二人正在计划逃离此处。

《地表：上层世界》(*The Surface: A World Above*)在大多数情况下坚持了你心目中典型的歌剧的那些传统，除了一点：它的五个角色是在一个虚拟世界中进行表演的。由五名演员在台下各自操作一台笔记本电脑，控制五个形体完整的化身，并投影到一块巨大的屏幕上。在屏幕的背面，五位歌手站在麦克风前，每人为一个角色配音。这个作品是在弗吉尼亚理工学院的音乐课后兴趣班上，由一群十多岁的男孩创作的，它完全是基于极为流行的在线世界建造类游戏《我的世界》而实现的。

这个项目的起因是一个艺术家常会遇到的窘境：它的导演负担不起布景和装置的费用。2013年春天，一位红发女高音歌剧演员阿里安娜·怀亚特——她毕业自茱莉亚音乐学院，是弗吉尼亚理工学院表演艺术学院的声乐助理教授——赢得了25000美元内部资助，来排演一出由当地青少年参与的歌剧。她希望专注于音乐和戏剧表演，因此她问一位同事艾柯·布克维奇，是否有某种类型的虚拟世界，可以让她的学生们在其中以极低甚至免费的方式建构起一套布景。"总是有办法的，对吗？"[1]她问道。

怀亚特并不是位游戏玩家。她在加利福利亚的文图拉郡长大，最为深入的游戏经历，是刚上大学时玩一款在线的"射死那些家伙的游戏"——玩了好几个月，但她也不记得确切的游戏名字了。玩游戏的原因，则是她能够在其中跟自己的高中恋人网上聊天——她那时在南加州大学而恋人去了400英里外的加州大学戴维斯分校。那年他们分手后，她就没再玩过游戏。

当怀亚特找到同校教员、作曲家布克维奇的时候，布克维奇家的两个孩子一个8岁，一个12岁，都在玩《我的世界》。他立刻意识到，这个充满方块、复古风格的开放世界建造类游戏，正是怀亚特所需要的。它有着数以百万级的玩家——最新的数据是在全世界有超过5000万次下载——所以怀亚特的学生们肯定也熟悉它，甚至可能早就是建造高手了。这些学生来自弗吉尼亚州西南部的几个社区，尽管他们并不住在相邻宿舍，但他们还是可以合作搭建布景。学生们也可以自由选择白天或晚上的任何时间，只要他们在线并登录，就可以干活了。他说："这简直太显而易见了。"[2]

尽管还不大清楚她将要做件什么事情，怀亚特还是打印了很多传单，上面写着："你喜欢《我的世界》吗？你喜欢音乐吗？"她把传单钉在周边一些高中的公告栏里。另一位同事还建议，把这个项目称为"歌剧世界"（OPERAcraft）。

几个星期后，一共有八个十多岁的男孩报名了。他们迅速地开始设计和建造歌剧的场景，各种发明创造泉涌而出。布克维奇还将《我的世界》的代码进行了改写，使得它那些方块造型的角色更富于表现力。他还找到了一种方法，让虚拟化身的嘴部动作，能跟歌手麦克风里出来的声音保持同步。这变成了某种双人数字歌剧版卡拉 OK，其音乐部分"完全窃取"自莫扎特的五部歌剧和一部交响乐。怀亚特了解到，男孩们热爱搭建场景，却也担心这个项目的其他部分没法让他们兴奋与激动。

他们对每个部分都感兴趣。布景，音乐，剧本，每件事情。他们投身于热火朝天的讨论，甚至是争吵，来探讨故事将如何发展，并最终确定了后末世的主题以及走失的父母。在接下去六个月里，怀亚特和同事们指导这群孩子写书和剧本，上台排练以及表演。他们还把其中一个主角起名叫马库斯（Markus），这是在向开发出《我的世界》的瑞典游戏设计师马库斯·佩尔松（Markus Persson，网名 Notch）致敬。

歌剧的首演是在 2013 年 12 月，在弗吉尼亚理工学院的一间剧院里。一小群朋友和家人观看了一位钢琴家演奏序曲，游戏的"镜头"——实际上有一个玩家坐在三楼小包间里，控制着一台笔记本电脑上的人物视角——推向了一个庞大的三维地下世界，就是学生们所创造的那个世界。当我初次看到它的时候，激动得为之哽噎。我并不是像罗伯特·弗罗斯特*一般在写诗抒情，但我的确觉得这是一次非常动人的体验。有可能是莫扎特的音乐起了作用，也许因为这群十几岁男孩拥有对歌剧的热情。最终，我还是认为《地表》之所以激动人心，是另有原因的：这出数字沙盒内的小小戏剧，呈现了游戏与学习

---

*译注：罗伯特·弗罗斯特（Robert Frost）是 20 世纪美国最杰出的诗人之一，诗作长于抒情及叙事，曾四次获得普利策奖。

最有前景的应用方式之一，这也正是我自写作本书以来所观察和发现的。

这并非只是更有效率的老调重弹，也绝非更有效率地重蹈覆辙。这不是改良版学习卡片，不是游戏化的可计分牙刷。这是一种跨界的技术，被用于全新的事物上，陌生而优美。它让孩子们有机会创造出我们前所未见的东西，释放他们的激情，拓宽他们的眼界。他们正站在一个熟知的世界里迈开脚步，即将踏入的是崭新而迥异的天地。当然在这个例子里，他们则是从数字世界踏入了我们的世界。

四十年前，教育家赫伯特·科尔写道，大多数差生"什么都懂，可就是懂的东西，要么绝不会在学校教育中被认为是要紧的，要么绝不会被用来作为学习新东西的基础"。他回忆起曾经听到老师们（也包括他自己）说过的那些话：

"放下那本漫画书。是该阅读的时候了。"

"停下，别玩牌了。现在是数学时间。"

"关掉你的半导体收音机。它已经打扰你的合唱音乐课了。"

翻译一下吧：

"停止阅读。现在是学习阅读的时间。"

"停止使用数学。现在是学习数学的时间。"

"停止听音乐。现在是学习音乐的时间。"

科尔所指出的，正是新近"游戏进校园"运动实际上低估了的，也是怀亚特所发现的：至关重要的是深入了解学生，因为他们身处真实世界。科尔建议花时间深入社区，了解父母们怎么教自己的孩子，孩子们和父母一起玩什么游戏，包括"语言游戏"和跳绳。"换句话说，"他说，"要做个参与者，去了解其中的文化，别像个来自外部社群的人类学家。"

他还说，如果老师们四处打量一下，他们会发现游戏无所不在。"如果用社区里的游戏作为学校里的教学过程的开始，教师就能让学生保持跟一个熟知的世界的接触，同时再去探索更为抽象的议题。教师不要做他/她的学生的裁判员，而要成为一个工人，以服务学生的需求、拓宽学生的选择为己任。社区和教室，应该互相帮助。"[3]

怀亚特或许仅仅是打算建造一个并不昂贵的舞台布景，但她的需求与科尔的指示不谋而合。她足够机智地看到了将会发生什么，并助其实现。她还看到了在虚拟世界中建构歌剧布景这件事，除了低成本之外还有其他好处：她告诉我，将来只要她给大家发送一个链接，指向这个虚拟世界在《我的世界》里的位置，制作人员们就可以接触到相应场景，并自行登台演出。

可能性远不止此。当我2014年夏天和怀亚特的大学同事布克维奇交谈的时候，他正在实验各种方法，想让观众们能从自己的电脑上观看这出歌剧。实际上，他想走得更远。因为《我的世界》的每一名玩家，都在从他/她自己的视角观看这个虚拟世界，布克维奇提议让观众们有机会亲身进入场景有所行动，而不仅仅是停留在虚拟的舞台外。观众或许可以是隐形的化身，就像幽灵那样从任何角度观看和倾听，但无法与演员互动，也不会被演员看到和听到。布克维奇甚至已经在设想一个更为大胆的实验作品，观众在其中随着表演的进展走过一幕幕的场景，并且可以动手拆除这些场景。"任何时候，你都可以召集你的受众，让他们不再仅仅是一个受众，而是利益攸关者，这可以极为显著地影响到他们究竟获得怎样的体验"。

奇妙的是，尽管伴随着这些冰冷的数字现实，在开幕之夜发生的一点点小差错仍清晰地说明了歌剧仍然是一场人类的努力。在第一幕的高潮处——此处剧透警告！——当马库斯的妹妹蕾吉娜本应当冲向邪恶的君王，抓紧他，两人一同摔下塔顶露台的时候，蕾吉娜的数字化身突然凝滞了。她没能将君王扔下露台，只是无助地看着他在那儿愣住了一瞬间，随后自己跳下了露台边缘。于是她也别无选择了，一旦她的化身恢复了活动能力，立刻就随着君王跳下了露台。这个小差错让她角色的英雄行为——在剧本中，她的自我牺牲使得马库斯得以逃往上层世界——看起来像一次奇怪的结伴自杀。

男孩们早已习惯生活在一个数字世界中，在哪儿他们可以掌控每个小小细节，因此这次他们并无准备。紧接着，怀亚特开始安慰表演者们，告诉他们千万别过于自责。她说，现场表演总是会伴随着类似的小失误，永远如此。

你也许还记得，五十多年前，麻省理工学院的黑客们围着一台昂贵无比的计算机玩耍，发明了视频游戏。二十五年前，一个八岁男孩在 MIT 媒体实验室玩乐高的时候发明了"硬乐趣"（hard fun）这个词语。去年九月，游戏设计师、研究者、身为 MIT 教育长廊（Education Arcade）创意总监的斯科特·奥斯特威尔在讲授一门名为《游戏与社会变化》的进阶课程时，要求学生们更加深刻地去看待玩耍（play）。"想上 MIT，你只有两条路，"他告诉我，"要么你天生就活泼有趣、充满创意，要么你真的很擅长遵照指令干好你的活儿。"[4]

课堂讨论显示他的学生们真的理解玩耍的重要性，但他们却回避了一种观念，那就是工作也可以更加好玩。"有些看法认为，玩耍当然是非常棒啦，但玩耍毕竟不是工作，而一些时候我们必须屈从于我们艰苦的工作。我想我们应当挑战这类看法。"

在 20 世纪 90 年代中期，早在大多数学术界人士做梦也没想到视频游戏进校园的时候，奥斯特威尔就已经与人联合开发了一系列的逻辑游戏，它们对一种新类型的诞生有所贡献：益智、奇特、好玩的解谜游戏，该类型游戏如今的代表作包括《龙箱》《拯救小怪兽》等等。如果你曾是某个特定年龄段的年轻人——如今可能已为人父母了——你也许玩过《卓穆比人的逻辑之旅》，一款有着糖果般色彩的冒险游戏，实际上却会带着玩家们去一步一步地学习，如何创建和使用数据库。

他观察到，游戏和与之类似的东西被抛弃、被埋葬，又被改头换面、重新包装为"寓教于乐的"，这都反映出家长们对于帮助孩子进步有多么焦虑。而今，他又在玩耍方面看到了相同的模式。"有种观念就是逼迫孩子进入 STEM* 的领域有助于他们将来找个好工作，呃，怎么说呢，我们知道从历史角度来看，人们总是不能正确地认识到未来到底会需要怎样的技能或职业，"他说，"我们真正所需要的，是那些富有创意、适应力强、长于创新的人，那些不论技术如何改变都能想办法创造未来的人。"

他说，多年以来，美国的教育体系十分擅长于"尽可能高效率地生产出可以接受的普通人才"。可是如果现在有个年轻人想要做个科学家，"你需要做一个长于创新的、富于创意的科学家，而不是一个能记住细胞所有部分的人。他们也不是做出伟大发现的人，而是知道如何问出有意思的问题的人。科学家、工程师，每个领域都是如此。

---

* 译注：STEM，是"科学（Science）、技术（Technology）、工程（Engineering）、数学（Mathematics）"四个英文单词的首字母缩略词。最近 20 年来，该术语取代了原来的 SMET，常用于美国的教育政策及学校课程选择，目的是加强科技竞争力。

律师呢？那些有创意的人也能够成为一名出色的律师，而不是那些只会死记硬背所有法律判例的人。"

孩子们想要取悦我们，但他们的耐心是有个自然限度的。MIT 的那些擅长完成指令的学生们，通常在入学一段时间后想要摆脱这一特点。"即便是在 MIT，也总是有按部就班循规蹈矩的路线可走，"他说，"也有孩子在这样的道路上表现得很卓越。"奥斯特威尔说，但他们之中绝大多数人很快会发现班里其他同学在同样的时间里，做的事情有趣得多。"好消息是，我想孩子们通常会通过自学发现如何变得更有创造力。我试着让他们更清楚地了解这一点，于是说：'你能上 MIT 这个事实，意味着你并不真正地理解教育，因为它对你来说总是显得太简单了。你可能并没有留意到真正的挑战到底是什么。'"。

在写作本书的过程中，我经常会对我们的教育体系感到些绝望。它看起来似乎是由那些把教育看成小菜一碟、而且总是循规蹈矩地跟着指挥棒做事的家伙设计的。除此之外（当然可能也正是这个原因），我们的体系看起来搞砸了它碰到的每件事，甚至是那些了不起的主意。但每次我坐下来观察一个孩子的作品，我又会重新充满希望。如此循环往复，我留意到一个关键的事实：年轻人与生俱来、出人意料地具有创造力和适应力，大多数时候他们只不过是在忍耐着我们的灌输。他们生活在魔圈之中，并深知它有多么强大。

大多数时候，是成年人拖了他们的后腿，即便我们自认为正在朝正确的方向引导他们。我们需要退后一步。我们需要给他们更棒的工具，信任他们的创造力。给他们机会去探索、去失败、去重拾自我、不断尝试，这将会带来了不起的结果。就像游戏学者吉姆·吉说的那样："永远不要低估一个孩子。"

注释

前　言
艰难的乐趣

1. Raymond students increased their math proficiency level by 15.28 percentage points in 2014, putting them in the top five among all elementary schools citywide in percentage gains. District of Columbia Public Schools, 2014 DC CAS Results by Sector, July 31, 2014, http://osse.dc.gov/sites/default/files/dc/sites/osse/publication/attachments/CA S%20Classification%202014_FOR%20POSTING_FINAL.pdf (accessed November 9, 2014).

2. I am indebted to Harvard's David Dockterman for sharing with me the manuscript of his important book, Tools for Teachers: An Historical Analysis of Classroom Technology.

3. Kurt Squire, Video Games and Learning: Teaching and Participatory Culture in a Digital Age (New York: Teachers College Press, 2011), 59.

4. Sara Corbett, "Learning by Playing: Video Games in the Classroom," New York Times Magazine, September 15, 2010, MM54

5. Nicholas Negroponte, Being Digital (New York: Knopf, 1995), 196.

6. Michael John, presentation, Education Writers Association, Stanford University, May 4, 2013.

7. This is my modification of an idea that comes from motivational psychologists Scott Rigby and Richard Ryan. In their 2011 book Glued to Games, they lay out the difference between traditional stories and games. In stories, they say, readers can, at best, "vicariously enjoy the hero's exploits." But in video games, the heroic narrative supports in their minds the idea that they are a hero. "The game believes in them and their ability (i.e., competence)." Scott Rigby and Richard Ryan, Glued to Games: How Video Games Draw Us in and Hold Us Spellbound (Santa Barbara, CA: Praeger, 2011), 33.

8. James Paul Gee quoted in Corbett, "Learning by Playing."

9. Interview with author, May 15, 2014.

10. Nicole Lazzaro, presentation, Neurogaming Conference, San Francisco, May 8, 2014.

11. Joachim Liebschner, A Child's Work: Freedom and Guidance in Froebel's Educational Theory and Practice (Cambridge, UK: Lutterworth, 2006).

12. Vivian Gussey Paley, A Child's Work: The Importance of Fantasy Play (Chicago: University of Chicago Press, 2004), 36.

13. Quoted in Stuart Brown, Play: How It Shapes the Brain, Opens the Imagination, and Invigorates the Soul (New York: Avery, 2009), 185.

14. Jodi Asbell-Clarke, interview with author, December 14, 2012.

15. Steven Johnson, Everything Bad Is Good for You: How Today's Popular Culture Is Actually Making Us Smarter (New York: Riverhead, 2005), 187.

16. Marshall McLuhan and George B. Leonard, "The Future of Education: The Class of 1989," Look, February 21, 1967, 23-24, http://learning spaces.org/files/mcluhanfs.html

17. Marc Prensky, Teaching Digital Natives: Partnering for Real Learning (Thousand

Oaks, CA: Corwin, 2010), 2.

18. High School Survey of Student Engagement 2010, Indiana University, November 9, 2014, p.7, http://www.indiana.edu/%7Eceep/hssse/images /HSSSE_2010_Report.pdf.

19. John M. Bridgeland, John J. DiIulio Jr., Karen Burke Morison, "The Silent Epidemic: Perspectives of High School Dropouts," report by Civic Enterprises in association with Peter D. Hart Research Associates for the Bill & Melinda Gates Foundation, March 2006, iii

20. Amanda Ripley, "What It Takes: Keeping up with the Competition, Part I—K-12," Education Nation, February 12, 2014, http://www.nbcnews .com/feature/education-nation/commentary-it-takes-keeping-competi tion-k-12-n11836 (accessed November 9, 2014).

21. Megan McArdle, The Up Side of Down: Why Failing Well Is the Key to Success (New York: Viking, 2014), 23.

22. Gabe Newell, presentation, Games for Change, New York, June 22, 2011.

23. Stuart Dredge, "Angry Birds Playground: Rovio catapults gaming into the classroom," The Guardian, September 16, 2013.

24. "Learning Math through Video Games: An Interview with Keith Devlin," Math Mirror, March 2, 2012, http://www.mathmirror.org /perspectives/entry/learning-math-through-video-gamesan-interview -with-keith-devlin/.

第 一 章
一种终极的放纵

1. Ransom Riggs, "Who Reads Books?" *Mental Floss,* April 25, 2011.

2. U.S. Department of Education, *Fifty Years of Supporting Children's Learning,* March 2005,

17, http://nces.ed.gov/pubs2005/2005311.pdf.

3. From 9 percent to 27 percent according to the U.S. Department of Education, *National Assessment of Educational Progress Long-Term Trend, Reading Classroom Context: Reading for Fun,* 2012, http://www.nationsreportcard.gov/ltt_2012/context_read.aspx#2-0 (accessed November 9, 2014).

4. Nicholas Carr, *The Shallows: What the Internet Is Doing to Our Brains* (New York: W. W. Norton, 2010), 138.

5. David Trend, *The End of Reading: From Gutenberg to* Grand Theft Auto (New York: Peter Lang, 2010), 9.

6. chattering class 在英语中特指那些好发表自由言论的知识界或艺术界人士。

7. Wendy Griswold, Terry McDonnell, and Nathan Wright, "Reading and the Reading Class in the Twenty-First Century," *Annual Review of Sociology* 31 (August 2005): 127-41; first published online as a Review in Advance on March 11, 2005.

8. Kelly Gallagher, *Readicide: How Schools Are Killing Reading and What You Can Do about It* (Portland, ME: Stenhouse, 2009), 59.

9. Ibid., 5.

10. M. T. Anderson, interview with author, October 22, 2010.

11. Will Richardson, *Why School?: How Education Must Change When Learning and Information Are Everywhere,* TED Conference, 2012, ebook location 270.

12. Robin Hunicke, "Now Is Beautiful," May 4, 2012, https://www.you tube.com/watch?v=Gp7aAvtimaU.

13. Erik Martin, interview with author, September 15, 2014.

14. Tom Bissell, *Extra Lives: Why Video Games Matter* (New York: Pantheon, 2010), 121.

15. Alex Hutchinson, interview with author, March 28, 2012.

16. Kurt Squire, *Video Games and Learning: Teaching and Participatory Culture in a Digital Age* (New York, Teachers College Press, 2011), 1-2.

17. You can watch a video of the touchdown on YouTube: https://www.youtube.com/watch?v=I74BG0YFKUc (accessed November 9, 2014).

18. Patrick Hruby, "The Franchise," *ESPN,* August 5, 2010, http://sports.espn.go.com/espn/eticket/story?page=100805/madden.

19. Dennis Baxter and Peregrine Andrews, "The Sound of Sport," *Falling Tree Productions,* April 30, 2011, http://www.fallingtree.co.uk/broadcast_history/2011/the_sound_of_sport.

20. Jim Rossignol, *This Gaming Life: Travels in Three Cities* (Ann Arbor: University of Michigan Press, 2008), 200.

21. Dale Russakoff, "Schooled," *The New Yorker,* May 19, 2014, http://www.newyorker.com/magazine/2014/05/19/schooled.

22. Paul Saettler, *The Evolution of American Educational Technology* (Charlotte, NC: Information Age Publishing, 2004), 100.

23. David Dockterman, *Tools for Teachers: An Historical Analysis of Classroom Technology,* unpublished dissertation, Harvard Graduate School of Education, 1988, 25, 99.

24. Randall Davidson, *9XM Talking: WHA Radio and the Wisconsin Idea* (Madison: University of Wisconsin Press, 2006), 266.

25. Larry Cuban, *Teachers and Machines: The Classroom Use of Technology Since 1920* (New York: Teachers College Press, 1986), 34.

26. Seymour Papert, *Mindstorms: Children, Computers, and Powerful Ideas* (New York: Basic Books, 1993), 9.

27. Saettler, *The Evolution of American Educational Technology,* 457.

28. 作者对大卫·兰根多恩和斯宾塞·格雷的访谈，2012年5月3日。

第二章
五分钟往返月球

1. John Markoff, *What the Dormouse Said: How the Sixties Counterculture Shaped the Personal Computer Industry* (London: Penguin, 2005), xi.

2. Stewart Brand, "We Owe It All to the Hippies," *TIME* 145, no. 4 (Spring 1995).

3. Walter Isaacson, *Steve Jobs* (New York: Simon & Schuster, 2012), 30.

4. Douglas Engelbart, "Augmenting Human Intellect: A Conceptual Framework," Stanford Research Institute, October 1962, http://www.dougengelbart.org/pubs/papers/scanned/Doug_Engelbart-Augmenting HumanIntellect.pdf.

5. Markoff, *What the Dormouse Said,* 67.

6. Heather Chaplin and Aaron Ruby, *Smartbomb: The Quest for Art, Entertainment, and Big Bucks in the Videogame Revolution* (Chapel Hill: Algonquin Books of North Carolina, 2005), 41.

7. Steven Levy, *Hackers: Heroes of the Computer Revolution* (Sebastopol, CA: O'Reilly Media, 2010), 10.

8. W. A. Higinbotham, "The Brookhaven TV-Tennis Game," Brookhaven National Laboratory, http://www.bnl.gov/about/docs/Higinbotham_N otes.pdf (accessed November 9, 2014). Years after the video game industry took off, Higinbotham wrote, "I agree that I should have applied for a patent, but I would not have been any the richer. The patent would have belonged to Uncle Sam."

9. J. C. Herz, *Joystick Nation: How Video Games Ate Our Quarters, Won Our Hearts, and Rewired Our Minds* (New York: Little, Brown and Company, 1997), 8.

10. Steward Brand, "*Spacewar:* Fanatic Life and Symbolic Death Among the Computer

Bums," *Rolling Stone,* December 7, 1972.

11. Bushnell recalled testing a driving video game once for three or four hours, then getting into his car and driving to his home in the canyons west of Los Angeles. "I found myself driving up the canyon in a four-wheel drift a couple of times around the corner, and then all of a sudden I said, 'Oh shit! This is real! If I go over the edge here, I can't just hit the reset button.' It was a real wakeup call to me." Nolan Bushnell, interview with author, March 4, 2014.

12. Markoff, *What the Dormouse Said,* 221.

13. Scott Cohen, *Zap! The Rise and Fall of Atari* (New York: McGraw-Hill, 1984), 23.

14. Ed Lazowska and two computer architecture colleagues—Luis Ceze of the University of Washington and Mark Hill of the University of Wisconsin— looked at advances in microprocessors from the introduction of Intel's 4004 in 1971—widely regarded as the first microprocessor—to today's Intel Xeon with fifteen cores. They found a million-fold increase in density, comparable to fitting "a mid-size jet inside a matchbox"; in operations per second, he said, the improvement has been about 100,000-fold; the improvement in efficiency has been about 6,750 times, equivalent to a single laptop battery being able to power an average household for a week; the improvement in cost-effectiveness equals about 2,700 times, making it possible, for instance, for someone to earn enough money to buy a house by working for about three hours—the house, he said, would be as cheap as "a nice bottle of wine." Ed Lazowska, e-mail to author, August 9, 2014.

15. David Williamson Shaffer, *How Computer Games Help Children Learn* (New York: Palgrave Macmillan, 2006), 11.

16. David Greelish, "An Interview with Computing Pioneer Alan Kay, TIME, April 02, 2013, http://techland.time.com/2013/04/02/an-interview-with-computing-

pioneer-alan-kay/. 译注：原著引用的文字是："如果没有其他语境，你会得到一种'筷子'文化。"而 Alan Kay 在采访中还有后续的话，说，"或者甚至是一种流行文化……换句话说，音乐并不在钢琴之中。"译文概括归纳了他的意思，以便读者理解。

17. A. A. Lumsdaine, "Teaching Machines: An Introductory Overview," in *Teaching Machines and Programmed Learning: A Source Book,* eds. R. Glaser and A. A. Lumsdaine (Washington, DC: National Education Association of the United States, 1960), 6.

18. You can see Burrhus Frederic Skinner describe how teaching machines work in a 1956 instructional film uploaded on December 20, 2011, to YouTube: https://www.youtube.com/watch?v=jTH3ob1IRFo.

19. Peggy Aldrich Kidwell, Amy Ackerberg-Hastings, David Lindsay Roberts, *Tools of American Mathematics Teaching, 1800-2000* (Washington, DC, and Baltimore, MD: Smithsonian Institution and Johns Hopkins University Press, 2008), 72.

20. You can see Sidney Pressey demonstrate the machine in a 1964 instructional film uploaded on October 29, 2013, to YouTube: https://www.youtube.com/watch?v=n7OfEXWuulg.

21. Kidwell, et al., *Tools of American Mathematics Teaching,* 80.

22. James Paul Gee, *Situated Language and Learning: A Critique of Traditional Schooling* (New York: Routledge, 2004), 1.

23. James Paul Gee, interview with author, November 15, 2013.

24. James Paul Gee, *Good Video Games + Good Learning: Collected Essays on Video Games, Learning, and Literacy* (New York: Peter Lang, 2007), 61.

25. Marc Prensky, *Digital Game-Based Learning* (St. Paul, MN: Paragon House, 2001), 69.

26. Gee, *Good Video Games + Good Learning,* 112.

27. Center on Education Policy, *NCLB: Narrowing the Curriculum?* July 2005, http://www.cep-dc.org/displayDocument.cfm?DocumentID=239.

28. James Paul Gee, *Why Video Games Are Good For Your Soul: Pleasure and Learning* (Australia: Common Ground, 2005), 84.

29. Gee, *Situated Language and Learning,* 8.

30. Gee, *What Video Games Have to Teach Us About Learning and Literacy,* 216.

31. James Paul Gee, in Cynthia L. Selfe, Gail E. Hawisher, eds., *Gaming Lives in the Twenty-First Century: Literate Connections* (New York: Palgrave Macmillan, 2007), xi.

32. Gee, interview with author, November 15, 2013.

33. Constance Steinkuehler, interview with author, December 2, 2011.

34. Ibid.

35. James Paul Gee, *The Anti-Education Era: Creating Smarter Students through Digital Learning* (New York: Palgrave Macmillan, 2013), 7.

36. James Paul Gee, presentation, Hechinger Institute, May 20, 2011.

第三章
"别亲发动机，爸爸，否则车厢就不会认为它是真的发动机了"

1. 必利时锦标赛（Preakness Stakes），是每年在美国马里兰州巴尔的摩举行的赛马比赛，通常在五月第三个周六举行，也是美国"三冠"大赛（Triple Crown）的第二关。在"三冠"大赛中，三岁马必须在短短五周内参加肯塔基德比（Kentucky Derby）、必利时锦标赛（Preakness Stakes）以及贝尔蒙特锦标赛（Belmont Stakes）这三项国际一级赛。对许多美国马主而言，包揽三冠大赛是其终身梦想。

2. Tom Bissell, *Extra Lives: Why Video Games Matter* (New York: Pantheon, 2010), 34-35.

3. Boris Johnson, "The Writing Is On the Wall—Computer Games Rot the Brain," *The Telegraph,* December 28, 2006, http://www.telegraph.co.uk/comment/personal-view/3635699/The-writing-is-on-the-wall-computer-games-rot-the-brain.html.

4. Daphne Bavelier et al, "Interactive Media, Attention, and Well-Being," Washington DC: National Science Foundation, August 21-22, 2012, http://www.bcs.rochester.edu/games4good/GameWellBeingAttention_NSFReport.pdf.

5. Ibid.

6. Sandro Franceschini, et al., "Action Video Games Make Dyslexic Children Read Better," *Current Biology,* March 18, 2013, http://dx.doi.org/10.1016/j.cub.2013.01.044.

7. Sandra Blakeslee, "Video-Game Killing Builds Visual Skills, Researchers Report," *New York Times,* May 29, 2003.

8. Irving Biederman and Edward A. Vessel, "Perceptual Pleasure and the Brain," *The American Scientist* (May-June 2006): 248-55.

9. Jaak Panksepp, *Affective Neuroscience: The Foundations of Human and Animal Emotions* (New York: Oxford University Press, 1998), 145.

10. Biederman and Vessel, "Perceptual Pleasure and the Brain," 248-55.

11. Lynne A. Isbell, "Snakes as agents of evolutionary change in primate brains," *Journal of Human Evolution* 51 (2006): 1-35.

12. Noah Falstein, "Natural Funativity," *Gamasutra,* November 10, 2004, http://www.gamasutra.com/view/feature/130573/natural_funativity.php.

13. Raph Koster, "*A Theory of Fun* Ten Years Later," talk at 2013 Game Developers

Conference, *Gamasutra,* October 18, 2013, http://www.gamasutra.com/view/news/202607/Video_Raph_Koster_revisits_A_Theory_of_Fun.php.

14. Raph Koster, *A Theory of Fun for Game Design* (Sebastopol, CA: O'Reilly Media Inc., 2004), 96.

15. Michael Apter, *Danger: Our Quest for Excitement* (Oxford, UK: Oneworld Publications, 2007), 43.

16. David A. Raichlen, et al., "Wired to run: exercise-induced endocannabinoid signaling in humans and cursorial mammals with implications for the 'runner's high,' " *The Journal of Experimental Biology* 215 (April 15, 2012): 1331-36.

17. Mark A. Smith, et al., "Aerobic Exercise Decreases the Positive-Reinforcing Effects of Cocaine," *Drug and Alcohol Dependence* 98, no. 1-2 (November 2008): 129-35.

18. Natalie Angier, "Job Description Grows for Our Utility Hormone, *New York Times,* May 2, 2011.

19. Ibid.

20. Panksepp, *Affective Neuroscience,* 144-45.

21. Lennart Nacke, quoted in Maria Konnikova, "Why Gamers Can't Stop Playing First-Person Shooters," *New Yorker,* November 26, 2013.

22. Credit Noah Falstein, in *Natural Funativity,* for this observation. In fact, several smartphone exercise applications have leveraged our instinctual predator/prey trigger. *iRun from Dogs* encourages runners by simulating the sound of "angry dogs chasing you" in your device's earbuds. Its developer notes, "The closer dogs get to you, the louder you will hear them in your headphones." The app includes a "Steady Chase" workout as well as a "Challenge of Death." Another app, *Zombies, Run! 5k Training* is an eight-week "training program and audio adventure" that promises more than

twenty-five workouts "combined with a gripping story delivered straight to your headphones."

23. Roger Caillois, *Man, Play and Games,* trans. Meyer Barash (New York: The Free Press of Glencoe Inc., 1961), 36.

24. Winifred Gallagher, *New: Understanding Our Need for Novelty and Change* (New York: Penguin, 2011), 10.

25. Koster, *A Theory of Fun,* 40-42.

26. Elizabeth Hellmuth Margulis, "One more time: Why do we listen to our favourite music over and over again? Because repeated sounds work magic in our brains," *Aeon Magazine,* March 7, 2014, http://aeon.co/magazine/altered-states/why-we-love-repetition-in-music/.

27. As if to emphasize the combat underlying many sports, Dutch neuroscientist D. F. Swaab calls boxing "neuropornography," noting that since World War II, about 400 boxers have died from brain injuries in the ring. "You can watch boxers inflicting permanent brain damage on one another in prime-time television," he wrote, "yet no one seems to get very upset about it." D. F. Swaab, *We Are Our Brains: A Neurobiology of the Brain, from the Womb to Alzheimer's* (New York: Spiegel & Grau, 2014), 234.

28. Annie Murphy Paul, "Your Brain on Fiction," *New York Times,* March 17, 2012.

29. Stanislas Dehaene, *Reading in the Brain: The New Science of How We Read* (New York: Viking, 2009), 4.

30. Ibid., 42.

31. Ibid., 139.

32. Ibid., 302.

33. Paul Bloom, *How Pleasure Works: The New Science of Why We Like What We Like* (New York: W. W. Norton, 2010), 155-56.

34. Ibid., 187.

35. Kathryn Y. Segovia and Jeremy N. Bailenson, "Virtually True: Children's Acquisition of False Memories in Virtual Reality," *Media Psychology* 12 (2009): 371–93.

36. Tamar Szabo Gendler, "Alief and Belief," *Journal of Philosophy* 105, no.10: 634-63.

37. Chris Bateman, *Imaginary Games* (Alresford, UK: Zero Books, 2011), 63.

38. Johan Huizinga, *Homo Ludens: A Study of the Play-Element in Culture* (London: Routledge, 1950), 11.

39. Katie Salen and Eric Zimmerman, *Rules of Play: Game Design Fundamentals* (Cambridge: Massachusetts Institute of Technology, 2004), 304.

40. Bernard Suits, *The Grasshopper: Games, Life and Utopia* (Peterborough, ON: Broadview, 2005), 22.

41. Robert Krulwich, "There's a Fly in My Urinal," *NPR Weekend Edition Saturday,* December 19, 2009, http://www.npr.org/templates/story/story.php?storyId=121310977.

42. *Urinal Fly,* http://www.urinalfly.com/product-category/stickers/ (accessed November 13, 2014).

43. Huizinga, *Homo Ludens,* 8.

44. Daniel Cook, "Games Are Designer Food for Infovores," *Lostgarden,* July 24, 2006, http://www.lostgarden.com/2006/07/games-are-designer-food-for-infovores.html.

45. Scott Rigby and Richard Ryan, *Glued to Games: How Video Games Draw Us in and Hold Us Spellbound* (Santa Barbara, CA: ABC-CLIO, LLC, 2011), 11.

46. Alex Sarlin and David Dockterman, "The 'Gamification' of Math: Research, Gaming Theory and Math Instruction" presentation, National Council of Teachers

of Mathematics, April 30, 2013.

47. Tom Chatfield, *Fun Inc.: Why Gaming Will Dominate the Twenty-First Century* (New York: Pegasus, 2011), 40.

48. Tim Schafer, interview with Critical Path, http://criticalpathproject.com/?v=38442883 (accessed November 13, 2014).

49. Ken Levine, interview with Critical Path, http://criticalpathproject.com/?v=38407124, (accessed November 13, 2014).

50. Britt Myers, interview with author, January 23, 2014.

51. Janet Murray, *Hamlet on the Holodeck: The Future of Narrative in Cyberspace* (New York: The Free Press, 1997), 98-99.

52. Jamie Madigan, "The Psychology of Immersion in Video Games," *The Psychology of Video Games,* July 27, 2010.

53. Mihaly Csikszentmihalyi, *Flow: The Psychology of Optimal Experience* (New York: Harper & Row, 1990), 3.

54. Henning Boecker et al., "The Runner's High: Opioidergic Mechanisms in the Human Brain," *Cerebral Cortex* 18, no. 11 (2008): 2523-31.

55. Amby Burfoot, "Runner's High, *Runner's World,* April 28, 2004.

56. Csikszentmihalyi, *Flow,* 83.

57. David Sudnow, *Pilgrim in the Microworld* (New York: Warner Books, 1983), 46.

58. Ibid., 74.

59. Ibid., 45.

60. Ibid., 114.

61. Ibid., 102.

62. Natasha Dow Schüll, *Addiction by Design: Machine Gambling in Las Vegas* (Princeton, NJ: Princeton University Press, 2012), 12.

63. Jesper Juul, *The Art of Failure: An Essay on the Pain of Playing Video Games* (Cambridge: Massachusetts Institute of Technology, 2013), 12.

64. Niklas Ravaja et al., "The Psychophysiology of Video Gaming: Phasic Emotional Responses to Game Events," proceedings, DiGRA Conference, 2005.

65. *We the Giants,* http://www.arcadeplay.com/game/we-the-giants (accessed November 13, 2014).Thanks to Anna Antropy for pointing out *We the Giants* in her book *Rise of the Videogame Zinesters: How Freaks, Normals, Amateurs, Artists, Dreamers, Drop-outs, Queers, Housewives, and People Like You Are Taking Back an Art Form* (New York: Seven Stories, 2012).

66. *We Were Giants (latest sessions),* February 7, 2010, http://www.you tube.com/watch?v=4sY7i_yTaqI.

第四章
游戏层

1. Tim Kelley, interview with author, March 10, 2013.

2. Steve Dunbar, interview with author, March 12, 2013.

3. Tim Kelley, interview with author, Nov. 12, 2014.

4. Eric Nelson, interview with author, March 30, 2014.

5. Aaron Dignan, *Game Frame: Using Games as a Strategy for Success* (New York: Free Press, 2011), 49.

6. Ian Bogost, "How I Stopped Worrying about Gamers and Started Loving People Who Play Games," *Gamasutra,* August 2, 2007, http://www.gamasutra.com/view/feature/1543/persuasive_games_how_i_stopped_.php.

7. Adam Penenberg, *Play at Work: How Games Inspire Breakthrough Thinking* (New York: Portfolio, 2013), 181-82.

8. Jonathan Schultz, "Speed Camera Lottery Wins VW Fun Theory Contest," *New York Times,* November 30, 2010, http://wheels.blogs.nytimes.com/2010/11/30/speed-camera-lottery-wins-vw-fun-theory-contest/?scp=3&sq=speed%20and%20lottery&st=cse.

9. Penenberg, *Play at Work,* 158.

10. Quoted in Penenberg, *Play at Work,* 158.

11. James S. Coleman, "Academic Achievement and the Structure of Competition," *Harvard Educational Review* 29, no. 4 (Fall 1959): 337.

12. Ibid., 343.

13. Ibid.

14. Ibid., 347.

15. Ibid., 350. The findings would eventually become the core of Coleman's 1961 book *The Adolescent Society.*

16. Sarah Garland, *Divided We Fail: The Story of an African American Community That Ended the Era of School Desegregation* (Boston: Beacon Press, 2013), 77.

17. Ibid., 78.

18. Barbara J. Kiviat, "The Social Side of Schooling," *Johns Hopkins Magazine,* April 2000.

19. Greg Toppo, "Thousands of Black Teachers Lost Jobs," *USA Today,* April 28, 2004.

20. Shawn Young, interview with author, March 4, 2014.

21. Quoted in Raymond E. Callahan, *Education and the Cult of Efficiency: A Study of the Social Forces That Have Shaped the Administration of Public Schools* (Chicago: University of Chicago Press, 1962), 9.

22. Ibid., 62.

23. Ibid., 73.

第五章
无字数学

1. Andrew Elliot-Chandler, interview with author, September 19, 2012.

2. Lyndsey Layton, "Is a charter school chain called Rocketship ready to soar across America?" *Washington Post,* July 29, 2012.

3. Richard Whitmire, *On the Rocketship: How Top Charter Schools Are Pushing the Envelope* (San Francisco: Jossey-Bass, 2014), 74.

4. Ibid., 104.

5. Matthew Peterson, interview with author, November 14, 2012.

6. Rocketship *Sí Se Puede* Academy School Accountability Report Card, 2012-13, http://rocketship.schoolwisepress.com/reports/2013/pdf/rock etship/sarce_en_43-10439-0119024e.pdf.

7. Peterson, interview with author, November 14, 2012.

8. Amy Bruckman, *Can Educational Be Fun?* paper, Georgia Institute of Technology, http://www.cc.gatech.edu/~asb/papers/bruckman-gdc99.pdf, March 17, 1999 (accessed November 13, 2014).

9. Jacob Habgood and Shaaron Ainsworth, "Motivating Children to Learn Effectively: Exploring the Value of Intrinsic Integration in Educational Games," *Journal of the Learning Sciences* 20, no. 2 (2011): 169-206.

10. Annie Murphy Paul, "What's the Secret Sauce to a Great Educational Game?" *Mind/Shift,* April 26, 2012.

11. Matthew Peterson, TED Talk, June 8, 2011, https://www.youtube.com/watch?v=2VLje8QRrwg.

12. Keith Devlin, *Mathematics Education for a New Era: Video Games as Medium for Learning* (Natick, MA: A. K. Peters, 2011), 2.

13. "Martin Gardner, Genius of Recreational Mathematics," *Weekend Edition Saturday,* April 12, 2014, http://www.npr.org/2014/04/12/302166509/martin-gardner-a-genius-of-recreational-mathematics.

14. Keith Devlin, "The Music of Math Games," *American Scientist* 101, no.2 (March-April 2013): 87-91.

15. Terezinha Nunes, David William Carraher, Analucia Dias Schliemann, *Street Mathematics and School Mathematics* (Cambridge, UK: Cambridge University Press, 1993), 28.

16. Quoted in Don Tapscott, *Grown Up Digital: How the Net Generation Is Changing Your World* (New York: McGraw-Hill, 2009), 19.

17. Devlin, "The Music of Math Games," 87-91.

18. Jordan Shapiro, "Video Games Are the Perfect Way to Teach Math, Says Stanford Mathematician," *Forbes,* August 29, 2013.

19. Devlin, *Mathematics Education for a New Era,* 6.

20. Ibid., 48.

21. Keith Devlin, interview with author, July 24, 2013.

22. Devlin, *Mathematics Education for a New Era,* xii.

23. Ibid., 6.

24. Devlin, interview with author, July 24, 2013.

25. Devlin, *Mathematics Education for a New Era,* 6.

26. David Kushner, *Masters of Doom: How Two Guys Created an Empire and Transformed Pop Culture* (New York: Random House, 2003), x.

27. Keith Devlin, interview with author, March 14, 2014.

28. Jean-Baptiste Huynh, interview with author, April 18, 2013.

29. Ibid.

30. Ibid.

31. Jonathan Liu, "*DragonBox* Beats *Angry Birds*," *Wired,* June 13, 2012, http://archive.wired.com/geekdad/2012/06/dragonbox/all/.

32. Greg Toppo, "White House Office Studies Benefits of Video Games," *USA Today,* February 2, 2012, http://www.usatoday.com/news/washing ton/story/2012-01-26/edcuational-video-games-white-house/529080 52/1.

33. Julia Greenberg, "Kids Like to Learn Algebra, If It Comes in the Right App," *Wired,* November 23, 2013.

34. Washington State Algebra Challenge, http://wa.algebrachallenge.org (accessed November 13, 2014); Minnesota Algebra Challenge, http:// mn.algebrachallenge.org. (accessed November 13, 2014).

35. Nova Barlow, "Looking to the future with Algebra Challenge," University of Washington Center for Game Science, May 28, 2014, http:// centerforgamescience.org/2014/05/.

36. Jordan Shapiro, "Can Video Games Make Your Kids Smarter?" *Forbes,* December 11, 2012, http://www.forbes.com/sites/jordanshapiro/2012/12/11/can-video-games-make-your-kids-smarter/.

第六章
鲁布·戈德堡机器让我们团结

1. Tyler Spielberg, interview with author, June 24, 2014.

2. Katie Salen, interview with author, August 4, 2014.

3. Ibid.

4. John D. Sutter, "The School Where Learning Is a Game," *Gaming Reality, CNN,* August 2012, http://www.cnn.com/interactive/2012/08/tech/gaming.series/teachers.html.

5. You can watch it online: http://vimeo.com/102239371.

6. Don Rawitsch, interview with author, November 3, 2011.

7. Jessica Lussenhop, "*Oregon Trail:* How Three Minnesotans Forged Its Path," *City Pages,* January 19, 2011.

8. Dan White presentation, Games for Change Festival, New York: June 19, 2013, https://www.youtube.com/watch?v=HziGw50w8es.

9. Karaoke Ice Press Release, August 8, 2007, https://lace-media.s3.amazonaws.com/files/Karaoke_Ice_press_release.pdf.

10. 2013年萨伦结婚了，也辞去了"游戏研究所"执行主任的职务。如今她的名字中有了丈夫的姓氏：凯蒂·萨伦·特金巴斯（Katie Salen Tekinbas）。

11. Katie Salen, interview with author, November 21, 2013.

12. Salen, interview with author, August 4, 2014.

13. Robert Torres, interview with author, July 16, 2014.

14. Susan Aud, Mary Ann Fox, and Angelina KewalRamani, *Status and Trends in the Education of Racial and Ethnic Groups* (Washington, DC: U.S. Department of Education, National Center for Education Statistics, July 2010), http://nces.ed.gov/pubs2010/2010015.pdf.

15. New York City Department of Education, *New York City Graduation Rates,* http://schools.nyc.gov/NR/rdonlyres/723B1E9A-B35E-4C25-9D 48-4E18E0BA90A5/0/2013GraduationRatesPublicWebsite.pdf.

16. Yasmeen Khan, "Most Eighth Graders Matched to a High School of Their Choice," *SchoolBook,* March 15, 2013, http://www.wnyc.org/story/301978-high-school-

admissions/.

17. J. M. Bridgeland, J. J. DiIulio, and K. B. Morison, *The Silent Epidemic: Perspectives of High School Dropouts* (Washington, DC: Civic Enterprises, 2006).

18. Donald Roberts, Ulla Foehr, and Victoria Rideout, "Generation M: Media in the Lives of 8–18 Year-Olds," report by the Henry Kaiser Family Foundation, March 2005, http://kaiserfamilyfoundation.files.wordpress.com/2013/01/generation-m-media-in-the-lives-of-8-18-year-olds-report.pdf.

19. Eric Klopfer, Scot Osterweil, Jennifer Groff, Jason Haas, "Using the Technology of Today, in the Classroom of Today: The Instructional Power of Digital Games, Social Networking, Simulations, and How Teachers Can Leverage Them," paper, Massachusetts Institute of Technology, *Education Arcade,* 2009, 1, http://education.mit.edu/papers/Games SimsSocNets_EdArcade.pdf.

20. Eric Klopfer, Scot Osterweil, Katie Salen, "Moving Learning Games Forward: Obstacles, Opportunities, and Openness" (paper, Massachusetts Institute of Technology, paper, Massachusetts Institute of Technology, *Education Arcade,* 2009, 5-6, http://education.mit.edu/papers/MovingLearningGamesForward_EdArcade.pdf.

21. Katie Salen, Robert Torres, Loretta Wolozin, Rebecca Rufo-Tepper, Arana Shapiro, *Quest to Learn: Developing the School for Digital Kids* (Cambridge, MA: MIT Press, 2011), x-xi.

22. Al Doyle, interview with author, August 12, 2014.

23. Rocco Rinaldi-Rose, interview with author, July 20, 2014.

24. Ibid.

25. Salen, interview with author, August 4, 2014.

26. Sara Corbett, "Learning by Playing: Video Games in the Classroom," *New York*

Times Magazine, September 15, 2010.

27. "Reframing Failure as Iteration Allows Students to Thrive," *Edutopia,* November 12, 2013, http://www.edutopia.org/made-with-play-game-ba sed-learning-iteration-video.

28. Shula Ehrlich, interview with author, August 15, 2014.

29. Alicia Iannucci, interview with author, March 25, 2014.

30. Joel Rose, interview with author, June 20, 2014.

31. Richard Arum, Patrick Inglis, Kiley Larson, Max Meyer, Alexis Pang, Jane Park, Rafael Santana, and Michelle Williams, *Quest Schools: Formative Program Assessment Report,* September 2012, New York University.

32. Rose, interview with author, June 20, 2014.

33. Richard Arum, interview with author, August 14, 2014.

34. Rebecca Rufo-Tepper, interview with author, June 24, 2014.

35. Herbert R. Kohl, *Math, Writing and Games in the Open Classroom* (New York: Random House, 1973), 97.

36. Salen, *Quest to Learn,* ix.

第七章
"我不擅长数学,但我的化身很擅长"

1. Peggy Sheehy, interview with author, October 25, 2011.

2. Yee found that "gender-bending" is much more common among male than female players—about seven to eight times more common; out of a hypothetical 1,000 players encountered in *World of Warcraft,* he estimated, 348 would be female characters—of those, 193, or 55 percent, would be played by males. Nick Yee, "*WoW* Gender-Bending," *The Daedalus Project* 7-1, 2009, http://www.nickyee.com/

daedalus/ar chives/001369.php.

3. Nick Montfort and Ian Bogost, *Racing the Beam: The Atari Video Computer System* (Cambridge, MA: MIT Press, 2009), 51.

4. "Q&A: *Pac-Man* Creator Reflects on 30 Years of Dot-Eating," *Wired,* May 21, 2010, http://www.wired.com/2010/05/pac-man-30-years/.

5. Sherry Turkle, *Alone Together: Why We Expect More from Technology and Less from Each Other* (New York: Basic Books, 2011), 198.

6. Ibid., 191-92.

7. James Paul Gee, *What Video Games Have to Teach Us about Learning and Literacy* (New York: Palgrave Macmillan, 2003), 63.

8. Annette Lareau, *Unequal Childhoods: Class, Race, and Family Life* (Berkeley: University of California Press, 2003), 2-3.

9. When she tells this story, as an aside, Sheehy says of MacNaughton, "This is the kind of man we need at the helm, not this knee-jerk, fear-based crap." Peggy Sheehy, interview with author, November 19, 2013.

10. Peggy Sheehy, interview with author, July 12, 2014.

11. Nick Yee, *The Proteus Paradox: How Online Games and Virtual Worlds Change Us—and How They Don't* (New Haven, CT: Yale University Press, 2014), 150-54.

12. Hal Hershfield, "You Make Better Decisions if You 'See' Your Senior Self," *Harvard Business Review,* June 2013.

13. Nick Yee and Jeremy Bailenson, "The Proteus Effect: The Effect of Transformed Self-Representation on Behavior," *Human Communication Research* 33, no. 3 (July 2007): 271-90.

14. Leon Festinger and Henry W. Riecken, *When Prophecies Fail* (Minneapolis: University of Minnesota Press, 1956), 171.

15. Peggy Sheehy, "ISTE 2011," August 17, 2012, https://www.youtube.com/watch?v=5CL9M—_bgI.

16. Constance Steinkuehler and Sean Duncan, "Scientific Habits of Mind in Virtual Worlds," *Journal of Science Education and Technology* 17, no. 6 (December 2008): 530-43, http://website.education.wisc.edu/stein kuehler/blog/papers/SteinkuehlerDuncan2008.pdf.

17. Jane McGonigal, *Reality Is Broken: Why Games Make Us Better and How They Can Change the World* (New York: Penguin, 2011), 61.

18. Ibid.

19. Mareesa Nicosia, "Ramapo Central Cuts Programs, Staff in Adopted $128M Budget," *The Journal News,* April 26, 2013.

20. Sugata Mitra, "Method—ELSE, For Schools Where Children Teach Themselves," *School of Education, Communication and Language Sciences,* Newcastle University, May 2010.

第八章
独角兽项目

1. Joel Klein, interview with author, February 22, 2013.

2. Johan Huizinga, *Homo Ludens: A Study of the Play-Element in Culture* (London: Routledge, 1950).

3. Mark Twain, *The Adventures of Tom Sawyer,* 12.

4. Brian X. Chen, "The Laptop Celebrates 40 Years," *Wired,* November 3, 2008.

5. Alan Kay, "A Personal Computer for Children of All Ages," *Proceedings of the ACM National Conference,* Boston, August 1972, http://mprove.de/diplom/gui/kay72.html, (accessed November 19, 2014).

6. Julie Landry Petersen, "For Education Entrepreneurs, Innovation Yields High Returns," *Education Next,* Spring 2014, 9-16.

7. Larry Berger and David Stevenson, "K-12 Entrepreneurship: Slow Entry, Distant Exit," conference, "The Supply Side of School Reform and the Future of Educational Entrepreneurship," American Enterprise Institute Conference, Washington, D.C., October 25, 2007.

8. Ibid.

9. Stephanie Mencimer, "Fox in the Schoolhouse: Rupert Murdoch Wants to Teach Your Kids!," *Mother Jones,* September 23, 2011.

10. Jesse Schell, *Art of Game Design: A Book of Lenses,* 443.

11. Ibid.

12. Jesse Schell, Design, Innovate, Communicate, Entertain (DICE) Summit, Las Vegas, 2010.

13. Jesse Schell, interview with author, July 23, 2013.

14. Schell, DICE Summit, 2010.

第九章
林中漫步

1. Mark Twain, "Address at the Dinner of the Nineteenth Century Club," speech, 1900, http://www.pbs.org/marktwain/scrapbook/06_connecticut_yankee/page3.html (accessed November 16, 2014.

2. Sven Birkerts, *The Gutenberg Elegies: The Fate of Reading in an Electronic Age* (New York: Faber and Faber, 1994), xv.

3. Jonathan Rauch, "Sex, Lies, and Videogames," *The Atlantic,* November 1, 2006, http://m.theatlantic.com/magazine/archive/2006/11/sex-lies-and-

videogames/305293/.

4. Carla Engelbrecht Fisher, interview with author, November 8, 2013.

5. Eoghan Kidney, interview with author, August 1, 2014.

6. Kevin Kelly, "Reading in a Whole New Way," *Smithsonian Magazine,* August 2010.

7. Laura Fleming, interview with author, March 1, 2011.

8. David Levithan, interview with author, August 6, 2014.

9. Motoko Rich, "Scholastic Plans to Put Its Branding Iron on a Successor to Harry Potter," *New York Times,* December 18, 2007, http://www.nytimes.com/2007/12/18/books/18scho.html?pagewanted=print&_r=0.

10. Matthue Roth, interview with author, July 22, 2013.

11. Ibid.

12. Tom Bissell, "Poison Tree: A Letter to Niko Bellic about *Grand Theft Auto V,*" *Grantland,* September 25, 2013, http://grantland.com/fea tures/tom-bissell-writes-letter-niko-bellic-grand-theft-auto-v/.

13. From Nathaniel Hawthorne's journal, September 1, 1842, http://transcendentalism-legacy.tamu.edu/authors/thoreau/hawthorneonhdt.html, (accessed November 16, 2014).

14. Ibid.

15. Tracy Fullerton, interview with author, January 18, 2013.

16. Harold Goldberg, *All Your Base Are Belong to Us: How Fifty Years of Videogames Conquered Pop Culture* (New York: Three Rivers Press, 2011), 109.

17. Jon Carroll, "Guerrillas in the *Myst,*" *Wired,* August 1994.

18. Henry David Thoreau, *Walden, a Fully Annotated Edition* (New Haven, CT: Yale University Press, 2004), 319.

19. Ibid.

20. Stephen Totilo, "*Walden: The Game* Is in Development," Kotaku, May 29, 2009, http://kotaku.com/5272278/walden-the-game-is-in-development.

21. Erik Hayden, "Thoreau's *Walden:* The Video Game," *TIME,* April 30, 2012, http://newsfeed.time.com/2012/04/30/thoreaus-walden-the-video-game/.

22. Eric Scheiner, "Thoreau-ly Virtual: Gov't Grant Gives Rise to 'Walden' Video Game," *CNS News,* October 2, 2012, http://cnsnews.com/news/article/thoreau-ly-virtual-gov-t-grant-gives-rise-walden-video-game.

23. Tracy Fullerton, interview with author, February 21, 2014.

24. Alex Mathew, interview with author, July 19, 2014.

25. Michael Sweet, interview with author, July 28, 2014.

第十章
用你的意念投掷卡车

1. Susanna N. Visser, Melissa L. Danielson, Rebecca H. Bitsko, Joseph R. Holbrook, Michael D. Kogan, Reem M. Ghandour, Ruth Perou, Stephen J. Blumberg, "Trends in the Parent-Report of Health Care Provider-Diagnosed and Medicated Attention-Deficit/Hyperactivity Disorder: United States, 2003–2011," Journal of the American Academy of Child & Adolescent Psychiatry, November 19, 2013, http://jaacap.org/web files/images/journals/jaac/visser.pdf.

2. Ibid.

3. Food and Drug Administration, Ritalin Medication Guide, http://www.fda.gov/downloads/Drugs/DrugSafety/ucm089090.pdf (accessed November 16, 2014).

4. Adam Gazzaley, "Harnessing Brain Plasticity: Video Games and the Future of Cognitive Enhancement," presentation, Games for Change, New York, April 22,

2014, https://www.youtube.com/watch?v=P5ILcdhvuNI.

5. Douglas Foster, "How to Rebuild an Attention Span," The Atlantic, September 4, 2013, http://www.theatlantic.com/health/archive/2013/09/how-to-rebuild-an-attention-span/279326/.

6. J. A. Anguera, J. Boccanfuso, J. L. Rintoul, O. Al-Hashimi, F. Faraji, J. Janowich, E. Kong, Y. Larraburo, C. Rolle, E. Johnston, and A. Gazzaley, "Video game training enhances cognitive control in older adults," *Nature* 501 (September 5, 2013): 97-101.

7. Gazzaley, "Harnessing Brain Plasticity," https://www.youtube.com/watch?v=P5ILcdhvuNI.

8. Robin Hunicke, interview with author, July 29, 2014.

9. Robin Hunicke, presentation, NeuroGaming Conference and Expo, San Francisco, May 7, 2014.

10. Andy Robertson, "Geek Sermon: Join the Church of the Gamer (Part 1)," presentation, July 29, 2013, https://www.youtube.com/watch?v=UX8J5ORkcUo#t=226.

11. Jenova Chen, "Journey Breaks PSN Sales Records," PlayStation.Blog, March 29, 2012, http://blog.eu.playstation.com/2012/03/29/journey-bre aks-psn-sales-records/.

12. "Journey: The making of–Official video game trailer," March 8, 2012," https://www.youtube.com/watch?v=dzwSL6zQbX4.

13. Leigh Alexander, "In-Depth: Journey's Rare and Magical Success," *Gamasutra*, March 1, 2012, http://gamasutra.com/view/news/163143/InDepth_Journeys_rare_and_magical_success.php.

14. Hunicke, interview with author, July 29, 2014.

15. Brian Crecente, "Journey and the search for emotional gaming," *Polygon,* February 7, 2013, http://www.polygon.com/2013/2/7/3965342/jou rney-and-the-search-for-emotional-gaming.

16. B. E. Wexler, K. A. Hawkins, B. Rounsaville, M. Anderson, M. J. Sernyak, M. F. Green MF, "Normal neurocognitive performance after extended practice in patients with schizophrenia," *Schizophr Res* 26, no. 2-3 (August 29, 1997): 173-80.

17. Bruce Wexler, interview with author, June 10, 2014.

18. Ibid.

19. Lat Ware, interview with author, June 29, 2014.

20. "Graduate Focuses on Brain-Powered Game," *Digipen,* April 15, 2013.

21. Justin Davis, "Throw Trucks with Your Mind Developer Demo," May 23, 2013, https://www.youtube.com/watch?v=mmmJOcSSSrI.

22. Rus McLaughlin, "Throw Trucks with Your Mind is the best Star Wars game ever (preview)," *VentureBeat,* February 25, 2013, http://venturebeat.com/2013/02/25/throw-trucks-with-your-mind-is-the-best-star-wars-game-ever-preview/view-all/.

23. Ware, interview with author, June 29, 2014.

第十一章
打斗的对立面

1. Connecticut Department of Emergency Services and Public Protection, Sandy Hook Elementary School Shooting Reports, 26, http://cspsandy hookreport.ct.gov/.

2. Ibid., 31-32.

3. Ibid.

4. Or *Temple Run, Tiny Wings, DragonVale, Uncharted, Sim City,* etc.

5. Harold Schechter, *Savage Pastimes: A Cultural History of Violent Entertainment*

(New York: St. Martin's, 2005), 32.

6. Ibid., 60.

7. Ibid., 40.

8. Ibid., 126.

9. Ibid., 131.

10. Albert Bandura, Dorothea Ross, and Sheila A. Ross, "Transmission of Aggression Through Imitation of Aggressive Models," *Journal of Abnormal and Social Psychology* 63 (1961): 575-82.

11. Ibid.

12. Gerard Jones, *Killing Monsters: Why Children Need Fantasy, Super Heroes, and Make-Believe Violence* (New York: Basic Books, 2002), 38.

13. Ibid., 35.

14. Lawrence Kutner and Cheryl K. Olson, *Grand Theft Childhood: The Surprising Truth about Violent Video Games and What Parents Can Do* (New York: Simon & Schuster, 2008), 8.

15. American Academy of Pediatrics Committee on Public Education, "Media Violence," November 2001.

16. Kutner and Olson, *Grand Theft Childhood,* 78.

17. Schechter, *Savage Pastimes,* 23.

18. Ibid., 25.

19. Ibid., 25-26.

20. Cathy Davidson, *Now You See It: How Technology and Brain Science Will Transform Schools and Business for the 21st Century* (New York: Penguin, 2011), 155.

21. Tobias Greitemeyer and Silvia Osswald, "Effects of Prosocial Video Games on

Prosocial Behavior," *Journal of Personality and Social Psychology* 98, no. 2 (2010): 211–21.

22. Mario Gollwitzer and André Melzer, "Macbeth and the Joystick: Evidence for Moral Cleansing after Playing a Violent Video Game," *Journal of Experimental Social Psychology* 48 (Impact Factor: 2.22) (July 2012): 1356-60, doi:10.1016/j.jesp.2012.07.001.

23. Quoted in Kutner and Olson, *Grand Theft Childhood,* 7.

24. Bryan Vossekuil, et al., *The Final Report and Findings of the Safe School Initiative: Implications for the Prevention of School Attacks in the United States,* report, U.S. Secret Service and U.S. Department of Education, May 2002, 22.

25. Benedict Carey, "Shooting in the Dark," *New York Times,* February 11, 2013.

26. Michael R. Ward, "Video Games and Crime," *Contemporary Economic Policy* 29, no. 2 (April 2011): 261–73, http://ssrn.com/abstract=1021452 or http://dx.doi.org/10.2139/ssrn.1021452.

27. Scott Cunningham, Benjamin Engelstätter, and Michael R. Ward, "Understanding the Effects of Violent Video Games on Violent Crime," April 7, 2011, http://ssrn.com/abstract=1804959 or http://dx.doi.org/10.2139/ssrn.1804959.

28. Max Fisher, "Chart: The U.S. Has Far More Gun-Related Killings Than Any Other Developed Country," *Washington Post,* December 14, 2012, http://www.washingtonpost.com /blogs/worldviews/wp/2012/12/14/chart-the-u-s-has-far-more-gun-related-killings-than-any-other-devel oped-country/.

29. Max Fisher, "Ten-Country Comparison Suggests There's Little or No Link Between Video Games and Gun Murders," *Washington Post,* December 17, 2012, http://www.washingtonpost.com/blogs/worldviews/wp/2012/12/17/ten-country-comparison-suggests-theres-little-or-no-link-between-video-games-and-gun-murders/.

30. Henry Jenkins, "Reality Bytes: Eight Myths about Video Games Debunked," *The Video Game Revolution, PBS,* http://www.pbs.org/kcts/videogamerevolution/impact/myths.html.

31. Heather Chaplin and Aaron Ruby, *Smartbomb: The Quest for Art, Entertainment, and Big Bucks in the Videogame Revolution* (Chapel Hill, NC: Algonquin Books, 2005), 210.

32. Maj. Kelly P. Houlgate, "Urban Warfare Transforms the Corps," *The Naval Institute: Proceedings,* November 2004.

33. Daphne Bavelier, C. Shawn Green, Doug Hyun Han, Perry F. Renshaw, Michael M. Merzenich, Douglas A. Gentile, "Brains on Video Games," *Nature Reviews: Neuroscience* 12 (December 2011).

34. Douglas A. Gentile and J. Ronald Gentile, "Violent Video Games as Examplary Teachers: A Conceptual Analysis," *Journal of Youth and Adolescence* 37 (2008): 127-41.

35. Bavelier, et al., "Brains on Video Games."

36. Department of Health and Human Services, "Mental Health: A Report of the Surgeon General," report, 155.

37. James Paul Gee, *Good Video Games + Good Learning: Collected Essays on Video Games, Learning, and Literacy* (New York: Peter Lang, 2007), 3.

38. James Paul Gee, presentation, May 20, 2011.

39. Quoted in Rusel DeMaria, *Reset: Changing the Way We Look at Video Games* (San Francisco, CA: Berrett-Koehler, 2007), 16

40. Jenkins, "Reality Bytes."

41. Iona and Peter Opie, *Children's Games in Street and Playground, Vol.1: Chasing, Catching, Seeking,* 19.

42. Ibid., 21.

43. Brian Sutton-Smith, *The Ambiguity of Play* (Cambridge, MA: Harvard University Press, 1997), 23.

第十二章
玩乐回路

1. Eric Jou, "Father Hires In-Game 'Hitmen' to Deter Son From Playing," Kotaku, January 2, 2013, http://kotaku.com/5972406/father-hires-in-game-hitmen-to-deter-son-from-playing.

2. Becky Evans, "Chinese Father hires virtual hitman to 'kill' son in online games—so he will get a job," Mail Online, October 3, 2014, http:// www.dailymail.co.uk/news/article-2258877/Chinese-father-hires-vir tual-hitman-kill-son-online-games—job.html.

3. "Stuck in the Machine Zone: Your Sweet Tooth for Candy Crush," All Things Considered, National Public Radio, June 7, 2014, http://www.npr.org/blogs/alltechconsidered/2014/06/07/319560646/stuck-in-the-machine-zone-your-sweet-tooth-for-candy-crush.

4. Kaiser Family Foundation, "Generation M2: Media in the Lives of 8-to 18-Year-Olds," report, January 20, 2010, http://kff.org/other/event/generation-m2-media-in-the-lives-of/.

5. Tom Chatfield, Fun, Inc.: Why Gaming Will Dominate the Twenty-First Century (New York: Pegasus, 2010), 76.

6. Nick Yee, The Proteus Paradox: How Online Games and Virtual Worlds Change Us—and How They Don't (New Haven, CT: Yale University Press, 2014), 37.

7. Ibid., 37-38.

8. Ibid.

9. Weaver, "Irrational Behavior, Episode 5: What Are We Afraid Of?," podcast, Irrational Games, May 3, 2010, http://irrationalgames.com/in sider/irrational-behavior-episode-5/.

10. Gerard Jones, Killing Monsters: Why Children Need Fantasy, Super Heroes, and Make-Believe Violence (New York: Basic Books, 2002), 18.

11. Ibid.

12. Ibid., 11.

13. Eric Schleifer, interview with author, October 3, 2014.

14. Chris Hecker, Critical Path, interview, http://criticalpathproject.com/?v=50858919, (accessed November 18, 2014).

15. Jamie Madigan, "The Psychological Appeal of Violent Shooters," Games Industry International, April 9, 2013.

16. Scott Rigby and Richard M. Ryan, Glued to Games: How Video Games Draw Us in and Hold Us Spellbound (Santa Barbara, CA: Praeger, 2011), 23-24.

17. Lori Takeuchi and Reed Stevens, "The New Co-Viewing: Designing for Learning through Joint Media Engagement," report, Joan Ganz Cooney Center, Fall 2011, 11-12.

18. Rosalind Wiseman, Masterminds and Wingmen: Helping Our Boys Cope with Schoolyard Power, Locker-Room Tests, Girlfriends, and the New Rules of Boy World (New York: Harmony Books, 2013), 170.

19. Tom Bissell, "Poison Tree: A letter to Niko Bellic about Grand Theft Auto V," Grantland, September 25, 2013, http://grantland.com/ features/tom-bissell-writes-letter-niko-bellic-grand-theft-auto-v/.

20. Greg Toppo, "Experts Warn of Harm to Kids from Secondhand TV Viewing," USA

Today, October 23, 2011.

21. Lisa Guernsey, Into the Minds of Babes: How Screen Time Affects Children from Birth to Age Five (New York: Basic Books, 2007), 195.

22. Douglas A. Gentile, "Pathological Video Game Use among Youth 8 to 18: A National Study," Psychological Science, 2009.

23. New Scientist staff and Reuters, "Video games interfere with homework but not family," New Scientist, July 3, 2007, http://www.newscientist.com/article/dn12180-video-games-interfere-with-homework-but-not-family.html#.VC8C1vldXTo.

24. Scott Rigby and Richard M. Ryan, "Video Game Addiction: Why They're So Compelling and Five Warning Signs for Assessing Risk," Written Voices, http://www.writtenvoices.com/article_display.php?art icle_id=1065 (accessed November 18, 2014).

25. Rigby and Ryan, Glued to Games, 170-71.

26. Hilarie Cash and Kim McDaniel, Video Games & Your Kids: How Parents Stay in Control (Enumclaw, WA: Issues Press, 2008), 20.

27. Ibid., 67. Emphasis theirs.

28. American Academy of Pediatrics Council on Communications and Media, "Children, Adolescents and the Media," Pediatrics (2013): 959 ; originally published online October 28, 2013, http://pediatrics.aappub lications.org/content/132/5/958.full.html.

29. Jesse Schell, The Art of Game Design: A Book of Lenses (Burlington, MA: Morgan Kaufman, 2008), 451.

后 记
无处不在的游戏

1. Ariana Wyatt, interview with author, May 24, 2014.

2. Ico Bukvic, interview with author, August 20, 2014.

3. Herbert Kohl, *Math, Writing and Games in the Open Classroom* (New York: Random House, 1973), 242.

4. Scot Osterweil, interview with author, October 3, 2014.

附录

游戏清单

A

Assassin's Creed 刺客信条
Angry Birds Playground 愤怒的小鸟游乐场
Angry Birds 愤怒的小鸟

B

Balance of Power 权力制衡
Batman 蝙蝠侠
Battlefield 3 战场 3
BioBlast 原生粒
BioShock 生化奇兵
Block Talk 彩块说
Borat 波拉特
Breakout 打砖块

C

Call of Duty 使命召唤
Campaign for North Africa 北非战役
Canabalt 屋顶狂奔
Candy Crush 糖果传奇
Chibi-Robo 小小机器人
Citadel of Blood 血腥城堡

Classcraft 课堂争霸
Club Penguin 企鹅俱乐部
Computer Space 电脑空间
connect-the-dots 连点成线
Cut the Rope 割绳子

D

Dance Dance Revolution（DDR）劲舞革命
Dead or Alive 生死格斗
Defender 防御者
Diner Dash 美女餐厅
Doom 毁灭战士
DragonBox 龙箱
Dreambox Learning 梦盒子学习
Dungeons and Dragons 龙与地下城

F

Foldit 蛋白质折叠
Food Web 食物网

G

Galaxy Game 银河游戏

Gamestar Mechanic 游戏星技师

Gears of War: Judgment 战争机器：审判

Grand Theft Auto 侠盗猎车手

Grand Theft Auto: Vice City 侠盗猎车手：罪恶都市

H

Habitactics 习性攻略

Halo 光环

Half-Life 半条命

Half-Life 2 半条命 2

Hitman 杀手

Hundreds 圆点 100

I

Inanimate Alice 虚拟的爱丽丝

Interstellar 星际

Island of the Blue Dolphins 蓝色的海豚岛

J

Journey 风之旅人

Journeys in Music Land 音乐之旅

Just Dance 舞力全开

K

Kingdom of Loathing 讨厌的王国

L

Librariana 图书馆探秘

LittleBigPlanet 小小大星球

Logical Journey of the Zoombinis 卓穆比尼人的逻辑之旅

M

Madden NFL 疯狂橄榄球

Mass Effect 质量效应

Marine Doom 海军陆战队毁灭战士

Math Blaster 数学冲击波

MindLight 思维之光

Minecraft 我的世界

Mission US 美国任务

Monopoly 大富翁

Motion Math 数学运动

Myst 神秘岛

N

New Adventures of the Time Machine 时间机器新冒险

Newton's Gravity 牛顿的万有引力

P

Pac-Man 吃豆人

Pajama Sam: No Need to Hide When It's Dark Outside 睡衣山姆：天黑时不必躲藏

Pokémon 口袋妖怪

Pong 乓

Portal 传送门

Q

Quake 雷神之锤

R

Reach for the Sun 逐日

Repro Hero 繁殖英雄

Resident Evil 生化危机

Ride for Your Life 策马奔腾

S

Second Life 第二人生

Shadow of the Colossus 旺达与巨像

Sid Meier's Civilization V 文明 V

Sim City 模拟都市

Spacewar 太空大战

ST Maths 圣数学

Stone City 石头城

Stride and Prejudice 遨游与偏见

Super Mario 超级马里奥

Super Monkey Ball 2 超级猴子球 2

Survivor 幸存者

T

Tennis for Two 双人网球

Terrible Swift Sword 剑气逼人

The Getaway 大逃亡

The Oregon Trail 俄勒冈之旅

The Sims 模拟人生

The Surface: A World Above 地表：上层世界

The Walking Dead 行尸走肉

Throw Trucks with Your Mind 用意念投掷卡车

TyrAnt 蚁王

U

Ultima IV 创世纪 4

Unicorn 独角兽

W

Walden, A Game 游戏：瓦尔登湖

We the Giants 我们是巨人

Wolfenstein 3D 德军总部 3D

Word Realms 词汇之国

World of Warcraft 魔兽世界

Wuzzit Trouble 拯救小怪兽

Z

Zombie Division 僵尸分隔

2010 World Cup soccer tournament 2010 年足球世界杯

39 Clues 39 条线索

致谢

我开始写作此书之时,正为哥伦比亚大学新闻学院的斯宾塞学者。我需要向如下人士致以诚挚谢意,是你们使得这一年如此精彩:Michael McPherson, Nicholas Lemann, LynNell Hancock, Marguerite Holloway, Samuel Freedman, Kelly McMasters, Arlene Morgan, Barbara Kantrowitz。还要感谢几位斯宾塞学者,提供了极具价值的帮助、及时的建议甚至是一些联系人的电话,他们是:Alexander Russo, Dana Goldstein, Annie Murphy Paul, Peg Tyre, Sarah Garland, Elizabeth Green, Sarah Carr, Liz Bowie, Trey Kay。

感谢我在哥伦比亚大学的同班同学们,他们向我提供了帮助、建议与支持:Jaime Joyce, Shira Dicker, Delaney Hall, Philip Eil, and a great little writers'group: Dana Goldstein, Suzanne Mozes, Kitty Hoffman, Tanya Paperny, Arturo Conde。

以下诸位激发了我的灵感,予以指导或提供宝贵的协助:Connie Yowell, Andy Solomon, Michael Levine, Jes- sica Millstone, Jim Gee, Alan Gershenfeld, Jessica Lindl, Michael John, Kristen DiCerbo, Bob Mislevy, Katie Salen, Ilena Parker, Robert Gehorsam, Diana Rhoten, Valerie Shute, Mizuko Ito, Lisa Nielsen, Michelle Luhtala, Justin Hamilton, Jane Dornemann, Mike Gallagher, Erik Huey, Dan Hewitt, Howard Yoon,

Margery Mayer, Kyle Good, Tyler Reed, Sarah Trabucchi, Alex Sarlin, Ted Hasselbring, David Dockterman, Daniel Willingham, Ingrid Ellerbe, Rafi Santo, Liz Willen, Henry Jenkins, Marc Prensky, Joey Lee, James Tracy, Joel Levin, Kate Ho, Lisa Dawley, Will Richardson, Lucien Vattel, Luis von Ahn, Nancy MacIntyre, Larry Cocco, Karen Novak, Doug Levin, Sharon Sloane, Stone Librande, Jessie Woolley-Wilson, John Danner, Preston Smith, Charlie Bufalino, Richard Whitmire, John Merrow, Ulrich Boser, John See, Ian Hopper, John Studt, Tom Vander Ark, Andy Bowman, Celia Pearce, Caroline Hendrie, Lori Crouch, Emily Richmond, Cornelia Grumman, Stephanie Banchero, Linda Perlstein, Bror Saxberg, Rick Hess, Michelle Byrd, Asi Burak, Nolan Bushnell, Tom Butt, Drew Davidson, Jesse Schell, Kellian Adams, Zoran Popovich, Girlie Delacruz, Ryan Baker, Sandra Okita, Trip Hawkins, Robin Hunicke, Nicole Lazzaro, Erik Klopfer, Scot Osterweil, Susannah Gordon-Messer, Jodi Asbell-Clarke, Teon Edwards, Jamie Larsen, Mat Nicholas, Casey Carlin, Elizabeth Rowe, Erin Bardar, Barb MacEachern, Zack Lynch, Elizabeth Olson, Jamie Madigan, Ali Carr-Chellman, Christopher Ferguson, Brad Lewis, Brock Dub- bels, Jane McGonigal, Leslie Redd, Lisa Guernsey, Jamie Horwitz, Steven Hood, Mary Brophy Marcus, Tina Barseghian, Jordan Shap- iro, Constance Steinkuehler, Jack Buckley, Mark DeLoura, Richard Culatta, Erik Martin, Seth Andrew, Dorie Turner, David Coleman, Kevin Carey, Ed Metz, Linda Faber, Roy Rodriguez, Amy Stefanski, Adam Renard, Ben Bertoli, John Bailey, Elena Bertozzi, Beth Fertig, Lou Kesten, Brooke Donald Gorlick, Steven Southall, Amanda Ripley, Lori Lewman, Becky Scroggy Gould。

  还要向我在《今日美国》的编辑致谢，感谢他们对此写作项目的巨大耐心：Susan Weiss, Dennis Kelly, Leslie Miller, Chris Cubbison, Glenn O'Neal, Dave Teeuwen, Mike James。也要感谢 Elizabeth Weise, Michelle Healy, Mary Beth Marklein, Dan Vergano, Liz Szabo, Haya El Nasser, Paul Overberg, Sharon Jayson, Gregg Zoroya, Brett Molina, Mike Snider，感谢你们及时告知我有关视频游戏的新闻，Marisol Bello 还帮我做了一些重要的翻译工作。

感谢 ICM Partners 的 Amanda Urban 和 Amelia Atlas，让本书有机会面世。感谢 Palgrave 出版社团队慧眼之下的编辑工作以及无限的耐心：Elisabeth Dyssegaard, Donna Cherry, Ryan Masteller。

永远值得感谢的，是在这段高强度工作期间，来自我的家人的爱与支持，包括我的父母，Silvia 和 Marshall Toppo；感谢纽约切斯特港的托波家族的款待及陪伴：Marshall Jr., Sue, Emily 和 Sophia；感谢居住在纽约河畔路的我的堂姐妹、表兄弟们那数不胜数的深夜讨论，Luigia, Herbie, 还有 Bianca Miller 和 Bill Hopkins；感谢我的妻子 Julie，我的岳母 Mary Neidorf，还有我了不起的女儿 Ava 和 Mairin，感谢你们的爱、忍耐与理解。